説話社 占い選書 6

もっと深く知りたい!

12星座占い

月星キレイ・芳垣宗久 共著

はじめに

あなたは、自分の星座が好きですか？　私は乙女座なのですが、子供のころ、目にしてきた星占いには、それが雑誌でもテレビでも必ずといってよいほど「大器晩成」と書かれていた記憶が強烈に残っています。

「大器晩成」という言葉は、現代では「偉大な人ほど、頭角を現すのに時間がかかる」という意味で使われることが多く、占いでは褒め言葉としてしばしば使われます。

ですが、幼い子供がこれを聞いてもまったくうれしくないわけです。だって、「あなたは大人になっても、皆より劣っている時代を長く過ごすことになるのよ」としか聞こえませんか？　むしろ恨みさえ感じました（笑）

そんなふうに星占いに対してネガティブな印象を持ったわけですが、強い印象を持ったことに間違いはありません。思い起こせば、その反骨精神？　から占いを使って自分の人生を好転させることに興味を持った気がします。

今では自分が大器だということは僭越《せんえつ》ながら深く信じています。ここまでくるのに時間がかかったとも感じているので、あんなにがっかりした「大器晩成」という占いは当たっていたかな、と思います。

半面、「大器晩成」という言葉を幼いころから星占いによって刷り込まれてしまったために、現実化してしまったのではないか？　という疑問が残ります。

ですから、本書では星座ごとの運命傾向をたくさんのパターンに分けて書きました。これによって、一つの運命だけに振り回されることなく、皆さんが自分で好きな生き方を選ぶことができる手助けになればと思います。

人生の最後には、星占いの通りの生き方になっていることは占術家、著者として否めませんが、そこに行きつくまでの道は無数にあるということは忘れずにいてくださいね。

月星キレイ

はじめに

12星座占いは誕生日さえわかれば誰もがすぐに楽しめる気軽さがありますから、私たちの日常生活では最も身近な占いになっていると思います。しかし、12星座占いがいつ、どこで、何のために作られ、大衆文化として根づくようになったのか、その歴史は意外なほど知られていないのではないでしょうか? かくいう私自身、占星術家などという肩書で20年以上も星占いの記事を執筆しながら、自分自身の仕事のルーツについてはまったく曖昧《あいまい》な知識しかありませんでした。

そんななか、本書『12星座占い』のご企画をいただいたことは、とても幸運なことでした。いわゆる占星術、そしてその代名詞となっている12星座の歴史をあらためて勉強するうちに、この仕事がますます好きになり、本当に続けてきてよかったと思えるようになったからです。

読者の皆様にとっても、この本が12星座占いの隠された魅力に気づくきっかけとなってくれたらと、星に願わずにはいられません。

２０１６年3月　魚座の日に　　芳垣宗久

目次

第1章
牡羊座

♈ 牡羊座（おひつじ座）

牡羊座の宿命

「世界で一番好きな人は誰？」と聞かれたら、「自分！」と無邪気に即答できてしまうのが牡羊座の愛すべき特徴です。もちろん、牡羊座の人全員が「自分大好き」とは限りません。ですが、顕在的に忘れている人でも、記憶のかなたには深い自己愛が眠っているでしょう。そのことを生涯かけて思い出すのが、一つの宿命かもしれません。

また、牡羊座は「スタート」と縁が深い宿命にあります。12星座の最初に位置づけられていることを意識していただくと、わかりやすいと思います。

牡羊座には出席番号1番の人のような宿命があります。何でも出席番号順に行われる学校生活を思い出してみてください。出席番号1番は、前例のないことを最初にトライさせられてしまうことが多いのです。牡羊座も同じ経験をすることがあるでしょう。ですが、安心してください。周囲から見たら「また、最初にやらされてかわいそう」と思われてしまうかもしれませんが、まだ自分しか体験してないことを好む牡羊座にとっては、最高のプレゼントなのですから。むしろ、指名されなくても立候補してまで、安全は保障されていないけれど、第一人者になれるという快楽を得ることを好む気がします。

さらに、12星座の先頭、すなわち「生まれたて」の性質を強く持っています。生まれたての赤ちゃんは、善悪の概念がないので、何にでも興味を示し飛び込みます。こうした経験をして初めて、善悪や安全・危険などを知ります。一度経験しても、またうっかり飛び込んでしまうのが子供の常。そんな子供の感性をたっぷり持っているので、大人になっても周囲をハラハラさせているかもしれません。ですが、冷え切った夫婦関係が子供の誕生で持ち直すことはよく聞く話。まさにその子供の役回りが牡羊座の宿命です。

心配される存在が一人いると、残りの人たちは団結しやすくなるものです。職場や学校のマスコット的存在になったり、「愛されキャラ」と呼ばれたりすることも多そうですね。

そして、もし牡羊座の人が私のところに占いに来て、「自分の長所を知りたいです」といわれたら、私はこう答えます。

「あなたは世の中を自由に操れます」

なぜなら、世の中の「基準」になる宿命を持っているからです。

何もない状態から、新しいものを作り出せるのが牡羊座の長所であり、宿命なのです。ただし、既存の物事を発展させることは少し苦手かもしれません。継続性のあることも不得意でしょう。何かに取り組むとき、決して長く続けようと思わないでください。そう思ったとたんに、すべてが楽しくなくなってしまう可能性があります。常に新しいことをちょっとずつ体験していくことが、牡羊座の人生を輝かせますから、苦手な分野は堂々と断りましょう。

「きまぐれ」と人から思われやすい面もあるので、断っても「やっぱりね」と思われるくらいで、後腐れがないのも人徳であり、宿命です。

これまでの人生で人から「考えなし」「せっかち」「雑」、この三つのうちどれか（または全部）を指摘されたことはありませんか？　本や雑誌の星占いでも、うんざりするくらいいわれてきたかもしれません。この三大特徴は、あながち間違ってはいません。でも、あまり「自分ってこういう人だから」というポリシーを持たないので、ちょっと失礼な特徴を指摘されても、特にカチンと来ないのではないかと思います。もしカチンと来ても、一晩眠ればすっかり忘れる……。そこも牡羊座の超人的能力でしょう。そんな特徴や宿命を持つ牡羊座ですから、存在するだけで世の中を明るく照らします。これが、人の面倒を甲斐甲斐しく見るタイプではないのに、人が集まってくる所以《ゆえん》です。

集まってくる人たちは、特別な見返りを求めているわけではありません。牡羊座と一緒にいると明るい気持ちになれると感じて、ただそばにいたいだけなのです。なので、「とことん」ではなく「適当」でよいので、慕ってくれる人と向き合ってあげることが、徳の積み重ねとなっていくでしょう。このように、牡羊座は成長の伸びしろが誰よりも大きいのです。一生かかって大人になればよいので、周りから「もっと大人になれ」といわれても、堂々と子供の感性を全面に出して生きていいと思います。

牡羊座の金運

金運の良し悪しの前に、牡羊座はお金にあまり興味がないようです。もちろん、あったらうれしいし、臨時収入には誰よりも大げさに喜びを表現するかもしれません。でも、人生のなかで大切なものはお金ではないみたいですね。そんな牡羊座の人ではありますが、やっぱり自分の金運は知っておきたいですよね。簡潔にいうと、「中の上」です。それなりに入ってくるのですが、人生の課題としてお金を使う場面が多いので、それほど貯まらないのです。そして、少額の収入でも満足できる、心の豊かさがあります。大きなお金をまとめてもらうより、少額で何度ももらうほうがうれしいと感じるところがあるようです。極端な例だと、月に一度の給料日に50万円振り込まれるより、毎週1回10万円振り込まれるほうがうれしいと思ってしまうくらいです。ただ、そんな欲がなさそうな牡羊座ですが、商売っ気はあるようです。いかにラクにお金を稼ぐか、ということは常に考えているようです。とはいえ、先ほどの給料日の回数の例のように、ラクしてお金がもらえれば、それがたった100円だったとしても喜びを感じられるようです。

現金だけでなく、ポイント制度も好きかもしれません。スマホでよくある、「アンケートに答えるだけで、50ポイント進呈!」なんて、大好きなのでは? 仕事じゃないのに、お金に充当されるポイントがもらえるなんて、至福のときですね。飽きるのも早いですが、1回や2回なら同じ作戦で、しっかり稼ぐタイプです。ちなみに、街頭で配布されているティッシュを受け取る率の高さで1、2を争うのも牡羊座です。これは、条件反射的に「もらえるものはもらっておこう」の精神が行動に出るからです。得したい気持ちから、手を出してしまうわけではなさそうです。

このティッシュの件で牡羊座の女性に気をつけてもらいたいのは、ある一定の年齢を超えるともらえない種類のティッシュがあるということです。若い女性しか採用されないお店の、キャスト募集広告がかいてあるものが、それです。頼んでももらえないことがありますので、そんなときは諦めて、金融系の広告ティッシュが配られている場所に異動しましょう。金運「中の上」でも、牡羊座の行きつくところはお金に関するところなんですね。さすが、中の中とはいえ、上だけのことはあります。

牡羊座の勉強運

勉強はわりと好きなほうだと思います。成績はぶっちぎりのトップ、またはそこそこでしょう。牡羊座のなかでも二分するような気がします。学ぶ姿勢は旺盛なので、テストの点が多少悪くても授業態度で加点されることが多いでしょう。ですが、ひっかけ問題には弱いです。問題を最後まで読まずに答えを出してしまいがちだからです。集中力があるほうとは言い難いので、テストは前半が正解率が高かったのではないでしょうか。現役の学生さんなら、英語の長文問題などは、いっそのこと全問諦めて、穴埋め問題に集中して点数を稼いだほうがいいかもしれません。そんなふうに学生時代は、わりと楽しく勉学にいそしんでいたのではないでしょうか。では、大人になってからはどうでしょう？　たとえば就職試験や社内試験。一般常識問題など、学生時代とは少し違った勉強をする必要があります。牡羊座にはとりあえず、目新しいことは何でも熱心に取り組める長所がありますので、やはり「そこそこ」の点数は取れると思います。あとは学生時代と同じく、集中力がどこまで続くかが合否の分かれ道。もし筆記試験で手応えを感じられなかったら、面接や論文で挽回するようがんばりましょう。ただし、論文は問題提起と結論をまとめる技は天才的ですが、間が薄くなりがちでしょう。日ごろから時事ネタなどを頭のなかにストックしておいて、そのまま引用すれば素晴らしい論文になると思います。そして、人に勉強を教えることに才能があります。特に子供に言葉や読み書きを教えるのが上手でしょう。先生ぶって偉そうにせず、同じ目線で指導してくれるので子供に人気が出るのです。教師を目指している方は向いていると思います。ただし、子供に人気がある教師と、親に人気がある教師のタイプは少し違います。どちらかというと前者なので、父兄に対しても気を使って接すれば、概ね仕事は上手くいくでしょう。また、将来の学校選びを迷っているなら、誰が聞いても勉強する内容がわかる名前の学部を選ぶとよいでしょう。たとえば「国文学部」や「英文学部」などです。逆に、「グローバルコミュニケーション学部」や「近代考古学部」など、学んでみなければその学問が何なのか理解できない学部には、あまり向きません。新しいもの好きでしょうから、選びがちではあるのですが。

牡羊座の家庭運

一般的に、家庭＝安らぎの場所であり、温和な家族関係が理想とされています。この一般的な理想論を誰よりも「こうあるべきだ」と認めているのが牡羊座です。ところが、牡羊座にとって家庭は、心が安らぐ一番の場所ではなく、家族に温和な関係を求めてもいないかもしれません。だからといって、冷酷な人だというわけではなく、法的に築かれた家庭がありながら、どこかでもう一つ別の家庭を築くようなことをするわけでもありません。

牡羊座は、一生懸命、理想の家庭を作ろうとがんばります。でも、がんばりすぎてしまうあまり、いつしか家庭のなかで、素の自分を出すことができなくなってしまうのです。なので、家族にとって牡羊座の存在はとても理想的な家族像でしょう。愛されていると感じ、同じだけ愛してもくれるでしょう。

このことからも、家族を幸せにすることができるという意味での家庭運は、「とてもよい」といえます。自らの力で、どこまでも運をよくできるのですから。

ただ、牡羊座本人が家族の幸せと引き換えに、自分が疲れ切ってしまっては、本当に家庭運がよいとはいえなくなってしまいます。

これまで家族のためにがんばってきたのですから、これからは家族に甘えて、家庭で素を出すことをがんばってみるのもすてきなことだと思います。また、牡羊座が世帯主となる場合、すべて自分で仕切っていると感じていても、家族はそうは思っていない場合が多くあります。

世帯主というよりは、大きな子供と思われているかもしれません。なぜなら、宿命の項目でもお話しした通り、無邪気さがすぎてしまうからです。自分がよいと思ったことを、家族の意見を聞く前に実行してしまうので、子供っぽいと判断されてしまうのです。もしあなたが牡羊座で世帯主なら、これまで以上に稼いできた場合や、何かをする際には、必ず家族に相談してください。そうすれば、名誉挽回できるかもしれません。また、家族に牡羊座がいる場合は、何事もまず好きなようにやらせてあげてください。そして、結果に期待はしないでいましょう。イライラさせられることはなくなります。むしろ、そのチャレンジ精神は尊敬できる部分かもしれません。

牡羊座の恋愛運

初恋の年齢を覚えていますか？

牡羊座の初恋は、人より少し早いかもしれません。

異性の兄弟がいない場合、幼稚園や保育園、小学校に入って初めて異性と身近に接するケースが多いでしょう。

アヒルの子供は、生まれて初めて目にしたものを母親だと認識してなつくといいますが、似たように生まれて初めて目にする異性になついてしまうのが、牡羊座の特徴です。ただ、それを恋と認識するのは、もう少し成長してからでしょう。まだ周囲の友達が似たような経験をしていないので、「恋」という概念を知るのは友達の経験待ちなのです。

思春期になって友達の話を聞き、「ああ、その感覚なら小学校1年生のときに経験したなぁ」と初めて気づくかもしれません。また、淡い初恋は誰よりも早くても、もう少し大人なおつき合いを経験するのは、人よりちょっとだけ遅いかもしれません。なぜなら、ちょっといいなと感じた異性に対して、すぐ気持ちを伝えてしまう傾向があるからです。それだけなら成功率は上がるでしょうが、同時に複数の人に気持ちを伝えてしまうこともあります。なかには比べられて燃えるタイプの星座もありますが、多くの人からは「気が多い人」と認識され、敬遠されてしまうおそれがあります。あなたが牡羊座で、もし結婚願望がない、今ある家庭が破たんしてもよいなら、同時に複数の人にアプローチするのもよいでしょう。でも、そうでないなら、一人の人だけを大切にする心がけをしていたほうが長期的な幸せを手に入れることができると思います。また、一番重要なことを忘れていましたが、牡羊座は世間でどれくらいモテるのでしょうか？

私の見解ですが、社会に出るまでは、それなりにモテると思います。クラスでいえば、中の上というか、上の下というか……。トップではないですが、考える前に行ってしまうアプローチや告白は、相手が好奇心旺盛なタイプだったら受け入れてもらえる確率が高いため、なかなかの勝率を誇るでしょう。そして、モテる相手ほど、牡羊座のアプローチは他の人とは違う、特別なものと感じてくれるようです。さらに牡羊座は美男美女と恋愛することができる可能性が高いので、周囲からも恋愛運がよいと思われているでしょう。

牡羊座の健康運

わりとケガが多いといわれる星座の一つである、牡羊座。なぜなのでしょう? もともと「そういう星の下に生まれているから」といってしまえばそれまでですが、行動パターンにも理由があると思います。

牡羊座は、事前確認が苦手です。たとえば、信号のない横断歩道などでは、左右を確認せず渡ってしまい、周囲をヒヤっとさせることがよくあるかもしれません。また、動くものに機敏に反応する性質もありますので、公園で小動物を見つけ、思わず走り出したら目の前に柵があって転んでしまったなんてこともあったかもしれません。

この性質は年齢を追うごとに緩和はされていきますが、大人になってからも道路は、信号があっても自分の目で左右をしっかり確認してから渡った万が一の事故を防ぐことができて安心です。

では、病気についてはどうでしょう。牡羊座は大病との縁は薄いほうだと思います。ただ、咳や微熱など、小さな症状は頻繁に起きやすいかもしれませんが、わりとマメに病院に行く習慣を持ちやすいので、病気の発見も早いほうです。

もし何か病名を診断された場合でも、応急処置で事なきを得ることもあるでしょう。

少し心配なのは、高齢になる前に、一度は手術をする可能性が高いことです。

もちろん、日ごろの健康管理で防ぐことは十分可能です。

それでも心配な場合は、骨折までいかなくても、骨にひびが入るなどの重すぎず軽すぎずのケガを経験していれば、それが厄落としになり、手術との縁は免れることもあるでしょう。とはいえ、生涯を通じて基本的には健康なのが牡羊座の特徴でもあります。体力の衰えをあまり感じないタイプで、がんばり続けることも多そうなので、加齢とともに身体を休める時間を意識的に増やしていくことが、長生きのコツになりそうです。

※これらは、あくまで星座の特徴のみでお話ししておりますので、年齢・生活環境によって大きな個人差が出る場合があります。心身の不調を感じた際は医療の専門家の指示に従っていただくことをおすすめします。

牡羊座の結婚運

結婚は、牡羊座にとっての人生の大きなテーマの一つです。どの星座の人にとっても、大きなテーマではありますが、牡羊座にとって結婚とは、宿敵のようなものになる可能性が大きいのです。

牡羊座は、人生のなかで一度は結婚する可能性がとても高い星座です。10代で結婚する人もわりと多いかもしれません。早い結婚は、いまだに周囲に反対されることが多いのは否めないでしょう。これは社会通念と同じく、占星術的にも社会の顔となり働いていく年齢は25歳以降といわれていることにも所以します。ですが、牡羊座は宿命のところでも述べたように、同世代の人たちがまだ経験していないことを、最初に経験しやすいのです。そして、物事に対する情熱も大きいですから、この人と決めたらすぐに結婚を決め、行動に出るでしょう。他人は「どうせすぐ別れるだろう」と揶揄《やゆ》するかもしれませんが、結婚生活を幸せに長続きさせられる技量が牡羊座にはあるのです。

伴侶を持つことで新しい世界が広がります。この新しい世界におびえてしまえば、結婚生活は短命に終わるかもしれません。ですが、牡羊座にとって未知の世界は大歓迎。これから始まる生活が、予想できなければできないほど、胸がときめくのです。そして、そんな生活をプレゼントしてくれた伴侶には、大いに感謝するでしょう。こうして夫婦生活は円満にスタートするのです。これはもちろん、何歳で結婚しても同じです。「でもそれだけで円満に持続することは難しいのでは?」と疑問に思われるかもしれませんが、大丈夫です。

「終わりよければすべてよし」のことわざとは反対に、「はじめよければ、すべてよし」と信じているのが、牡羊座の素晴らしい特徴だからです。わくわくスタートした新生活は、いつまでも色あせることがないのです。ちなみに、小さいことは根に持たないので、結婚前に周囲に反対されたことは、すっかり忘れてしまったり、よい思い出に塗り替えたりできるのも見習いたい牡羊座の性質ですね。

子供との縁も深いですが、一人っ子になることが多いかもしれません。もし子供を持たなかったり、生涯結婚しなかったりしても、そのときどきで人生の計画を立て直すパワーがあるのも、忘れてはならない牡羊座のよさです。

牡羊座の相続運

お金に対してポジティブな感情を持っているので、牡羊座は金運のところでも述べたように、マメに評価をもらえれば働いてお金を稼ぐことは苦ではありません。では、もう一つ気になる自分の力以外で降ってくるお金、相続運はどのようなものなのでしょう?

いわゆる「遺産相続」との縁は深いものの、現金化が難しいものを相続しやすいのが牡羊座。

たとえば、住宅街でもなく、農地にできる地質でもない土地などがそれに当たります。売ることも商売もできない、自分で住むにも環境が整っていない……など、現金または現金に準ずる価値にできないのです。

ですが、そのような理由から兄弟や他の親類が放棄したものを、率先して相続する心意気が牡羊座にはあります。プラスの財産になるという可能性がゼロでない限り、そこに夢を託せるのです。また、頼まれると断れない性質からも、家族会議で自分だけが責任を取ることもあるでしょう。このようなかたちで相続した財産は、牡羊座にとっては生きる目標の一つにもなりますから、他人は「放棄すればいいのに」と思う状況でも、宝物と感じることができるでしょう。それから、相続は物質だけではありません。才能や遺伝子も立派な相続です。牡羊座が親、そして先祖から相続する才能の一つに、「愛嬌」があります。これは、笑顔を作っただけで簡単に出せるものではありません。立ち居振る舞いのすべてや、人に対する気遣いの方法など、さまざまな要素が相まってかもしだされるものです。

最近では「オーラ」という言葉がよく使われますが、そのなかで「ポジティブなオーラ」などといわれるものが「愛嬌」に近いでしょう。この愛嬌を使って、物質的な相続物の価値を上げていく運命にあるのです。なので、一見価値がないものでも、相続させてもらえるものがあったら相続しておくと、後々大きな得になるかもしれませんね。ただし、負債の場合は法律家の方に相談したほうがよいと思いますが。

最後に忘れてはならないのは、財産は一代で使い切ってしまう傾向もあるということです。両親が牡羊座の場合は、過剰な期待はしないでおくと安泰でしょう。

牡羊座の国際運

何事も「まず転んで覚える」タイプが牡羊座です。語学の習得にもこの特徴が生かされるでしょう。

母国語以外に初めて触れたとき、目覚ましい適応力を見せるのが牡羊座の子供です。

世の中に対し、たいていのことに偏見を持たない牡羊座は、どの国の言葉にも興味を持ち、まずは発音することを楽しむでしょう。たとえ学校の授業中でも、失敗に恥じることなく堂々とトライしていくのです。

こうして、粗削りながらある程度のスキルを早々に身につけるため、外国人との交流の機会を子供のうちから持つことが多いのです。

もし子供のうちに、語学に興味が出なかったり、国際的な交流がない場合でも、海外との取り引きがある会社に就職したり、外資系企業に就職する可能性が高いです。

心当たりがない方は、ご自身の職場環境や交友関係をもう一度見直してみてください。

実は勤務先が海外に支店を出す計画をしているらしい、学生時代の友人が外国人と結婚した、などのご縁があるかもしれません。それを見つけたら、積極的に関わってみることをおすすめします。おそらく、牡羊座にとってプラスになるはずです。

それから、海外旅行も牡羊座にとって、人生の大きなご褒美となります。特に長い期間の海外滞在に縁がありますから、留学やワーキングホリデーなどを経験することも多いかもしれません。長期間の滞在でも、文化や食事の違いに順応するのが得意な牡羊座ですから、幸いその面での苦労は少ないでしょう。

人生を調整するために海外旅行をするのは、実践占星術の鑑定アドバイスでよく取り入れることですが、特に牡羊座は長い海外滞在で運をよいほうに向けることができます。

ただし、海外移住となるとまた少し話が別になります。母国と海外を行ったり来たりは合っていますが、移住の可能性は低いです。

もし移住する場合には、母国の文化を海外に伝える役割を担うことで運勢が安定し、生きやすくなるでしょう。

牡羊座の仕事運

人生の主軸が仕事という人は多いでしょう。ところが、牡羊座にとって仕事は、必ずしも人生の主軸ではないようです。

人に臆することなく接し、相手を信頼している姿勢を見せる牡羊座は、万が一、仕事を失ったとしてもそのキャラクターからすぐ次の仕事を見つけられるでしょう。労働意欲も高いですから、見込まれることが多いのです。ですが、「人生には、仕事よりも大切なものがある」という気持ちが人一倍強い特徴も併せ持っているようです。

もちろん、その人生の主軸となるであろう「大切なもの」が家庭だったり、ボランティアだったり具体的にあるなら、周囲もある程度の理解を示すでしょう。

ところが、牡羊座には「仕事より大切なもの」が、まだ見つかっていないことが多いのです。

もし見つかっていたとしても、さらなる大切なものは何かを探しながら生きていくのが牡羊座の個性です。このように、牡羊座にとって仕事とは労働ではなく、自分を探す旅なのです。旅するように働くともいえるかもしれません。

なかには「いい年なのに、まだ自分を探し続けているのか?」という人もいるかもしれませんが、気にしないでください。いま仕事をしているなら、もっと大切なものを見つけるための糧である仕事には、誰よりも熱心に取り組んでいるはずなのですから。

どんな業務内容でも、とことんがんばるので、社会貢献度はとても高いと思います。このように、牡羊座は人生の主軸を持たずに生きているのかもしれませんが、仕事が嫌いなわけではありません。むしろ好きでしょうから活躍のチャンスをもらえることも多いでしょう。ただし、仕事に対しての愚痴は少し多いかもしれません。まあ、それ以上に成果を上げているのですから、よしとしましょう。

これら以上のことは、お金を稼ぐという意味の仕事だけに当てはまるわけではありません。専業主婦、親の介護など、家のなかの仕事をしている人も同様です。

どんな状況でも、未来に希望を持って目の前の自分の役割に取り組める牡羊座には、見習うべきことがたくさんありますね。

牡羊座の社交運

12星座のなかでも1、2を争う社交家、それが牡羊座です。

まず、初対面の人に話しかけるのが得意です。打ち解けるには、まずは自分を知ってもらいたいという気持ちが強いため、自己紹介も上手です。

この特技は、断られたらどうしようと臆するより、仲良くなれたら楽しそうという好奇心の方が強く働くために身についたものでしょう。また、根底に「人が好き」という気持ちがあるので、自然と言動にもそれが現れるため、裏表のない人という印象を人に与えることができるのです。そして特に驚かされるのが、大人数集まる場での牡羊座の長けた社交性です。

まず、相手の社会的地位や立場をまったく意識することなく、誰に対しても同じ態度で接することができるのです。

特に社会的地位が高い人のなかには、委縮されるのを好まない人も多いでしょうから、牡羊座は「ちょっと変わったおもしろい人」と好意的に認識されることが多いでしょう。

そして、テンポのよい会話をすることができ引き際も心得ているので、相手に負担をかけません。

そんな牡羊座ですから、「また会いたい」と思われることが多く、常に新しい友達が増えていくのです。

ただ、自分が「この人は苦手」と思った場合には、極力近づかないようにするようです。牡羊座と仲がよい人が見たら、意外な特徴かもしれませんが。

基本的に人に嫌われることがないので、苦手な人と一度話してしまったがために、うっかり好かれてしまうことも多いでしょう。そのような経験の繰り返しから、大人になるにつれこれらの特徴が大きくなっていく傾向があります。

とはいえ、相手から話しかけられているのに無視するなど、大人気ない行動は取りませんから、誰からも社交的に見えているでしょう。

もし社交に関して悩むことがあれば、「友達が増えすぎて、誰が誰だかわからない」ということくらいでしょう。

最近はSNSが盛んですから、プロフィールアイコン（写真）を自分以外に設定している方は、牡羊座さんへの連絡には必ず、出会った場所の情報などを書き添えてあげてくださいね。

牡羊座のスピリチュアル運

統計より直感を重んじる傾向が強いのが牡羊座です。そんな様子を見ている周囲には、「あの人はスピリチュアルな能力を持っている」と思われることが多いでしょう。そして、実際に人とは違った不思議な体験をすることが多いのも、牡羊座の特徴です。

地震や離れて住む家族が困っていることを察知する、いわゆる「虫の知らせ」をキャッチする能力は高いと思います。ただ、本人はそれを特別なことだとは認識していないでしょう。五感と同じく、日常的に使っている部分なのです。

また、牡羊座は、12星座の先頭だというのは前述の通りです。これは「一つの人生を学び終え、新たな人間とし生まれ変わったばかり」の特徴が出やすい星座だということです。

ですから、「まだ前世の記憶が残っている可能性が高い」ということにもなります。

12番目の魚座と、1番目の牡羊座の間にいわゆる「あの世」「死後の世界」があるとすれば、魚座と並んであの世に一番近い星座が牡羊座なのです。このことから、いわゆる医学的に定義されている五感とは違う、もう一つの感覚「第六感」に長けているであろうことの想像がつきますね。

他の人から見たら「スピリチュアル」とか「超常現象」と定義されることも、牡羊座にとっては日常茶飯事かもしれません。見えない何かが見えていても牡羊座にとっては特別なことではないので、いちいち周囲に報告はしていないのでしょう。だから、「不思議ちゃん」と揶揄されることなく、現実的な生活をしているように見えているでしょう。

ただし、牡羊座は人生の初心者のような特徴がありますから、皆のためにもよいと思ったことは、社会常識など考えず発言します。

「今、妖精が肩に乗っているよ！」など、一般的には非現実的ととらえられやすい発言に対しては、頭ごなしに否定しないであげてください。一度認めてあげた上で、現実社会とのバランスをアドバイスしてあげるとよいでしょう。周囲がそうしていくことで、牡羊座のスピリチュアル力が実社会で役立つ機会が増えていくのではないかと思います。

COLUMN 1

12星座と占星術の歴史 ～古代メソポタミア時代

12星座占いはその名が示している通り、「星座」と呼ばれるものと深い関係を持っています。星座とは、夜空に観察される明るい星同士を結びつけてグループ化し、そこに現れたユニークな形《パターン》を、神話に登場する神々や偉人、動物、身の回りの道具などに見立てたものです。

最古の星座は古代メソポタミア文明（※1）で生まれたと考えられ、紀元前7世紀に楔形文字で記された粘土板の星表『ムル・アピン』（※2）には、「アヌの真の羊使い（オリオン座）」や「荷車（おおぐま座）」の他、「大きな双子（双子座）」、「かに（蟹座）」「ライオン（獅子座）」「天の牡牛（牡牛座）」「サソリ（蠍座）」「ヤギ魚（山羊座）」といった、現在の12星座の原型と思われる星座の記述を見ることができます【画1】。

メソポタミアの人々がそれらの星座を作った本来の目的は、星占いをするためではなく、季節の変化を認識する目印として利用することにありました。たとえば、太陽が毎年牡羊座（※3）に巡ってくる季節は春の始まりに当たり、羊を始めとした家畜が次々と仔を産む時期に当たります。また、太陽が乙女座（※4）にやってくる秋口は、麦の畑を大急ぎで耕して種を撒かなければならない忙しい季節となります。農耕と牧畜を生活の基盤とするメソポタミアの人々にとって、星座は農作業の適切なスケジュールを知らせる巨大な「宇宙カレンダー」だったのです。

もちろん、メソポタミア地方を支配した歴代の王朝では、他の古代文明と同じく神権政治を基本としており、神々のメッセージを聞く手段としての占い（※5）が、国王に仕える神官によって盛んに行われていました。星占いもその一つで、少なくとも紀元前16世紀ごろまでには、天体に現れるさまざまな変化（※6）を、地上で起こる出来事の前触れとして解釈するようになったようです。

【画1】古代バビロニアの境界石《クドゥル》

古代メソポタミアのイシン第2王朝の王、ネブカドネザル1世（紀元前1125年ごろ～紀元前1104年ごろ）が国境に設置した境界石（大英博物館蔵）。治療の女神グラ（左）を守る「弓をつがえた蠍人間《バビルサグ》（右）は、後の射手座の原型となった。

紀元前10世紀にまとめられた『エヌマ・アヌ・エンリル』という文献には、そのような天文前兆占いの法則が7000件以上も集められ、メソポタミアの政治や経済の動向を占うために何世紀にも渡って活用され続けました。そしてその過程では、もともと星占いとは無関係だった獣帯の星座が、惑星（※7）の位置を示すおおまかな目安として用いられるようになっていきます。

「火星が蠍座を出てから向きを変え、再び蠍座に入る時、その解釈はこうである。……あなたの守りを怠らないように。王は不吉な日には外出するべきではない。」『エヌマ・アヌ・エンリル』より

メソポタミアの星座に大きな変化が起こったのは、紀元前6世紀のことになります。そのころ、太陽の通り道である黄道に360度の目盛りを設定し、それを30度ずつの幅を持つ12個のエリアに等分した「12サイン」という概念が生み出されたのです【図1】。

12サインは、そこに重なる黄道上の12星座と同じ名称で呼ばれ、両者は不可分の存在とされていました。恒星をつなぎ合わせて作った旧来の12星座は、

大きさがまちまちで境界線も曖昧だったため、天体の位置を示すには大雑把な目安にしかなりませんしたが、この12サイン方式の獣帯を用いれば、「月が魚座の12度に、金星が牡牛座の20度にある」のような正確な記述が可能となります。この12サインの発明こそ、原始的な前兆占いにすぎなかったメソポタミアの星占いを、高度な数学的計算に基づく占星術へと進化させる契機となったのです。

【図1】黄道12星座《サイン》

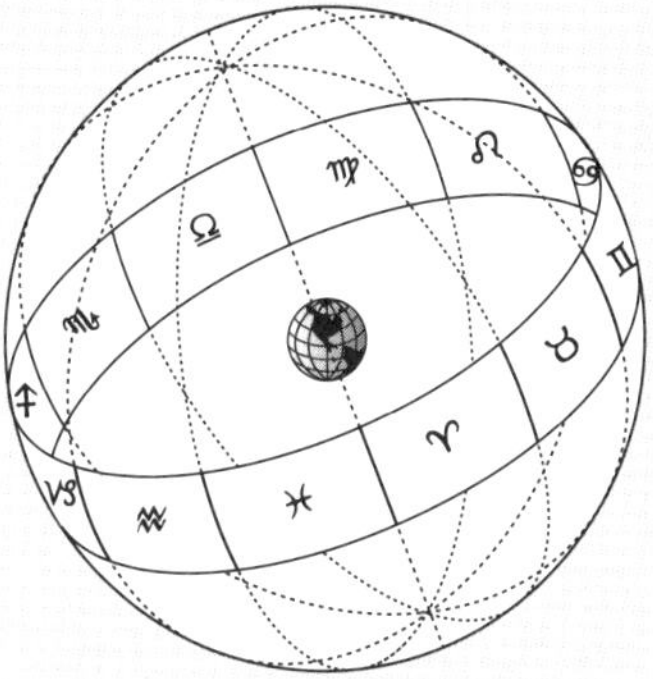

黄道12星座《サイン》は地球をぐるりと取り囲む帯状の座標として想定され、星座のシンボルには牛やライオン、山羊といった動物が多いことから「獣帯《じゅうたい》／Zodiac（ゾディアック）」とも呼ばれるようになった。

さらには、紀元前3世紀に入ると、個人の誕生時の天体配置に基づいてその運命を占うホロスコープ占星術（※8）という分野も興ってきます。それまでの占星術は、国家や国王の問題だけを扱ってきたのですが、国王以外の人々も占いの対象としはじめたのです。

初期のホロスコープ占星術では、どの惑星がどの星座《サイン》に位置しているのかを主な判断材料として、個人の人生を具体的に予言しようとしています。

> 「木星は……射手座の18度にあった。木星の位置は次のことを意味する。彼の人生は規則的で順調であろう。彼は金持ちになり、長生きするだろう。金星は牡牛座の4度にあった。金星の位置は次のことを意味する。どこへ行こうとも、彼にとって万事順調であろう。彼には息子たちや娘たちが生まれるだろう。水星は太陽とともに双子座にあった。水星の位置は次のことを意味する。この勇敢な男は一番の位に就き、兄弟たちより重要な人物となるだろう……」ある人物のホロスコープとその解釈（紀元前235年ごろ）

メソポタミアで生まれた古代占星術は、やがてエジプトやギリシアへ伝えられ、各地の宇宙論や哲学、宗教等と融合しながら、現代の占星術につながるより高度な体系を獲得していきます。そしてその過程では、12星座のイメージと役割にもさまざまな変化が起こり、各星座が持つユニークな性質も明らかに

牡羊座	雇夫
牡牛座	天の雄牛
双子座	大きな双子
蟹座	クシュ（水の生物の意）
獅子座	ライオン
乙女座	畝《うね》と葉
天秤座	天秤
蠍座	サソリ
射手座	パピルサグ（蠍人間）
山羊座	ヤギ魚
水瓶座	偉大なる者
魚座	尾

コラム1脚注

※1）古代メソポタミア文明：チグリス川とユーフラテス川の沖積平野に生まれた世界最古の文明。初期にはシュメール人によって興され、バビロニア、アッシリア、アッカド、ヒッタイト、ミタンニ、エラム、古代ペルシャといった民族によって支配された。

※2）『ムル・アピン』：シュメール人によって作成されたと考えられている古代の星表。現存する最古の写本は紀元前7世紀ごろに作成されたもので、新アッシリア王朝のアッシュル・バニパル王（前668~627年）の王宮図書館から発見された。

※3）牡羊座：古代バビロニアでは「雇夫」という名称で呼ばれていた星座で、「羊」と「男」を表す言葉が同じ「lu（ル）」と発音することから、これらが同一視された可能性がある。

※4）乙女座：古代バビロニアでは「畝《うね》」と「葉」という二つの星座に分かれていたが、後に統合されて一つの星座となったと考えられる。

※5）動物の肝臓や腸を取り出して観察する臓物占いの他、夢判断等も行われていた記録がある。

※6）星に現れるさまざまな変化：日食や月食、彗星の出現、惑星と星座の位置関係、さらには惑星の輝き方等が占いの判断材料とされた。

※7）古代の天文学では、ほとんど位置を変えることなく星座を形作っている恒星に対し、日々刻々と位置を変化させる天体を惑星と呼んだ。水星、金星、火星、木星、土星の他、太陽と月も惑星に数えられた。

※8）ここでいうホロスコープとは、黄道12星座《サイン》における天体の位置を文字のみで記した資料を指し、現在の占星術で使用される図表《チャート》としてのホロスコープとは異なる。

第2章

牡牛座

♉牡牛座（おうし座）

牡牛座の宿命

相手は気づかないかもしれませんが、牡牛座は人のペースに合わせるのが得意です。その一方で、わりと広く知られている牡牛座の特徴に「マイペース」というものがあります。

一般的に「マイペース」という単語から連想されるイメージは「のんびりしていて、人に合わせる概念がない」だったり、「人の話を聞かないわがままな人」だったりするでしょう。しかし、牡牛座の「マイペース」とは、「わがまま」ではなく、「自分のやり方で、おもてなしをする」という意味なのです。

では、牡牛座流のおもてなしとは、どんなものなのでしょうか?

牡羊座は相手の心と身体の温度を察することが上手です。身体の温度は、相手の顔色を見たり、少し近くに寄ったりすれば誰でもある程度は察することはできます。ですが、家族や恋人など相当親しい間柄ならまだしも、知り合い程度の関係で体温がわかるほどの距離まで近づくことを快く許容してもらえることは少ないでしょう。

ところが牡牛座は、どこまでも自然に人との物理的距離を縮めることができるのです。よちよち歩きの赤ちゃんが、あなたに近づいてくるところをイメージしてみてください。これを不快に思う人は少ないでしょう。牡牛座は赤ちゃんのように自然に、相手を不快にさせるどころか快く受け入れさせる不思議な力を持っています。こうして相手に物理的に近づき体温を感じ、同時に心の動きまでも感じることができるのです。

これらの情報に基づき、相手が今どんな感覚を持っているのかを察し、その都度相手が快適になれるようなおもてなしをします。

これは本能的な行動なので、牡牛座の宿命の一つといえるでしょう。自分もある程度の快を得ているでしょうから、気を使いすぎて苦しむことはありません。ただ、それを偽善だと指摘する人が、人生の各場面で登場する宿命を併せ持っていることは、少し意識しておくとよいでしょう。

あなたが牡牛座で、もし偽善だと意見されてしまったとしても、冷静になる必要はありません。相手と同じ温度になってあげて、懐に入ることができるのも牡牛座の才能です。一緒にヒートアップして自分は偽善ではないということを主張してあげましょう。相手はあなたのことを「おとなしい人」と認識しているでしょうから、面くらってそれ以上は意見できなくなるはずです。

牡牛座が偽善といわれてしまうのは、たいていの場合、相手の嫉妬心によるものです。そういってくる人は、人に心を開くことを恐れているのです。牡牛座の人との距離を瞬時に縮めることができる性質、すなわち、まず自分から誰にでも心を開けるのがうらやましいのです。そんな人へのおもてなしも、牡羊座ならサラリとできるでしょうから、誰かの心の解放をぜひお手伝いをしてあげてください。これも牡羊座の大きな宿命です。

さて、ここまで他人との関わりに関する宿命の話を多くしてきましたが、自分との関わり方や向き合い方にはどのような宿命があるのでしょうか?

とても特徴的な牡牛座の宿命は、人生を通じて困難が少ないということです。もちろん、後天的な環境に左右されて、数奇な人生を送る場合もあるかもしれません。それでも牡牛座は、苦労を苦労と感じないポジティブさを持っているため、人生の困難にひれ伏すことが少ないでしょう。

これはとても素晴らしいことだと思います。ですが、喜怒哀楽という言葉があるように、苦悩と快楽のバランスを取ることが人生の一つの課題になります。楽しいことは、誰よりも深く幸せに受け止めることができますが、苦しいことや悲しいことももっと深く味わわなければ、25歳以降急に、自分の人生を生きている感覚より、他人のために生きている感覚に見舞われることがあるかもしれません。

すでにこの感覚になってしまっているなら、ネガティブな感情に支配されている自分にがっかりしないでください。ネガティブな感情が、自分にもあるということを認める過程を経験することが、牡牛座の宿命なのです。この宿命をクリアできれば、人にしてあげたような最高のおもてなしを自分にもしてあげることができるようになり、牡牛座が本能的に求めている「快適さにあふれた人生」を歩みだすことができるでしょう。

牡牛座の金運

占いに行くと「あなたは一生食べることに困らないでしょう」といわれることがあると思います。現代の日本では、多くの人がこれに該当します。それでもわざわざ「食べるのに困らない」といいたくなってしまうほど、お金に恵まれているのが牡牛座の人です。タナボタ的に何もしないでお金をたくさん得られることがないわけではありませんが、人の援助で金運が巡るよりも、自力で「稼ぐ力」が備わっているのが牡羊座の大きな強みです。

やむを得ず借金をしたとしても、牡牛座の人には正職の他にアルバイトを増やしたり、他の場所でさらに借金を増やす自転車操業をしたりする前に、自分のアイディアや特技でお金を生み出す方法がないか、まずは考えてみることをおすすめします。家のなかに眠っている、換金できそうなお宝を探してみるのもよいでしょう。

また貯蓄ですが、計画性はそれほどありませんが、そこそこの額を貯めることができるでしょう。これは、考えなしにバーンと大きく使うより、自分の好みのものが見つかるまで買い物をしないという牡牛座の特性も関わってきます。気に入ったものは高額でも支払いますが、物へのこだわりが強いのでお気に入りに巡り合うまでに、人より膨大な時間がかかります。貯めるより使うほうに楽しみを感じるタイプですから、預金残高が増えてきたら、さらに貯め込みたいと考えるより、何か楽しいことに使おうと考えるでしょう。一気に使ったとしても貯蓄の3割を超えることは珍しいのではないかと思います。2割程度の贅沢を、数年に1回するのが牡牛座のスタンダートです。

使い道としては、グルメ（超高級でなくても、自分の口に合う物）、ファッション（ブランド品よりは材質にこだわる）、寝具やソファーなどくつろぎの空間への投資が多い傾向があります。それから、投資のほうですがわりと上手でしょう。ただし、大きな投資より少額をコツコツ回して行くのが得意です。専門の方に投資の相談する際は、そのような商品がないかうかがってみるとそうなったものが見つかるかもしれませんね。また、宝くじは△です。大きなギャンブル運を持っているわけではありません。競馬なら、馬券を買うより馬主になるほうが向いています。一口馬主など調べてみると興味を持てるかもしれませんよ。

牡牛座の勉強運

勉強で苦労する縁があまりないのが、牡牛座の特徴的な傾向です。

これは、勉強が嫌いだったり、できなかったりするという意味ではありません。

学生時代なら、好き嫌いを意識することなく、友人づき合いと同じように自然に勉強をすることができるため、人生のなかで勉強が大きな障害になることはなく、「いつも自然にそばにあるもの」という認識でしょう。

そのようなスタンスで勉強とつき合っていくわけですから、基本的には「楽しいもの」や「大切なもの」、「困ったときに役立つもの」という、友達に持つような感情を持つでしょう。そして、必然的に特別な努力をしなくても、なかなかの成績を残すことができると思います。

受験勉強も特別に力を入れるより、毎日の学校の授業をしっかり予習復習することが、牡牛座に受験を突破する学力をつけてくれるようです。

塾や予備校に通うのは、プラスアルファの対策としてももちろん賛成します。通う場合は、習ったことを友達に教えることで、さらに理解力を深めることができる星座でもあります。さらに可能なら、勉強を教えてあげた友達から、菓子パンやジュースをおごってもらうなど、物理的な報酬を少しでももらうとよいでしょう。なぜなら、この経験が大人になったときの金銭感覚の基礎となり、自分の知識で財を得ることができるようなるからです。

すでに社会人や専業主婦の方は、ちょっとしたお小遣い稼ぎにどこかで習ったり、得た知識を誰かに教えることを副業にしたりすると上手くいく場合が多いでしょう。

また、大人になってからの勉強は、仕事に直結することがおすすめです。

趣味として始めるのもよいですが、趣味のままで終わらせることができないのも牡牛座の特徴です。身につけた知識や技術は、すぐに試してみたいでしょうから、周囲に牡牛座の人がいたら、ぜひ、いろいろなことの実験台として快く協力してあげてください。後にその道のプロになる可能性は非常に高いですから、安心して大丈夫です。

牡牛座の家庭運

月並みな言葉ですが、牡牛座の家庭運は「生涯を通じて安泰」です。とてもおだやかな家庭に生まれ育つ傾向が強い星座の一つでしょう。

愛にあふれた環境はもちろん、経済的にも大富豪とまではいかなくとも整った家庭に生まれ、わりと裕福に幼少期を送る傾向があります。

お金の価値観は人それぞれ違いますが、お金があまりないと感じてはいても、それ以上の精神的豊かさに恵まれるでしょう。また、成長し新しい家庭を作った場合も、その傾向は受け継がれます。

日本の平均初婚年齢近くでおだやかな人と結婚、平均初産年齢で出産し、家庭円満。それが牡牛座の代名詞的な生き方です。

子供を持たない場合でも、家庭内はとてもおだやかで、生涯を通じて幸せを感じることができるでしょう。

もし、幼少期にあまり安らげる家庭で過ごせなかったとしても、将来自分で築き上げることができます。それから、親が元気に長生きしてくれるという傾向もありますから、結婚していない場合でも実家の家族との縁が長く穏やかに続く傾向が強いです。

独り暮らしでも自宅を行き来できるような友人に恵まれたり、相性のよいペットとの出会いがあったりして、寂しさを感じることなく生活できる運を持っています。

このように、結婚を考えている相手が牡牛座なら、なかなかポイントが高いです。きっと仕事が忙しいときでも、家庭のことを優先してくれるでしょう。ただし、恋愛だけでなく家庭にも刺激を求めるタイプの人には、あまり向かない相手なのは否めません。

とはいえ、西洋占星術でも家庭とは「安らげる場所」と定義されているくらいですから、概してみなさん安らげる家庭を求めているでしょう。そうであれば、牡牛座は結婚相手としてかなりおすすめです。なぜなら牡牛座の人には、関わった人に癒しと安らぎを与えるという不思議な力があるのですから。

あなたが牡牛座なら、この力は婚活のアピールポイントになりますから、ぜひ活用してみてください。

牡牛座の恋愛運

牡牛座を語る上で外せないのが恋愛運のよさです。

自分に合った、かつ、社会性のある人物のハートを射止めるのが得意です。恋愛のセンスがよい、と言い換えることもできるでしょう。ですので、カップルのどちらかが牡牛座の場合は、もう一方の星座が何であろうと、長続きすることが多くなります。一つの恋愛を大切に育てていくことができるので、生涯の恋愛回数はそれほど多くないかもしれませんが、思春期のうちに初めての恋人ができることが多いでしょう。

周囲からは早熟に見えることもありますが、その交際はプラトニックを極めることがほとんどです。まだ幼いと思っていたお子さんや兄弟に恋人ができた際には、頭ごなしに反対せず、温かい目で見守ってあげてください。心配するほど悪い相手を選ぶことは少ないでしょう。ただ、生まれ持った人のよさから、とっくに愛情は冷めているのに、人情から別れられないという事態が発生しやすい傾向も併せ持っています。もしあなたが牡牛座でそのような渦中なら、「来世でまた一緒になればいい」という気持ちで思い切って別れを告げることをおすすめします。恋愛のセンスがよいあなたですから、相手を傷つけることなく、上手に別れることもできるはずです。そして、次の出会いに心配する必要はまったくありません。オールジャンルなタイプの異性からモテるので、次の相手はすぐ現れるでしょう。これは年齢関係なく生涯を通じた傾向ですから、自分を妙齢だと感じていても心配ありません。それから、出会いやすい場所は職場や義務教育以降の学校です。先生と生徒という関係もあるでしょう。

もちろんここだけではありませんから、出会いの場所がないと感じているなら、何かを習いにいくとよいでしょう。2回～3回で終わる講座より、半年以上かけてじっくり学ぶ専門的な内容のものがおすすめです。

また、やや堅い場所での出会いに縁がありますが、出会う人は意外とほんわかしているかもしれません。堅い人とも縁があるのですが、慣れるまでは会話が弾まず、せっかくのご縁を見送ってしまうこともしばしばありそうです。堅い人と出会ったら、最低5回はデートしてみないとよさがわからないかもしれませんので、ご参考まで。

牡牛座の健康運

カラっとした健康的なイメージとは、ちょっと違うのが牡牛座の持つ生命力。かといって、不健康でもありませんが、身体のメンテナンスをしっかりすることが牡牛座の健康維持の秘訣となります。

ですが、メンテナンスを面倒だと感じやすいかもしれません。「毎日20分の散歩を日課にしましょう」というような、決め事のような健康法を習慣にするのは苦手でしょう。たとえしばらく続いたとしても、それを続けることがストレスになって、かえって体調が悪くなってしまうこともあるかもしれません。

牡牛座の人は、年に一度の健康診断を受けることを目標にするとよいでしょう。もし、受けられなかった年は、微熱や軽い頭痛でも自己診断せず病院を受診することをおすすめします。これは、治療目的だけでなく、「自分の身体と向き合うことを思い出す」きっかけになります。

その一方で、身体のメンテナンスに真剣に取り組みすぎてしまう傾向になる人もいるでしょう。その場合、健康維持によい結果をもたらすことが多いでしょうが、何か病気になったときに「がんばったのに、病気になってしまった……」と自分を責めないように注意が必要です。

改めて前向きに、自分にあった治療法に努めることを生きがいにできるといいですね。

牡牛座のウィークポイントは腰回りかもしれません。腰痛に悩まされることがあったら、無理をせず全身を休めてあげてください。首と顔回りとの縁がある星座ともいわれていますので、まず身体のどこに気を配ろうか迷ったら、参考にするのもよいでしょう。

また、歌うことで元気になりやすい星座だともいわれています。気力が下がったときには、歌うことで回復できるかもしれません。流行りの歌もよいですが、オペラやクラシックの発声を習ってみるとよさそうです。とはいえ、それはなかなか機会が少ないでしょうから、小学校の音楽の教科書に載っていたような歌や童謡もおすすめです。

あとは、意外かもしれませんが、読経や祝詞《のりと》をあげるのもよさそうです。宗派などに準じて選んでみてください。

牡牛座の結婚運

　男女問わず牡牛座にとって、結婚は「人生のゴール」といえるでしょう。このゴールには、「人生の終わり」の意味も含まれますが、これはポジティブな意味での終わり、すなわち「新しい人生のスタート」という、これからやってくるこれまでの人生とはまた違ったかたちの幸せを受け入れる準備という意味なのです。

　前述のように家庭運のよい星座ですから、結婚後の幸せは約束されています。

　しかし、結婚に至るまでの過程が、やや人よりハードな場合が多いことを、独身の牡牛座の方は心得ておくとよいでしょう。ではなぜ、ハードになるのか？

　それは、牡牛座が誰よりも変化を恐れる星座であるからです。

　結婚適齢期まで（平均初婚年齢は上がっていますが、占星術上の考えとして24歳くらいまで）に、人生の転機が少ない運命傾向が強いため、独身生活という大きな人生の区切りに対して抵抗をするのです。

　また、「結婚しなければならない」という気持ちも、同時に抱いているので、自分の意志で結婚したいという気持ちになれないため、「結婚したくないけれど、しなければならない」と葛藤することもあるでしょう。

　もし葛藤を抱えている牡牛座の方がいたとしても、大丈夫です。確かに結婚前のあなたと、価値観や生活環境は変わると思いますが、新しい世界で得られる幸福感は何ら変わることはありません。むしろ、結婚後の幸福度のほうが高いと思います。結婚しないという選択肢ももちろんありますが、「しなければならない」という動機であっても、結婚したほうが牡牛座の人生にとっては幸せなのです。

　とはいえ、結婚しない人生を決意した場合でも、生涯を通じて「結婚すればよかった」と思いやすいかもしれません。それならば、年齢に臆することなく結婚することに意識を傾けてみると、案外すんなり相手が見つかるかもしれません。

　実は、強い結婚運を持っているのですから、結婚に向き合うことを恐れず、ラクな気持ちで「私は結婚する運命なんだ」と思うだけで、ポンっと結婚話が進むかもしれません。

牡牛座の相続運

身内からの相続運は低めですが、血縁以外からの相続運が高めなのが牡牛座の興味深い特徴です。身内からの相続がまったくないわけではないのですが、なぜか身内から財を引き継ぐことに抵抗してしまう傾向があるのです。基本的な性格は温厚な人が多い牡牛座なのですが、この部分だけはちょっとひねくれています。

この気持ちはおそらく「相続＝誰かの死と引き換えに得るもの」という固定概念があるからだと思います。

冷静に考えてみれば、身内が亡くなったときに受け取る遺産だけでなく、生前に土地やお金の贈与を受けることも可能です。生前贈与を受けたことが原因で、親が亡くなることはまずないでしょうから、今後は心配せずに受け取ってみてはいかがでしょうか？

もしくは、「財は努力して得るもの」という意識が強いからではないかと思います。

一般的な考えでは、身内より赤の他人からの相続のほうが、棚からぼたもちな相続パターンですが、牡牛座の人は「他人からの相続＝自分の努力が認められた報酬」だと感じるようです。そのため、血縁以外からの相続の話は怪しいと思うことなく素直に受け取れるのでしょう。

身内からの相続も抵抗なく受け取れるようになれば、牡牛座は年齢を追うごとに、大きな財を貯めていくことができそうですね。

相続といえば、物理的な価値について主に用いる言葉ですが、精神世界的なとらえ方をする場合もあります。特に相続できたら何よりなのは、人からの「信頼性」や「人望」といったものではないでしょうか。自分に人望がなくても、身内の社会的な信頼度が高ければ、自分の周囲の評価が上がることがあります。

たとえば、不動産の賃貸契約の際、親に保証人になってもらう場面がわかりやすいでしょう。物理的な価値の相続運よりも、精神的な価値の相続運が格段に高いのも牡牛座の特徴だということも、最後にお伝えしておきますね。

人から受け継いだ人脈も、自分で築いた人脈と同じように大切に思えたとき、大きく人生が開けるでしょう。

牡牛座の国際運

あまりイメージがないかもしれませんが、牡牛座は国際的な仕事に就く縁が強くあります。たとえ語学力に自信がなくても、なぜか外国と関わる部署に配属された、という経験がある人も少なくないでしょう。特に努力を重ねなくても国際感覚が備わっているのです。この天性の感覚は、自分では気づいていないとしても、周囲には見えているのだと思います。

国際関連の仕事がしたいと思っているのに、自分の語学力や知識不足でチャレンジできないでいるなら、もったいない話です。ぜひ思い切って、今すぐ飛び込んでみてください。予想していなかった朗報が舞い込む可能性がとても高いです。

ただし、プライベートでの国際運はあまりないようです。「海外旅行に行きたい！」という願望も、人より薄いほうかもしれません。友人の誘いなどでプライベートな海外旅行をする機会には、旅先に仕事運を上げるヒントが隠されていないか、意識していると楽しめるでしょう。「パリの街並みを眺めていたら、建築家になりたいという夢ができた」とか「ハワイに行って、フラダンスに目覚めて、講師にまでなった」など、将来の職業に出合えるかもしれません。

ただし、海外の文化への理解は深いでしょうが、その理解には若干の偏りが見られるかもしれません。日本と比べて劣っていると感じるものには理解を示し、外国のほうが優れていると感じるものには敵対心を抱きがちです。これは、どんなに世の中の国際化が進んでも、自国が一番だという愛国心の強さに由来するようです。

また、人生を通じての国際的な交流の量には、激しいアップダウンがありそうです。量が少ない時期が長く続くと、その後機会があっても海外との縁を断ってしまいそうなので、常に一定量の海外情報をチェックしておくとバランス調整になると思います。たとえば、ＳＮＳで海外の友人を持っておくのは、牡牛座にとって有益なことだと思います。

牡牛座の仕事運

どのような仕事でも、ある一定のレベルまではすぐに到達できてしまうのが牡牛座の逸脱した才能です。決して要領がよいとはいえないのですが、周囲の人を味方につけて、協力して仕事をこなしていく力に長けているのです。

不思議なことに、それはリーダーシップがあるからというわけでもないのです。人がつられて動いてしまう、「一緒にいると楽しそう、得できそう」という雰囲気をまとっているからなのです。牡牛座の仕事ぶりは「デキる人」というより、「ガツガツしていない人」というカテゴリーに入ると思います。体育会系の上司や同僚と組む場合は、何かと厳しい指導が入るかもしれません。それによって嫌な思いをすることもあるかもしれませんが、自分のペースを変えないほうが、仕事ははかどるはずです。とりあえず、いわれたことは何でも「ハイ」と受け入れたフリをしておくのが得策です。

そんな牡牛座の適職ですが、レストラン経営なんていかがでしょうか？

私がもし牡牛座だったら、挑戦して成功する自信がある分野です。プライベートでは一人の人とじっくり向き合うのも嫌いではありませんが、仕事となるとたくさんの人とサラっと関わることのほうが向いているからです。また、味覚にも定評がありますから、絶品メニューのアイディアがたくさん出てくるでしょう。ただし、家庭での食事のように自分のペースで進行できる調理ならよいですが、時間配分して素早く作るのはあまり得意ではないでしょう。ですので、優秀なシェフを牡牛座の黄金の舌で発掘してコンビを組めば最強だと思います！　他には芸術系もよいですが、こもって作品を作るより、自分自身が作品になる形態が向いているでしょう。たとえば、タレントや歌手などです。ただ、メジャーを目指すと自分の力不足に寂しい思いをすることもあるかもしれません。ドームやアリーナコンサートよりも、市民ホールクラスでの人気を持続していくタイプです。これは、人気がないということではなく、ある程度人の温度を感じられる範囲でないと、牡牛座のやる気が持続しないということです。他の職業に就いた場合でも、このイメージを自分の今の立場に当てはめて仕事のやり方を変えていけば、手応えを感じられるようになると思います。

牡牛座の社交運

アイドルグループにたとえると、センターポジションではないものの、上位の人気を誇る愛されキャラ……それが牡牛座です。派手な装いでガツガツ人脈を広げようとすることはありませんし、その場の流れに任せ、かつ、自分が気を使わずにつき合える人だけを自然と引き寄せる雰囲気を持つので、人から嫌われません。

自分から努力することなく、人のほうから寄ってきてくれるので、新しい環境での友達作りなどの人間関係で苦労することは少ないでしょう。人気者なので他者からはとても社交的な人に見えると思います。本人もそう思っている場合が多いでしょう。ですが、初対面の人に自分から話しかけることは苦手なのです。経験が少ないので、どうしてよいかわからないのですから、仕方ないですね。

牡牛座の方は、友人との出会いの場面を思い出してみてください。学校や職場の仲間で、何となく仲良くなったと記憶している場合は、大概、相手から話しかけてくれた結果だと思います。もし自分から話しかけていた場合は、きっと相手が話しかけやすい雰囲気を作ってくれていたのでしょう。そう思うと、より一層友達への愛情が増しますね。

それから、職場や地域など限られた世界だけでなく、いくつもコミュニティに所属する縁が深いのが牡牛座のもう一つの特徴です。新しい趣味や活動に誘われたら、即答するわけではありませんが、聞き流すことはせず一度しっかり吟味します。そして、そのなかで自分の興味がわいたものには「とりあえず1回参加する」主義でしょう。10回参加して1回、よくて2回くらいしか継続的に携わることはないかもしれませんが、たった1回の参加で長くつき合える友達を作ってくる運を持っています。

こうして、何か新しい活動をするごとに、友達が増えていくのでプライベートが忙しくなることも多いでしょう。ですが、性分的に人とベタベタするのが苦手なため、細く長くの友情となることがほとんどではないでしょうか?

牡牛座のスピリチュアル運

今でこそ「スピリチュアル」という言葉が一般的になり、「スピリチュアル」といわれる活動をしている人に対する偏見も減ってきたように感じます。

実際、私が占いの勉強を始めようと思ったころ、家族や友人で反対する人が何人もいました。母親などはその代表格で、「占い師になる」と話したときには、大ゲンカになりました。ですが、私の占いが的中したことに加え、スピリチュアルブームのおかげで今ではすっかり崇拝者です。

このようなスピリチュアリズム（目に見えない世界を信じ、大切にすること）に反対する人が多い時代や地域でも、自然にスピリチュアリズムを取り入れた生活をしているのが、牡牛座なのです。

牡牛座の場合、第一印象が「何を考えているかわからない。けど、いい人そう」ということが多く、この「何を考えているかわからない」という雰囲気がスピリチュアルに生きている人の特徴です。非常に抽象的な表現ではありますが、つまるところ目に見えることや肉体とは別の世界、目に見えない魂の世界があるということに気づいている人に対し、まだ気づいていない人は「わからない」と感じるのです（誤解のないように補足をしますが、「気づいているから優秀」とか「気づいていないから劣っている」、というものではありません）。

このように、牡牛座にとっては、今という時間の流れのなかにいる私たちに見えている物質世界も光の世界（＝死後の世界、別次元など広義な意味です）と同時に存在しているということが当たり前なのです。ただ、本人はそれを特に意識はしていないようです。なにせ、当たり前のことなので、他人にも同じ世界が見えていると思って生活しているでしょう。

ですから、スピリチュアリズムに異議を申し立てる人がいた場合、まったく意味がわからないので、怒りを感じることはないようです。

牡牛座は、人間パワースポットといえるかもしれません。ちょっと疲れたときには、牡牛座の人と話すことで自分の魂が訴えていることに気づける人も多いでしょう。

COLUMN 2

12星座と占星術の歴史〜ヘレニズム時代

紀元前4世紀、マケドニアのアレクサンドロス大王の東方遠征によってヘレニズム時代が幕を開けると、占星術をはじめとしたメソポタミアの学問が、かつてない規模で周辺の文化圏へと伝播していきます。

その時代のエジプトで占星術を学んだギリシアの学者エウドクソス（前400年ごろ〜前347年ごろ）は、黄道の12星座を含む44個のメソポタミア起源の星座をギリシア世界に伝えました。そしてその知識は、詩人アラトス（前315年ごろ〜前240年ごろ）によってギリシア神話と結びつけられ、彼の美しい詩文によってヘレニズム世界へ浸透していきました【画2】。

たとえば、上半身がヤギで下半身は魚という奇妙な山羊座のイメージは、本来はメソポタミアの水の神エアの姿が投影されたものだったのですが、ギリシアでは牧神パンが怪物から逃れようと慌てて変身した姿であるとされました。

また、メソポタミアでは「偉大なもの」と呼ばれ、二つの壺から水を流す老人の姿で描かれていた水瓶座は、ギリシアではすっかり「イケメン化」され、神々の王ゼウスに神酒を注ぐ美少年ガニメデとして描かれるようになりました。それらのギリシア風の星座のイメージは、後の西洋占星術、そして天文学の世界でも採用され、2000年以上を経た現在でも生き続けています。

【画2】ギリシア風の星座図

フレデリック・デ・ウィット作成（オランダ、17世紀）

ギリシア人はメソポタミアの占星術を熱心に学び、それまでに彼らが思索してきた宇宙論を融合させていった他、占星術の基礎となる天文観測や暦の作製に関しても、さまざまな改良・発明を行っています。

なかでも大きな貢献をした学者として、ヘレニズム文化の中心地アレキサンドリアで活動した天文学者ヒッパルコス（前190年？〜120年？）が挙げられます。ヒッパルコスは幾何学を駆使して恒星の位置を正確に測定し、46種類の星座を制定しましたが、その結果として驚くべき事実を知ってしまいます。彼自身が作成した星図と、その150年前に記録された古い星図の間で、星座の位置にずれが生じていたのです。

「歳差運動（※9）」と呼ばれるこの現象の発見は、恒星が形作る12星座と、春分点を基準とする12サインの位置関係が不変であると信じていた当時の人々に大変なショックを与えました。かつては春を告げる星座だった牡羊座が、その役割を魚座に受け渡してしまうなど、星座と季節の関係に不一致が生じるからです【図2】。

【図2】歳差運動による12星座と12サインの不一致

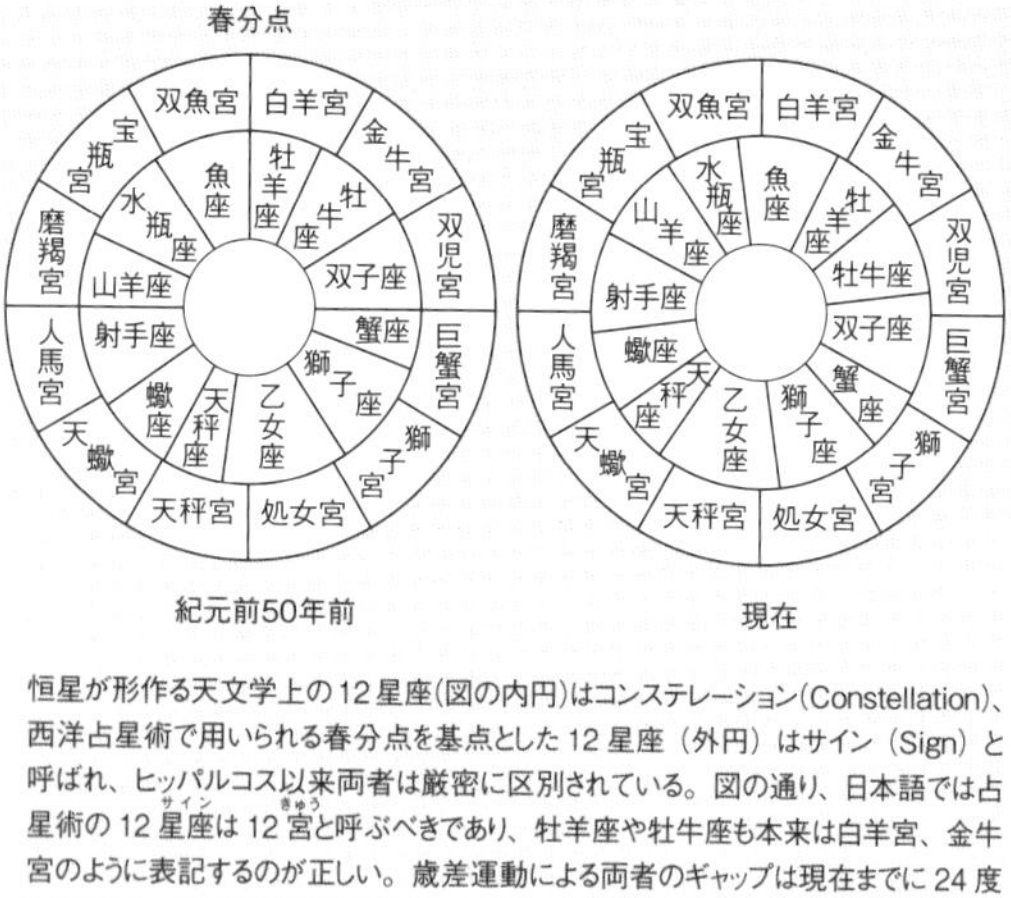

恒星が形作る天文学上の12星座（図の内円）はコンステレーション（Constellation）、西洋占星術で用いられる春分点を基点とした12星座（外円）はサイン（Sign）と呼ばれ、ヒッパルコス以来両者は厳密に区別されている。図の通り、日本語では占星術の12星座《サイン》は12宮《きゅう》と呼ぶべきであり、牡羊座や牡牛座も本来は白羊宮、金牛宮のように表記するのが正しい。歳差運動による両者のギャップは現在までに24度まで進行し、あと500年ほどで完全にサイン一つ分（30度）ずれることになる。

ここにきて、占星術では恒星を基準とした獣帯と12サイン方式の獣帯のどちらを用いるべきなのか、ヘレニズムの学者は二者択一を迫られましたが、その後のヨーロッパやイスラム文化圏の占星術では、後者の12サインが正式な獣帯として採用されました（※10）。

私たち人間が地上に生きる生命体である以上、四季のリズムと一致した12サインを利用するほうが理にかなっていると考えられたのです。

時代はずっと下って紀元後の2世紀、アレキサンドリアにはもう一人の大学者、クラウディウス・プトレマイオス（※11）が現れます。プトレマイオスは、地球が宇宙の中心に位置し、巨大な天球がその周囲を回転していると説く天動説の大成者として知られていますが、占星術にギリシアの自然科学を融合させ、その後の西洋占星術の基盤を構築した人物でもありました。

彼が残した占星術書『テトラビブロス』の理論的な支柱の一つとなっているのは、ギリシア最大の哲学者アリストテレス（※12）の宇宙論です。アリストテレスは熱と冷、乾と湿、昼と夜、男と女といった対立概念によって世界をとらえていますが、プトレマイオスもそれに倣い、12星座《サイン》の基本的な性質を二元論によって説明しています。

「そしてまた、12のサインのうち、6つは男性的で昼間のものであり、他の6つは女性的で夜に属する。昼の後に夜が続き、男女がカップルになるのと同様に、それらは交互に並べられている。」『テトラビブロス』第1の書より

12星座《サイン》に性別があるとするプトレマイオスのこの説によれば、男性星座は文字通りに男性的な性質を持っており、積極的でアクティブであるとされる一方で、女性星座はその正反対で、消極的でおとなしいとされています。

また、同じ性別の星座同士は調和するので仲がよいが、異なる性別の星座は非調和的で仲が悪いとも述べています。

プトレマイオスはまた、世界が火・空気・土・水の

四つの元素によって成り立っているとするアリストテレスの四元素論を引き合いに出し、黄道上で正三角形を形成する星座のグループが、同じ元素の性質を備えているとしています。

たとえば、牡羊座・獅子座・射手座の三つ組は火の元素に属しており、火に象徴される共通した性質を持ち、離れていてもお互いに共鳴し合っているというのです。

プトレマイオスの理論には苦し紛れとも思える点が多々見られますが、『テトラビブロス』は占星術の大古典としての地位を獲得し、その後1600年以上に渡って読み継がれていくことになります。

コラム2脚注

※9）歳差運動：地球の地軸が2万5800年周期でジャイロスコープのように揺らぐことにより、地球から見た恒星の位置が変化する現象。ヒッパルコスの時代には恒星が黄道上を1度移動するのに100年かかるとされたが、実際には約72年である。

※10）現在の日本では天文学上の星座《コンステレーション》も占星術の12星座《サイン》も同じ「星座」と表記することが慣例化しているが、厳密には誤りであるといえる。詳細は169ページのコラム9「西洋占星術と12星座の歴史　日本編その2」を参照。

※11）クラウディウス・プトレマイオス（Claudius Ptolemaeus, 83年～168年ごろ）：数学、地理、天文学、占星学、音楽学、光学等の幅広い分野で業績を残した古代ローマの学者。天文学書『アルマゲスト』と占星術書『テトラビブロス』は、後世の西洋・アラビアを中心とした文化圏の宇宙観に大きな影響を与えた。

※12）アリストテレス（Aristoteles、前384年～前322年）：ソクラテス、プラトンとともに西洋最大の哲学者の一人とされ、その多岐にわたる自然研究の業績から「万学の祖」とも呼ばれる。

第3章
双子座

Ⅱ 双子座（ふたご座）

人とのつながりが薄い宿命を持つ双子座の人。

双子座の宿命

これを良いと解釈するか、悪いと解釈するかは、人それぞれなのですが「良いと解釈する」のも双子座の大きな特徴の一つです。双子座は何事も先入観を持たず、まずは受け入れます。そのため、まずはどのようなタイプの人でも関わりを持ちたがるでしょう。

そのなかで、自分にピッタリ合う人（または、物事）を厳選します。残念ながら双子座のお眼鏡にかなわなければ、こちらからどんなに熱いアプローチをしても振り向いてくれません。仕事や趣味も同じで、試しては辞めるのを繰り返すでしょう。

とはいえ、年齢が上がるにつれて身の回りには厳選されたもの（あるいは人）だけが残りますから、とても「センスのよい人」と見られるようになるのです。このように、若いうちは飽きっぽさが目立ち、ちょっと軽い人と見られがちですが35歳以降は、必要なものだけを持って軽やかに生きる人として、周囲から一目置かれる存在になると思います。

双子座のカッコよさをわかっていただけたところで、双子座が潜在的に持つ「生き方のポリシー」についても触れておきます。前述の通り、たくさん試して、好きなものだけを残す、というものもありますが、もう一つ特徴的なのは「太く短く生きる」というものです。双子座は人生を「果てしなく長いもの」ではなく、人生は「一瞬で終わってしまうもの」ととらえているでしょう。

ですので、1日1日を大切に生きます、1時間、1分も大切にします。ぼーっと何もしないで過ごす休日など、双子座にとっては無駄以外の何ものでもないかもしれません。人間ですから、もちろん、身体を休めることは必要ですが、それは毎晩きちんと眠ることで解消すればよいわけで、休日に寝だめをするなど無駄なことだと思っている場合があります。

1日にいくつも用事を入れるのが好きなのも双子座ら

しさかもしれません。たとえば、会社が終わってまっすぐ帰るなんてもったいない！　と、何かイベントをやっている場所に立ち寄ったり、または新しくできた飲食店に足を運んでみたりするでしょう。夜、寄り道の時間が取れないときは朝早めに家を出て、ジムに寄ったりするかもしれません。短い人生なのだから、ワンパターンな日常はもったいないと感じるのです。

新しいことは人より先に試したい欲求も強いので、話題の場所や機器をリサーチして、体験しにいくことにも時間を惜しみません。スマホの機種変更マニアだったり、ガジェットに詳しかったり、次世代機器が好きですし、縁も深いようです。マニュアルを見なくても電子機器を軽々と操作してしまう特技もありそうです。ただし、大きな家電や、ただの配線には興味はありません。人と直接関わることができる機器や技術にだけ興味があるのです。

そんなタイプですから、スマホや携帯電話の機種変更には一緒にきてくれると何かと助かるはずです。反面、冷蔵庫や洗濯機の買い替えのときはあまり熱がないかもしれません。とはいえ、「（家電の）センサーが何だ」とか、「リモコンの性能が何だ」とか、細かい部分には詳しいといえますから、いないよりはいてくれたほうがよさそうです。

双子座は頭を使うことが好きなのも特徴です。考えることが好き、ともいえるでしょう。休みの日に寝だめはできない性格にも通じますが、頭を休めることが苦手です。双子座の頭のなかをたとえるなら、それは回遊魚のいる水槽です。思考という回遊魚が、頭脳という水槽をぐるぐると永遠に泳ぎ続けているのです。泳ぐ（考える）ことをやめたくても、やめられないのです。

このように、日々いろいろなことを考えているだけあって、いろいろなアイディアや知識を持っています。困ったことがあったら、どんなジャンルでもまずは双子座の人に相談してみるとよいかもしれません。

何でも受け入れてくれるカウンセラーのような答えは得られませんが、的確で無駄のない解決策を提示してくれるはずです。頼もしいですよ。

双子座の金運

「好きなことをしているとお金はあとからついてくる」とよくいわれますが、まさにそれを誰よりも体感しているのが双子座ではないかと思います。

双子座にとって、お金とは「がんばって稼いでくるもの」ではなく、いつも「お財布に必ず入っているもの」といイメージのようです。そうイメージしていますから、お金を躊躇なくどんどん使います。とはいえ、考えなしにバンバン無駄遣いをするのとは違います。宿命のところでもお話しした通り、双子座は常に何かを考えています。ですからお金を使うときも瞬時に「これは必要か、今買うべきか、値段は妥当か……」とたくさん考えます。この考えがまとまった瞬間、高額なものであってもバーンとお金を払いますから、周囲からは「太っ腹な人」と見えているのでしょう。

そんな太っ腹な？　双子座ですが、実は自分のことより家族のことにお金を使うのが好きなようです。初任給で両親にプレゼントを買ったり、食事をごちそうしたり、さらりとできるタイプです。家族のことにお金を使うと、その分（ときにはそれ以上）が、別のルートから入ってくる不思議な金運を持っています。

大金をバーンと得るタイプの金運ではないですが、細かいお金がいろいろなところからちょっとずつ入ってくるタイプです。

若いうちはあまりお金がないように見えても、年々増えていくでしょうから、老後のお金の心配はあまりしなくて大丈夫そうです。

自分が立てた計画をしっかりと遂行できるタイプですから、貯蓄計画を立てることが、双子座にとって一番の金運アップにつながるでしょう。お金にあまり執着はしないので、もしお金がない状況に陥っても、クヨクヨ思い悩まないのもうらやましいところです。

いろいろ考えるタイプの双子座ですが、「ない」ことを考えるのではなく、「ないなら得る」ことを考えているのですから、いつでも前向きでいられますよね。

双子座の勉強運

学生時代、成績トップクラスのグループには双子座が多かったかもしれません。そのグループを当時は「すごいなー」や「くやしいな」という感情でしか見ていなかった人も多いかもしれませんが、星座の運命も少しは関係していたでしょう。

現役の学生さんは、ちょっと調べてみるとおもしろいかもしれませんね。

双子座はとても勉強ができる星座です。何でも素直に暗記していく力もありますが、丸暗記するより「なぜ、そうなのか」という理由を考えて、納得してから記憶していきます。ですので、一度覚えた知識を簡単に忘れることはありません。

一夜漬けも得意ですが、テストでよい成績を上げられるのはこれまでの知識を積み重ねた結果でしょう。どのような科目や分野にも興味を持って取り組みますから、成績は平均的によいのです。ただし、一度興味を失ってしまった分野には、まったくパワーを注げないのが惜しいところです。あんなに夢中だった英会話を、外国人の彼女と別れてしまったらすっかり飽きてしまった……なんていうことも双子座ではよくあるかもしれません。

こんなことをいうと、双子座のお子さんがいる方や学生さんは「どうしよう、興味がなくなっちゃったら……」と心配されるかもしれませんが、それは大丈夫です。学生時代なら受験、社会人スクールなどでは資格取得という、ゴールそのものに興味があれば、そのための手段として興味のない分野の勉強もできる賢さがちゃんとあります。

社会人になって何か勉強を始めようと考えている双子座の人は、資格取得というゴールがあるものを選ぶとよいでしょう。資格のない分野を勉強する場合は、１回で完結するセミナーや、長くても3か月で一区切りつくようなものをおすすめします。いろいろなことに興味があるわりに、すぐにやめてしまうことにちょっぴり罪悪感を持ってしまうのも双子座の特徴なので。もうおわかりの通り、「コストパフォーマンスが悪かった」とか「人に自慢してしまったのに、続かなくて恥ずかしい」などと考えすぎてしまうからですね。

双子座の家庭運

双子座はちょっとクールに見られることも多いですが、実は家庭をとても大切にします。一般的にいう「あたたかい家庭」とはちょっと違うかもしれませんが、とても幸せな家庭を自分で作ることができる運を持っています。

では、いったいどのような幸せな家庭なのでしょうか？

双子座の人は、家族のなかでの自分の役割を「仕事」ととらえる傾向が強いようです。仕事ですから、一生懸命がんばろうという意識が働き、家にいてもリラックスを求めるより、家族をまとめることに集中してしまうのです。

「家族は常に一緒にいるべきもの」という概念を強く持っているようです。子供がいる家庭なら、夕食は必ず家族全員で食べる、休日は家族で外出をするなど、しっかりルールを決める人が多いでしょう。離れて暮らす実家の親にも、盆暮れ正月、母の日や父の日など、行事ごとに会いにいくのを、半ば義務のように遂行しているかもしれません。もちろん、配偶者の親にも同様にいろいろとしてくれるでしょう。

これはとても素晴らしい考えで、家族から喜ばれることが多いと思います。ですが、実家はまだしも、毎日一緒に暮らす配偶者や子供は「押しつけられている」と感じてしまうことが、ないとは言い切れません。やや義務的、実務的な印象を与えてしまう双子座の家族との接し方ですが、これはもちろん深い家族への愛情に基づいているものなので、家族に双子座の人がいる方は誤解しないであげてくださいね。

「自分ががんばることで、家族が幸せになる」。そう思って、家族が一番喜んでくれそうなことをしてくれているのです。もし、双子座のそれがちょっと負担になってしまったら、正直に話してみてください。顔色から家族の気持ちを判断するのはとても苦手ですが、話すことでしっかり理解してくれるのが双子座ですから。

社会生活では空気をしっかり読めるのですが、なぜか家庭の空気を読むのはあまり上手ではないみたいです。個人的には、そんな双子座の空気の読めなさが、とても愛おしく感じます。

双子座の恋愛運

思春期になると、友達よりも早く恋人ができるタイプ、それが双子座です。小学生のときに淡い関係の恋人がいた人も多いかもしれません。

双子座は、恋多き星座の一つです。簡単にいえば、モテます。フェロモンとか色気とかいわれる妖艶《ようえん》さがあるわけではないのですが、恋愛の相手に事欠かないので、周囲の同性から見たら不思議に思われることでしょう。これは、前述のように、まずは自分から人と関わりを持っていく姿勢の結果が大きいと思います。特に多感な時期は、好意がある人に自分から話しかける勇気がない人が多いなか、双子座はちょっとでも気になる人には、積極的に話しかけます。

大きなパーティー会場を思い出してください。たくさんの人と名刺交換しても、印象に残っている人は数人です。その数人は、いずれも相手から話しかけてくれた人ではありませんか？　このように、話しかけてくれた相手は印象に残りやすいですから、それまで興味がない相手でも、ある日突然話しかけられたら何となく気になる存在になってしまいますよね。こうして、相思相愛に至るということが生涯通じて多いのが双子座の恋愛の特徴です。

このように恋愛運がよいだけでなく、自らの努力によってたくさんの恋をしていく双子座ですが、気になることが一つあります。それは「恋愛が長続きしづらい」ことです。恋愛以外の対人関係でもそうですが、いろいろな人に興味がわき、かつ、つき合う人を厳選する傾向があります。

厳選されて恋人の座に君臨できた1名とは長く関係が続きますが、その他の人たちとの関係は短くなりがちなのです。極端にいえば、結婚相手が決まるまでは、短い恋愛をたくさん繰り返してしまいがちなのです。また、そこが異性には魅力的に映るので、良いも悪いもいえないのですが。

逆に悪気はなくても、つい二股（あるいは三股や四股？）をかけてしまうことがあり、それが相手にバレて破局してしまうこともあるかもしれません。

恋多き双子座ですが、本人は短命な恋を悔やむより、たくさん恋ができたことに幸せを感じやすいようです。ですので、双子座の人自身はとってもハッピー！　双子座に恋した人はちょっと……振り回されてしまうかもしれません。

双子座の健康運

双子座の人は、自身の健康についてわりと楽観的な気がします。ですが、興味はとてもあるので、あらゆる健康法をちょっとずつ試したことがあるかもしれません。無農薬食品やサプリメント、身体によいといわれるものもいろいろ摂取した経験があると思います。疑う前に何でもすぐ試す勇気があるほうなので、西洋東洋の医療、代替医療問わず、知識と経験がありそうですね。

おそらく体験の数が多いので、ぴったり自分の体質に合って、劇的に不調が改善した経験もあるでしょう。

ですが、逆に劇的に不調に陥った苦い経験もあるかもしれません。

このように、健康を重んじるがためにかえって健康を害しやすいという運を持っているのは、注意すべき点です。大病にかかることは少ないと思いますが、それはやはり日々の気遣いが活きた結果だといえます。

ただし、風邪はひきやすいかもしれません。なぜなら、何かに集中すると体感温度を忘れてしまうからです。特に夏の冷房など、薄着であたりすぎないようにしてください。

その他、双子座を象徴する身体の部位は胸です。ゆえに使いすぎることに起因して、この胸回りはウィークポイントになることがあります。

さらに合わせて「人に知られたくない部分」や「症状が出づらい部分」もウィークポイントなので、女性の場合は乳腺症などに気をつけておくと安心でしょう。

双子座の方は若いうちから健康診断を欠かさないタイプだと思いますが、その調子で、ぜひ定期的なチェックは欠かさないことをおすすめします。

双子座は喉を使うことにも縁があるので、特に声を使う仕事や、会話量の多い仕事についている場合、人より過剰なケアが必要になる場合もあります。喉を使うことに縁があるのに、喉が弱い傾向があるのが双子座の健康運と仕事運のバランスの取り方で、一番難しい部分かもしれません。

双子座の結婚運

若いうちは結婚という制度に反対する傾向が強い双子座ですが、結婚運は花丸をつけたくなるほどよいといえます。恋愛運のところでお話しした通り、恋愛経験を早く積むタイプなので、比例して結婚のチャンスも早く、かつ、多く訪れます。ただし、結婚相手を絞るまでには少し時間を要するようですから、晩婚になる場合も多いのですが、同時に晩婚になるリスクも計算しているので、自分の決めた年齢で交際していた相手を愛情度合とは別の観点から、結婚相手として決めることもあるでしょう。

このような傾向から、双子座は世間の決めた結婚適齢期で結婚する人と、晩婚といわれる年齢で結婚する人との二極化が顕著な星座だといえます。それでは、どちらの時期に結婚するのが双子座にとって幸せなのでしょうか?

「どちらにもそれぞれの幸せがある」と締めくくっては、あまりにも保守的な答えになってしまうので、あえていわせてもらいます。

双子座にとっては、「世間の決めた結婚適齢期」に結婚したほうが、晩婚より幸せを強く感じられると思います。なぜなら、双子座は「人より先に経験したい」という欲求がとても強いからです。10代後半や20代前半の双子座の読者の方で結婚を迷っているなら、今すぐ決めるのは正解かもしれません。

ただし、適齢期を過ぎた結婚だとしても不幸というわけではありませんし、結婚できないわけではありません。双子座が結婚できる確率は、他の星座より断然高いですから、何歳になっても期待を持って堂々と出会いを探すのがよいと思います。

また、年下との結婚にも縁があります。法律や条令が許す範囲なら、かなり年下の方でもご縁をつなげられる可能性があります。逆に年上の方と結婚した場合は、相手の考えを若返らせてあげることができます。

双子座の方と結婚すると、高い美容液を使ったり美容クリニックに通ったりするより、アンチエイジング効果に期待が持てるかもしれませんね。

双子座の相続運

相続するよりも、自力で財を得る運が強いのが双子座です。しかし、まるで相続運がないわけではありません。

双子座は親の遺産を相続できなかったとしても、兄弟から金銭的・物質的援助を受ける縁を持っています。援助と相続は違うと考えがちですが、生前贈与と考えることができるでしょうから、立派な相続なのです。

兄弟がいる方は、たとえ自分が年上だとしても大いに頼ったほうがよいと思います。なぜなら、それが兄弟の満足にもつながる可能性が高いからです。また、もし兄弟がいない場合は、配偶者の兄弟からの援助にも期待が持てます。日ごろからマメに交流を取っていくとよいでしょう。

もし結婚しておらず、兄弟もいない場合は友人から何かを譲り受ける運があります。

友人からの相続の場合、大きなお金ではなく、何かのアイディアやビッグビジネス、もしくは会社だったりするかもしれません。

基本的には自分自身の力である程度の財を築けますから、相続に期待しなくても金銭的には安泰かもしれませんが、相続の機会があったら遠慮せず受け取ることをおすすめします。なぜなら、相続したものを二代でなくしてしまうような無知なタイプでは決してないのが双子座だからです。次の代まで残せることはもちろん、自分が相続した時点より大きく膨らませたものを後継者に譲り渡すことができる運と縁を持っています。

今後、何かを相続する機会がやってきたら、それらを増やすことに重きを置いてみてください。譲ってくれた相手も、未来に譲る相手も、きっと喜んでくれる結果になるでしょう。

それから、特に縁のある相続物は特許、商標といった知的所有権や、何かのライセンス、印税や著作権などです。これらは不労所得に化ける可能性を大きく秘めたものなので、自力で財を築く力がある双子座の、さらなる武器となることでしょう。何だか夢が膨らみますね。

双子座の国際運

語学のセンスがある双子座。母国語以外を日常会話程度に習得することは容易かもしれません。会話レベルまでいかなくても、単語を人より多く知っていたり、海外旅行で必要な会話フレーズをいろいろ暗記していたりするでしょう。

そんな双子座ですが、実はそれほど国際運を持っていません。いろいろなことに興味がありますし、語学への抵抗もないので海外旅行に行くことは、たびたびあるとは思います。それなのに、仕事や社会的な交流の場は、国内にとどまってしまうようです。あるとしても、国内に来ている外国人と仕事をすることがある程度でしょう。

このようになってしまうのは、本当は心の奥の方で国際交流をとても望んでいるのに、語学レベルが人より劣っていたり、ネイティブの人たちからバカにされるのがいやだったりという気持ちのほうが前面に出てしまうことが起因しているようです。

双子座のなかでも、後天的な経験などのおかげでこのプライドを捨てられた場合には、一気に世界との距離が縮まります。今一度、自分の心に素直になって、個人としての諸外国との関わり方を考えてみてはいかがでしょうか?

お子さんがいるなら、中高生のうちにホームステイの経験をさせてあげると、将来の進路に大きな変化が現れるかもしれないですね。このように、いずれ国際社会に飛び出す人もいるということは、年齢を重ねるにつれ、国際運は上がってくるといえるでしょう。

どうしても言葉や知識を重んじてしまう星座ですから、プライドが邪魔してしまうのはよく理解できますが、会話ができなくても心で国際交流ができるということを学べる機会が持てるとよいのかもしれません。他の星座の国際意識を参考にするのもよいでしょう。

とはいえ、外国人との交流の機会が少なかったり、せっかく知り合えても深い交流に及ぶまでには時間がかかったりしますが、国際的な経済事情には詳しかったりするのも、双子座のもう一つの顔です。世界地理にも詳しかったりするでしょう。反発しているようでいて、やはり幼いころから国際的な視点は持っているのでしょうね。

双子座の仕事運

リーダーになることや、メインポジションで目立つ働き方をすることはあまり好まないでしょう。このようなポジションの運が皆無というわけではありませんが、サポートする側のほうが、本人がしっくりくるようです。便宜上、「サポート」という言葉を使いましたが、もう少し細かく表現すると、事前情報を提供するポジションという感じでしょうか。

ある会社の営業チームがあるとします。そこにはリーダーがいて、サブリーダーがいます。その下には複数の営業マンがいます。双子座はこのなかの、どの役割にも当たりません。一番下の営業マンに、情報を提供したり、下準備を行う立場の別部署（または別会社）だったりする人が双子座なのです。このようなポジションに縁がありますから、実際に会社組織に所属したときも、似たポジションの仕事が回ってくるでしょう。

部署でいうと、情報管理部門や人事部との縁がありそうです。経理部はちょっと違うかもしれません。数字に細かい、計算が早いという適性はありますが、集中力や持続力がちょっと不足しているからです。

入社して最初に配属される場合はありそうですが、会社側にはすぐ適性と差異があることを見抜かれ、早々に異動になるかもしれません。

チームワークを保つことが上手なので、仕切りすぎず、反発しすぎず、サラリーマンの模範のようなタイプです。仕事はできるのに、ガツガツアピールしないので、周囲の印象に残りづらいかもしれません。とはいえ、本人もそのほうが居心地はよいようなので、それも悪くないのかもしれないですね。

極論をいってしまうと、仕事にはとても一生懸命ですが、仕事をするということ自体はあまり好きではないようです。これは怠け者というわけではなく、人生には仕事より魅力的なことがたくさんあると知っているからです。

ですので、早期退職者が募られたときには、一番に手を挙げるのは双子座のような気がします。前向きな性格ゆえ、後悔はしないと思いますので、なるべくよい条件で第二の人生を始められることを願っています。

双子座の社交運

単独行動をしているときより、誰か比較対象がいる場面で、キラリと輝く運を持っているのが双子座です。たとえば、街中のナンパスポットとして有名な場所を一人で歩いても声をかけられることは少ないでしょう。それなのに、パーティー会場ではひっきりなしに声をかけられます。場所によってこんなにも人から興味を持たれる度合いや、その違いに違和感を抱く双子座の方は多いかもしれません。

同じように、同性の友達と連れ立って街を歩いているときには、断然ナンパされる率は上がるでしょう。これは、比較対象がいることにより、双子座の人は他人から輝いて見えるからです。そして、初対面の人との会話をそつなくこなす名人でもあります。相手の持ち物や服装、話し方を瞬時に分析し、話が弾みそうな話題を選ぶことができるのです。さらに、そこに嫌味が一切ないので、相手に好印象を持たれるわけです。

人とすぐに打ち解けることができるので、SNS上の友達や、連絡先を交換した相手の数はとても多いでしょうから、人脈の宝庫といえそうです。

とはいえ、関わった相手すべてに興味を持つわけではありません。交友関係を始める間口は広いのですが、深く関わる相手はそう多くないでしょう。人からよく「友達多そうだね」といわれても、双子座本人は「友達少ないよ」と答えるかもしれませんが、それは嫌味ではなく純粋な本心です。

それでも、知り合いが多いということは自分でも認識しているでしょう。知り合いだからといって、友達になる必要はないという、ちょっとドライな認識があるようですが、自分を頼ってきてくれた相手のことは大切にする人情は、親や道徳の授業で習ったことなので、きちんと理解して重んじているはずです。

ただし、過去に交流があった双子座の人に連絡を取る場合は、少し覚悟が必要です。もしかしたら、相手のことをすっかり忘れているかもしれないからです。顔よりデータで相手を認識するクセが強いので、思い出してもらうには自分のプロフィールデータを伝えること、出会った時期と場所を明確に伝えることが必要になりそうです。

双子座のスピリチュアル運

人からは実務的・分析的に見られやすいですが、目に見えない世界への反骨精神はありません。お墓参りや年中行事には神仏を詣でることもするでしょう。ただ、ちょっとだけ合理主義な面があるので、自分が墓守になった場合、遠方から近場にお墓を移そうと考えたりすることはあるかもしれません。ですが、放置するより身近で頻繁にお世話をしたいという愛情からの考えなのです。

信じるか信じないかは別として、占いやヒーリング、もしくは冠婚葬祭業といった人の栄枯盛衰に関わる事業との縁は深いです。自分がそういった職業に就くことはないかもしれませんが、配偶者や友人が携わっていたり、勤めている会社に新事業として追加されたりという縁が巡ることもあるかもしれません。

積極的にスピリチュアリズムに取り組むタイプではありませんが、受け入れる姿勢はできているので、熱心なスピリチュアリストとも反発し合うことなく共存できる器を持った人です。まったく興味がないわけではないので、たまには本を読んだり、セッションを受けたりすることもあるでしょう。それらに依存したり偏った考えを持ったりせず、少ない経験を大きく人生に活かすことができます。

スピリチュアルな知識が豊富な双子座の人は多いと思いますが、どっぷり世界にハマっている双子座の人は少ないと思います。ハマっているように見えても、それは学ぶことが好きだから周囲にはそう見えるだけだといえます。

双子座個人の生き方におけるスピリチュアル運はこのような通りですが、実際向こう側（スピリチュアルな世界の存在たち）からはどう思われているのでしょうか？

先ほど墓守になった場合の話をしましたが、墓守になる運はほとんどありません。兄弟がお墓を見られない時期だけ手伝うことはあっても、代々受け継ぐ立場にはならないのです。これは長男であっても同じです。婿養子に入ることになったり、親の遺言で他の兄弟がお墓を見ることになったりするのです。これはなぜかというと、ご先祖様やガイドスピリットといわれる存在から、双子座に与えられた使命は家を守ることではなく、社会に魂の存在を胡散《うさん》臭《くさ》く伝えることだからです。そのセンスが双子座には備わっているのです。

COLUMN 3

12星座と占星術の歴史 ローマ時代〜ルネサンス時代

紀元前30年、アレキサンドリアがローマ帝国によって征服されたことにより、ヘレニズム時代に醸成されたギリシアの占星術は、ローマの人々の間でも知られるようになります。

彼らの占星術に対する態度はまさに「賛否両論」で、異国の迷信として徹底的に排除しようとする者もいましたが、ローマ帝国の初代皇帝アウグストゥス（紀元前63年〜紀元後14年）は、占星術師テオゲネスにホロスコープを絶賛されたことにすっかり気を良くしたのか、自らの権威の象徴として山羊座の図像を刻印したコインを大量に流通させるなど、さっそく占星術の政治利用を行っています（※13）。

その後の歴代のローマ皇帝の治世下でも、宮廷に占星術師が召し抱えられたり、自ら占星術を学ぶ皇帝まで現れるなど、さながら「占星国家」と呼んでも過言ではないほど、星の科学が社会に浸透していくこととなりました。

この時代の占星術がどのようなものだったのかを知る貴重な資料として、詩人マニリウス（1世紀）が残した『アストロノミカ』（※14）という教訓詩があります。同書では詩の形式を取りながらも、当時の宇宙観が大変理論的に説かれており、ギリシアのプトレマイオスによる『テトラビブロス』を始めとした後世の占星術書に先駆けたものとなっています。

特に12星座《サイン》が人間の性格や運命に与える影響については、以下のような具体的な記述を見ることができます。

「人馬宮（12サインの射手座）が東の空にその肩飾りを輝かす時、その時に生まれた子供は、戦において名誉ある英雄となり、数々の勝利に名をとどろかす。人馬宮の恵みに導かれ、勝利者として故国に帰り、新たな砦を構築したり、古い砦を壊す。ただし、恩恵をふんだんに振りまくこの宮が、出し惜しみすることもないではない。厚遇を与えた人を真っ向から攻撃することさえ、しばしばだ。」マニリウス『アストロノミカ』第四の書より

しかし、312年のコンスタンティヌス帝（272年～337年）のキリスト教への改宗を境に、ヨーロッパの占星術は長い受難の時代を迎えることとなります。キリスト教が国教化されたローマでは、教会が絶大な権力を持ち、キリスト教と相いれない思想が徹底して弾圧されるようになったからです。

特に、星を信仰の対象とした古代宗教をルーツに持ち、キリスト教の自由意志論と対極にある宿命論の要素が色濃い占星術は、教会から「あらゆる邪教の源」というレッテルを張られ、格好の攻撃対象となったのでした。

4世紀の司教ヴェロナが、双子座は旧約聖書と新約聖書、乙女座と天秤座は聖母マリアとイエス・キリストなどとして、12星座《サイン》をキリスト教の概念に関連づけるなど、神学者のなかには占星術の部分的な価値を擁護したり、教義のなかに取り込もうとした者も存在しました。それでも、キリスト教の排他的な姿勢はエスカレートしていき、ローマの占星術は衰退を余儀なくされ、5世紀の西ローマ帝国の滅亡とともに完全に消滅してしまいます。行き場を失った占星術の知識は、他のヘレニズムの科学とともにアラブ諸国やインドへと流れ、その命脈を保つこととなりました。

ヨーロッパで再び占星術が復興し始めたのは、やっと11世紀の後半に入ってからになります。それまでの数世紀の間、アラビアやインドによって継承され、さらなる発展を遂げていたヘレニズム時代の学問が、ヨーロッパの学者によって再び学び直されたのです。12世紀以

降の各地のヨーロッパの大学では、占星術が教育科目として取り入れられ、特に医学や数学、自然哲学等の過程で重要な地位を占めるようになりました。

後にルネサンス期と呼ばれるこの時代に占星術の最大の庇護者となったのは、イタリアの都市フィレンツェで隆盛を極めたメディチ家（※15）です。メディチ家の占星術への傾倒ぶりは、彼らが残したさまざまな建築や収蔵品からもうかがい知ることができます。

メディチ家の菩提寺として建立されたサン・ロレンツォ大聖堂の円天井には、黄道上の12星座《サイン》をモチーフとした鮮やかな装飾が見られますが、そのデザインには占星術師トスカネッリの助言が活かされています【画3】。

また、一族の最盛期に当主を務めたロレンツォ・デ・メディチの肖像画にも、12星座のシンボルが密かに書き込まれています。

馬上槍の試合でロレンツォが身に着ける鉄兜の後部に、2本の角を生やした山羊の頭が取りつけられていますが、これは彼が1月1日、つまり太陽が山羊座にある時に生まれていることと無関係ではないでしょう。

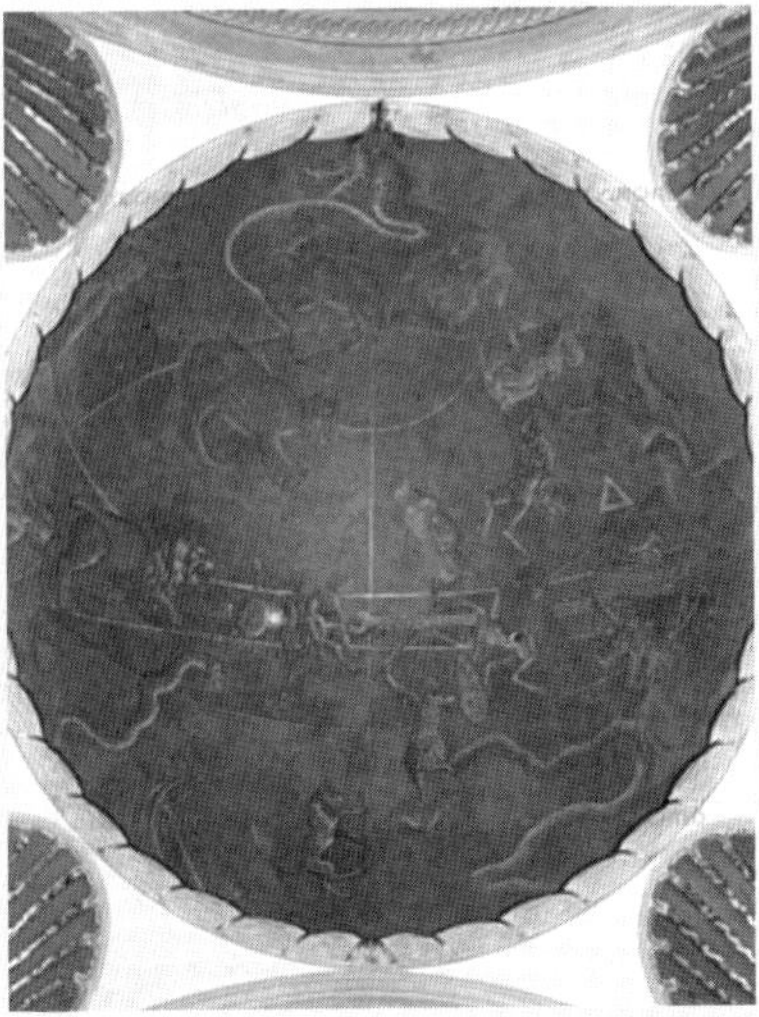
【画3】サン・ロレンツォ大聖堂の円天井

ルネサンス時代ではまた、占星術的な宇宙観は詩人たちのインスピレーションの源ともなっていました。イタリアの桂冠詩人ダンテ（1265年～1331

年）は、彼の最高傑作といわれる叙事詩『神曲』で、地球を取り囲む天球に天国のイメージを重ねた壮大なストーリーを展開していますが、そのなかで自身の詩才が双子座から与えられたものであると述べる下りがあります（※16）。

「ああ、栄えある星々［双子座］よ。大きな力をおはらみになっている炎よ。私の歌の才は、それがどんなものでも、すべて御身から出ることを知っています。私が初めてトスカーナの空気を吸ったとき、やがては死すべき者の命の父の太陽も、御身とともに沈み、御身とともにたそがれていたのです……」

ダンテ『神曲 天国篇』第二十二歌より

ダンテは占いとしての占星術を軽蔑し、『神曲』のなかでも同時代の著名な占星術師ボナタスを地獄に落としていますが、人間の魂が形成される過程においては、惑星や12星座《サイン》の力が重要な役割を果たすと信じていたのです。

コラム3脚注

※13）アウグストゥスの誕生日は紀元前63年の9月23日（ユリウス暦）で、いわゆる12星座占いでは「乙女座の生まれ」ということになる。しかし、当時のホロスコープ占星術では月が重視されていたことから、彼の誕生時の月が位置していた山羊座が皇帝のシンボルとして採用された可能性がある。

※14）『アストロノミカ』（Astronomica）韻文形式で書かれた占星術書で、古代ローマにおける占星術の普及に貢献したと言われる。その内容はストア派やピタゴラス派の哲学の影響が見られ、天球や星座、惑星等の性質について詳細に論じている。『占星術または天の聖なる学』（有田忠郎訳、白水社）のタイトルで邦訳が出版されている。

※15）メディチ家（Medici）：ルネサンス時代のイタリア・フィレンツェで銀行家、政治家として台頭した一族。フィレンツェの実質的な支配者として絶大な権力を持ち、後にトスカーナ大公国の君主となった。ボッティチェリ、レオナルド・ダ・ヴィンチ、ミケランジェロ等の芸術家の他、マルシリオ・フィチーノのような哲学者のパトロンとなり、ルネサンス文化の発展の上で大きな役割を果たしたことでも知られる。

※16）ダンテの出生時（ユリウス暦1265年5月30日）のホロスコープでは太陽が双子座に位置している。

第4章

蟹座

♋ 蟹座（かに座）

蟹座の宿命

心やさしい星座といえば、蟹座。そう認識されている方はとても多いでしょう。もちろん、それに異論はありません。蟹座の人は細かい気配りができますし、穏やかで、スローペースだけどマイペースとは違って人をイライラさせません。誰が見ても「やさしそう」ですし、実際、「やさしい」のです。でも、そんなやさしさに、私はちょっと無理しすぎていないかと心配になるときがあります。それは、人にはとってもやさしいのに、自分にはやさしくできない部分を持っているからです。

本当は自分のやりたいことがあるのに、人助けを優先してやれないままでいる……やさしすぎるゆえに、そんな蟹座の方は多いのではないかと思います。人にやさしくできるのですから、遠慮せず自分にもやさしく接してあげてくださいね。自分にやさしくした後に、人にやさしくしてあげても遅くはないのですから。

また、蟹座の方はちょっと人見知りなところがありそうです。家族や慣れ親しんだ友人とは、冗談交じりの会話を楽しめるのに、初対面の人とはなかなか目を見て話せないかもしれません。これはやはり気遣いができることが影響しています。気を使いすぎて、「話しかけたら迷惑じゃないかな?」や「この話題は好みじゃないかな?」と考えすぎてしまい、結局「関わらなければ、相手を怒らせることもなければ、自分が嫌われてしまうこともない」という結論が態度に出てしまうようです。ただ安心していただきたいのは、目を合わせずその場にいるだけだとしても、嫌味な人と思われることはまったくありません。

残念ながらカラっと明るい人には見えないかもしれませんが、ジメジメ暗い人にも見えません。その場にいるだけで、なぜだかお母さんのような安心感を周囲に与えることができるのが蟹座の特徴です。これは男性でも同じです。男性なのに「お母さん」というあだ名で呼ばれたことがある蟹座の方、いらっしゃいませんか?

さて、ここまで主に性格的な運命傾向をお話ししてきましたが、外的な運命はどんなものでしょうか?

まず、周囲から誰よりも大きな愛情を受けて育つことができるでしょう。愛されているという実感を、わかりやすいかたちで得ることができます。たとえば、人前で謙遜して自分の子供を褒められない親が多いなか、誰の前でも自慢の子供として褒めてもらえる環境に育つことが多いです。

いつでも、「かわいいね」や「できる子だね」と褒められるので、自分が愛されているということを信じて疑わないように育てられるでしょう。特に4歳くらいまでは、そんな環境にいた人が多いと思います。保育園や幼稚園、小学校に上がって家族以外の他人と深く接するようになると、これまで丸ごと肯定されて育った自分に、否定的な発言をする人と出会うことになります。ここで、多くの蟹座の人は、たった一人の心無い否定的な発言のせいで「私はダメな子だったんだ」と思い込んでしまう体験をします。そのときに、「そんな言葉に負けずがんばりなさい」と、家族が急に褒めるのではなく、励ますだけになってしまうと、自己肯定感が薄い子になってしまうおそれがあります。

励ますのはもちろん必要なことですので、小さいころのように褒めることも続けてあげれば、自分が愛されていることを実感したまま大人になれるでしょう。このように、蟹座は初めての社会生活の内容によって、大きく人生が変わっていく宿命の下に生まれています。あなたが蟹座で、自己肯定感が薄いと感じているなら、初めて家族以外の人と接した記憶をたどってみてください。何か、今の自分の性格を作った要因が見つかるかもしれません。見つかったらそれを癒す作業が、生きやすさを手に入れるために必要になるでしょう。

そして、蟹座は人から頼られることも多いでしょう。前述の通り、人と親密になるのに時間がかかります。でもなぜか、蟹座の方はそれほど仲良しだと感じていない相手からのほうが頼まれごとをされやすいのです。これは、蟹座の人が「断れない性格」だということが、わりと前面に出てしまっているからです。仲のよい人なら、それを気遣って無理な頼みなどしてこないのですが、そうでない人はおおむね気を使わないでしょう。だから軽々しく頼んでくるのです。慕われやすいという意味では、悪いことではないですが、何の義理もない人からの無理な頼みを断ることが、蟹座の人生修行という宿命の一つになるかもしれません。

蟹座の金運

多くの人が「お金は労働によって得られるもの」と考えています。ですが、蟹座の意識は少し違います。「楽しんでいるうちに入ってくるもの」もしくは、極端な場合「減ったらギャンブルでもやって増やせばいいや」と思っているかもしれません。

誤解しないでいただきたいのは、これは蟹座が道楽者だからではありません。「お金がない」という経験をすることが少ない運命の下に生まれてきたため、お金に対して楽観的でいられるからであり、楽しいと感じる仕事なら熱心に取り組むでしょう。

生涯を通じて、お金の苦労が少なく、かつ、欲しいものを得るだけのお金が常にそばにあるでしょう。お金に対してネガティブな感情が薄いので、お金に好かれるのかもしれませんね。

また、くじ運・ギャンブル運がよいのもうらやましいところです。運がよいということは、外れる回数が人より少ないので、必然的に「負けてくやしいから、あと少しだけ賭けよう」の繰り返しになることも少なくなります。ですから、ギャンブルをやったり、宝くじをよく買ったりする人というイメージを持たれがちなわりには、中毒になる可能性は低いです。

持ち前の運を使って、少ない金額を使って上手に当て続けることができますから、蟹座にとって賭け事は投資のような感覚かもしれません。

ここまでで、何となくギャンブラーというイメージを持たせてしまったかもしれませんが、仕事でお金を稼ぐ気持ちもしっかりありますので安心してください。

それから、人を楽しませるのが上手なので、お礼に食事をごちそうになったり、プレゼントをもらったりすることが多そうです。これらの恩恵は、金運をお金の運と限定してしまうと少し違うかもしれませんが、自分に現金が直接入ってこなくても、人に自分のために現金を使わせる強い運を持っているといえるでしょう。

これは紛れもなく「金運がよい人」だと私は思っています。

蟹座の勉強運

学校の先生からすると蟹座は、とても勉強家に見えるでしょう。もちろんクラスメイトからもそう見えていると思います。当の本人も自分のことを勉強家だと思っているので、いつでも一生懸命勉強に取り組みます。そのような学生時代を過ごしますから、必然的によい成績を修めることができます。ですが、蟹座は学校という枠を外れた時点で、勉強にさほど興味を持てなくなってしまいます。そのため、学校を卒業し、社会に出てからは、スキルアップのために自ら本を買って独学で勉強したいという意欲があまりわかないでしょう。会社から「この本を読んで勉強しておきなさい」といわれれば、かろうじて読みますが、その本の知識がテストの点数というかたちで評価されない場合には、ただ読み流すだけで終わってしまうかもしれません。

なぜ、あんなに勉強家だった蟹座が、こうなってしまうのでしょうか？　それは、情感豊かな蟹座は人のために気を使って自分の価値を認めてもらおうとがんばりますが、世の中には蟹座のその気遣いにまったく気づくことができない人が多いからです。

そのように自分の価値を探し続けて、ついに、誰が見ても優劣が明確な「テストの点数」を上げるという方法を見つけるのです。テストの点数が高ければ、学校や親からは賞賛され、友達からは尊敬されます。ここでやっと注目され、本来一番の得意分野である「他者への心温まる気遣い」ができるという性格にも気づいてもらえるのです。

蟹座にとって勉強とは、表だって気づかれづらい自分の価値に気づいてもらうために必要な手段としての位置づけが強いのです。このような経験を経て、ある程度自分の価値を他者にも評価してもらえるようになってからは、点数にこだわらない勉強にも興味がわいてくるでしょう。

英語の勉強を例に取るならば、ＴＯＥＩＣのように点数が明確になる試験の勉強より、カフェで外国人講師が気さくに英会話を教えてくれるスタイルの勉強法を選ぶようになります。

ここまで来られた蟹座の人は、勉強とはがんばるものではなく、自分の情感を満たす楽しいものととらえた、新しい人生を送っていることでしょう。

蟹座の家庭運

宿命の項目でも少し触れましたが、蟹座は愛情にあふれた家庭に生を受ける人が多い星座です。愛情のかたちはその家庭ごとですが、社会性のほとんどを家庭内のルールによって身につけていく傾向が強いです。概してそのルールは、社会的に「よし」とされるもの、つまり常識的といわれるものです。ですから、家庭環境の悪影響に起因して、社会的な道を踏み外すことは少ないでしょう。もし思春期に少し踏み外してしまうことがあるとしたら、それは他人の気持ちをくみ取りすぎてしまう、感受性の強さに起因していることが多いと予測できます。とはいえ、そこを家族が理解してあげることで、素直な生き方に戻ることができますから安心してください。

思春期の渦中で生き方に迷っている蟹座の方は、家族はいつでもあなたを理解してくれる存在だということに気づいてください。蟹座は、誰よりも愛にあふれた家族に恵まれる運を持って生まれてきているのです。小さなころには疑うことのなかったその運を、もう一度信じてみてはいかがでしょうか。

蟹座にとっての家庭とは「最も自分らしくいられる場所」です。日本では、家庭より仕事を優先する風潮がまだ強いですが、蟹座の人は素直に家庭を優先することができます。同じ家族のために休日出勤や残業を断ったり、有給休暇を堂々と使ったりする人でも、人からよく思われない人と、そうではない人がいますよね？　そのうちの後者、どんなに残業を断っても社内の評価が下がらない人、それが蟹座です。なぜなら、蟹座の人は自分の分まで他人が働いてくれることに対し感謝をきちんと述べることができます。自分の手が空いているときに、困っている同僚を見かけたら自然に助けの手を差し伸べます。残業できない分、朝早く来て仕事を片づけているかもしれません。

そんな気遣いに、年長者は気づいてくれますから、家族を優先しても出世にはひびきません。仕事より家族を優先することで、蟹座はどんどん開運できます。妻が外で働き、夫が家事をする「専業主夫」というパターンの夫にも蟹座が多そうですね。また、蟹座は本来家事も得意なはずですから、苦手意識を持っている蟹座の方は、自信を持って取り組んでみてください。家族から褒められると思います。

蟹座の恋愛運

恋愛には刺激が欲しいと思うタイプではないのに、なぜか秘密の恋をしてしまいがち……そんな運命を感じている蟹座の人は意外と多いのではないかと思います。気になる相手への積極的なアプローチが苦手ですが、それと同じくらい積極的なアプローチを断ることも苦手です。

このことがどうなるかというと、ずっと心に秘めた人がいながら、別の人とつき合ってしまうという状況になってしまいます。その相手が、恋人や妻がありながらアプローチしてくるような人なら、押しに負けて望まない不倫の恋が始まってしまうことになりかねません。蟹座の人は結婚願望が誰よりも強いでしょうから、恋愛経験を踏んでいくうちに、断る勇気を学んでいく必要があるかもしれません。

ちょっと注意書きが長くなってしまいましたが、基本的に恋愛の機会には多く恵まれます。秘密の恋といっても程度はいろいろですから、もちろん「ちょっとだけ秘密」の恋の場合もあります。「ちょっとだけ」ですから、ドキドキの要素にはなっても、絶望の要素にはならないでしょう。たとえば、年の近い上司と部下や社内恋愛禁止の会社での同期、友達の兄弟などです。

適齢期の上司と部下の恋愛なら、昔からよくある話かもしれません。むしろ、社内恋愛から結婚に進むほうがスタンダードだったりします。社内恋愛禁止の会社で出会ったなら、どちらかが辞めれば問題は解決します。友達の兄弟なら、きちんと報告することで家族ぐるみで末永く仲良くできるすてきな結婚に進展するかもしれません。

ただ、蟹座の人は何度もお伝えしているように周囲にとても気を使う人ですから、周囲に迷惑がかかるタブーな恋愛だと感じてしまうこともあるでしょう。今、自分のしている恋愛にタブーを感じている蟹座の人。相手に別の相手がいない場合なら、思い切ってまずは信頼できる人に打ち明けてみませんか？　思ってもみなかった祝福を受けるかもしれませんよ。

それから、最後に配偶者が蟹座の方、ご安心ください。結婚したら配偶者以外への興味はなくなりますから、浮気の心配はないでしょう。秘密の恋は、独身時代に限ったことなのです。

蟹座の健康運

自他ともに認める「健康マニア」のなかに、蟹座はとても多そうです。なぜなら、繊細な感受性を持つ蟹座は、心にゆさぶりや制限がかかったとき、誰よりも早く身体に変化が表れやすい星座なので、幼いころから常に自分の体調に気を配って育ちます。

このような経験を重ねていくうちに、心が身体に影響を及ぼすということは、身体を常に健康に保っておけば、心も常に健康でいられるのかもしれないということに、自ら気づくでしょう。体感した数が少ない年齢のうちでも、そのような知識を本や人づてに得る機会に多く恵まれる運があります。

感情のコントロールを身体のコントロールから行う楽しさを知ると、さまざまな健康法を試したくなるでしょう。ただし、激しい運動は好まないので、身体を動かす方法なら気功や呼吸法といった動きの緩やかなものを選ぶことが多いでしょう。また、食品摂取や、食べる時間帯や量の調整で健康維持する方法など、家にいながらにしてできるものを優先的に選ぶでしょうし、そのほうが蟹座の生活スタイルにも合うでしょう。健康維持に熱心な姿勢と、もともと家庭での食に対するこだわりが強い面が相まって、独自の健康料理を開発するかもしれません。

何となく体調がすぐれないときには、蟹座の人に頼めば栄養バランスのよい料理を作ってもらえそうですね。蟹座の人は味にもこだわりがありますから、「健康食＝まずい」という固定概念も崩してもらえそうです。

蟹座に対応する身体の部位は、「胃」であることからも、食と健康の関係がどの星座よりも深いといえます。それゆえ、胃を使いすぎないように、特に35歳を過ぎたあたりからは気をつけておくとより健康でいられるでしょう。緊張すると胃が痛くなる人は多いというほど、誰でも胃は精神と直結していると想像できます。特に精神が研ぎ澄まされている蟹座ですから、胃の不調は心の不調のサインである可能性が高そうですね。

もちろん、病理的疾患の可能性もありますので、不調がある場合は独断せず専門家に相談してくださいね。

蟹座の結婚運

家庭運がよい蟹座。これは前述の通りです。ですので、結婚後の蟹座の家庭運は安泰です。もちろん、結婚に至るまでの過程や、どのような相手と結婚するかによって、差異が出てきます。ここでは結婚相手の特徴と、結婚に至るまでの運命を中心にお話ししていきましょう。

まず、結婚相手はどんな人なのでしょうか？

私は、蟹座は隠れ「メンクイ（面食い）」だと思っています。自分では顔で選んでいるつもりはないのに、周りから「メンクイだね」といわれたことはありませんか？　蟹座の人は、男女ともに子孫を残したいという欲求が潜在的に大きい星座です。ただ、女性の場合は性にちょっと奥手なところがあるので、欲求はあっても抑え込んでしまう場合が多いのです。それゆえ、自分では繁栄欲求は薄いと感じていても、潜在的によい遺伝子＝イケメンの遺伝子を残したいという気持ちがあり、気づかないうちにルックスのよい男性を選んでいるというパターンが多いように感じます。わかりやすくイケメンとたとえましたが、筋肉質である頼れる系イケメン、頭のよい頭脳派イケメン、おしゃれ上手な雰囲気イケメンなど、選ぶタイプはさまざまです。ですが、どのイケメンも、要は「多くの人がよしとする秀でた価値」を一つ以上持っています。蟹座の男性でしたら、美人＝かわいらしい、清楚、知的、おしゃれ、そして胸が大きいなどという部分を潜在的に求めるでしょう。このように優秀な遺伝子を求める蟹座は、世間的には高望みといわれるかもしれません。ですが、高嶺の花を見事手に入れることができる運を持っている人こそ、蟹座なのです。ですので、蟹座の方は周囲に何をいわれようと、一人二人にフラれたくらいでめげていないで理想のタイプは貫き通してください。

運命の相手の容姿の話が長くなりましたが、結婚までの流れは一言でいうと「厳か」です。恋愛中は少し様子が違いますが、無事プロポーズをされ（もしくは、して）てからは、お互いの両親へのあいさつ、家族顔合わせ、結納、厳粛な結婚式と進むでしょう。

今は結婚式を行わないカップルが増えているようですが、蟹座は厳粛な結婚式をすることで結婚生活がより幸せなものになります。簡易的でもやらないよりは、やることをおすすめします。

蟹座の相続運

相続運は「わりとある」蟹座ですが、相続してからの運の乱れが少し心配なところです。これまでお話しした通り、よい家庭に恵まれ、よいパートナーにも恵まれ、金運もなかなかです。ですが、人から相続したものに関しては、なぜか反発してしまう気持ちを持っています。

これが、何かの権利や事業などでしたら、自分のやりたいことと違うと反発することもあるでしょう。ですが、お金またはそれに相当するものを相続した場合にも、なぜか素直に受け取れないのです。

もともと豊かさを当たり前に受け取れるのに、どうしてなのでしょうか? それは、蟹座のやさしさからくる、責任感の強さによるものなのです。たとえば親や、親子のように接してくれた人の大切な財産や土地を自分のような未熟な人間に受け継ぐ資格があるのだろうか? と思い悩んでしまうこともあるでしょう。

また、あまりにも莫大な財産を相続してしまい、「自分の代でゼロにしてしまったらどうしよう」とネガティブに考えてしまい、プレッシャーに押しつぶされそうになることもあるでしょう。このようなプレッシャーから、あやしい投資話や詐欺の甘い口上に乗せられて、せっかく相続したものを、あっという間に失ってしまう可能性があります。ただ、失ったことにより、プレッシャーから解放されるという精神的なうるおいを得ることができます。

どちらが蟹座自身にとってよいことなのか、他人がとやかくいうことではないのかもしれません。ですがもし、自分の家族にこのようなプレッシャーと葛藤している人がいるなら、一人で悩まないように声をかけてあげてください。きっと、信頼できる人が一緒に管理してくれるという安堵があれば、次の代の人間に必要なかたちで、相続したものを発展させることができるでしょう。

このように、ちょっと注意喚起を強めにしてしまいましたが、現金でしたら実生活のなかで想像できる範囲の金額を相続する運が強いので、心配しすぎないでくださいね。

また、家を相続する可能性も高いので、別途リフォーム代がかかることなどを視野に入れておくとよいでしょう。

蟹座の国際運

郷土愛が強い蟹座ですから、もちろん世界規模で見たときには愛国心が強いということにもなります。芸術肌なところがあるので、海外の芸術や文化に触れる旅は好みでしょうが、長期滞在の旅行は苦手のようです。

これは蟹座が持つ、自分の家でゆっくり眠りたいという帰巣本能から来るものでしょう。国内旅行なら、いざとなればどこでも大体1日あれば帰れますから、それほど不安になることはないでしょうが、海外となるとそうはいきません。それゆえ、2日~3日もすると不安になってしまうことがありそうです。

ただし、そこに「住む」と決めたら話は変わります。暮らしを大切にしますから、定住地が決まれば覚悟も決まり、いかにそこでの生活を充実させるかに気が向くため、不安はよぎらなくなるのです。このように、蟹座には外国での生活でもなじめる適性があります。この適性を活かすことができた場合は、国際運のよい人になります。

愛国心は強くとも、そこでの暮らしが長くなるほど土地への愛着を持てる星座なので、気がついたら第二の故郷と慕い、離れるのが辛くなっているかもしれません。

本来なら愛着ある母国で人生を終えたいと考える蟹座なのですが、なぜか周囲に蟹座を海外へ連れ出そうとする人が多く現れる運命も持っています。留学に誘われたり、希望していないのに上司の強い推薦で赴任になったりするのです。ここで、押しに負けず日本を離れなかった蟹座の人は、生涯あまり国際的な交流なく過ごすことになるでしょう。ですが、持ち前の（?）押しの弱さゆえに、押し切られて海外生活をする機会を得た場合には、そちらでの生活のほうが快適になってしまう場合が多いのです。

両極端の人生ですが、どちらの場合も自分の住まいを愛おしむ心はとても美しく、国を問わず土地の人に愛されることになるでしょう。海外に住むことになった、住み始めたばかりの蟹座の方、怖がることはありませんよ。

蟹座の仕事運

社会のために尽くす運命を持っているのが、蟹座の誇るべき特徴でしょう。蟹座の行動は常に社会やコミュニティから注目されています。クラスや会社の部署、PTAなどの保護者の集まり、どんなコミュニティでも頼られ、また頼られることによって手腕を発揮します。リーダーになる運はあまり持ち合わせていませんが、実質的に会を動かす役割がまわってくることが多いです。リーダーのサポート役にも向いているでしょう。もし蟹座が活躍するコミュニティがごく小さなものだったとしても、その代表として対外的な役を任されやすいのも特徴です。たとえば、子供の小学校の保護者会の代表に選ばれ、近隣の他の小学校の保護者代表たちと意見を交換する場でしっかり役目を果たします。

本来は内弁慶気質な蟹座ですが、個人ではなく仲間を背負っていると思うと、どんな場面でもとたんに積極的、社交的に振る舞うことができるのです。保護者会の代表として選んでくれた人たちも、代表会でそこまで堂々とした振る舞いをしているとは思っていないかもしれません。

全体を見渡すことができ、周囲を温和な雰囲気にしてくれる蟹座の人は、どこへ出しても恥ずかしくない、誇らしい人だと思って選出してくれたのはうれしいことですが、それ以上にがんばっている蟹座の姿を、みなさんにも見せてあげたいところです。

社会で活躍する運をしっかり持っている蟹座ですから、給料や報酬をもらう、いわゆる「仕事」での活躍が期待できます。バリバリ仕事をするというよりは、マスコット的存在となり周囲の人のモチベーションアップに貢献します。自分で先頭に立つことはありませんが、権力者に好かれる運を持っているため、花形部署にいたり、華やかな会合に同行させてもらえたりします。そしてそこでも、温かい気遣いで周囲を喜ばせるという使命をまっとうするでしょう。

総ずるなら、蟹座は人徳によって仕事をなし得ていく運命を持っているといえます。

蟹座の社交運

相手や状況に合わせた会話、行動が上手にできる蟹座の人。臨機応変に相手を立てますが、本人はかなり気疲れしているかもしれません。ですが、人を尊重することに使命感のようなものを抱いていますから、とことん社交的な振る舞いをがんばるでしょう。蟹座の振る舞いのおかげで、気分よく、楽しく時間を過ごしてきた人は、きっと星の数ほどいると思います。もうこれは、立派な社会貢献ですね。

この観点から、蟹座の社交運はとてもよいといえます。ただ、最初にお話ししたように、社交の数だけ気疲れしてしまうので、蟹座本人からしたら自分を社交的だと思っていないかもしれません。むしろ、休日は一人で静かに過ごす時間がたくさん欲しいのに、方々からの誘いを断れずにいるかもしれません。

蟹座の人と過ごすことは、蟹座以外の人にとって大きなメリットがありますから、誘いたい気持ちは蟹座ではない私にもわかります。ですが、あまり頻繁に誘うことは、蟹座の負担になっているかもしれません。大人数の場でも、盛り上げ役ではありませんが集まりの雰囲気をよくするキーパーソンといえますが、少人数の集まりのほうがより蟹座には似合っています。

これらのことから、蟹座の人を誘うのは、誘おうと思った機会の3回に1回、なるべく小希望な集まりにしてあげると、ほっとしてくれると思います。そうすることで「この人は自分のことをわかってくれている」と感じ、蟹座のほうから誘ってくれるようになるでしょう。

人から慕われ、社交の機会に多く招かれる運を持っていますが、自分から人を誘うことは不得意なのです。もしそんな蟹座から誘われたら、よほど心を開いてくれている証拠かもしれません。相手に一方的に友達だと思われている数は多くても、自分が友達だと思っている数は少ない蟹座なので、貴重な友情を大切にしてくださいね。

そして、蟹座の人は、万人に気を使わないで、気楽な人づき合いを目指すと人生観が好転していくと思います。

蟹座のスピリチュアル運

ここまで蟹座の感性の豊かさ、人の気持ちを読み取る能力についてはたくさんお話ししてきました。ですから、蟹座とスピリチュアルな世界の関わりが深いことは容易に想像できると思います。

また、人間だけでなく、動物や植物の気持ちを察することも蟹座には容易にできる場合が多いので、生きとし生けるものすべて、人間と変わらない尊い存在だということを強く認識しているのではないかと思います。

蟹座は霊感が強いほうだという表現をされてきたことも多いかもしれませんが、当の蟹座本人は輪廻《りんね》といわれる人間の魂の生まれ変わりや神仏との関わり方よりも、「今」を生きる生命体への興味のほうが強いようです。仮に亡くなった人の魂が人間のかたちとなって現れたとしても、「見えたなぁ」くらいで、大きく騒いだりしないような気がします。それよりも、ペットが飼い主に何か切実な願いを訴えているのを感じ取ってしまったときのほうが、大きな問題として行動するかもしれません。

身振り手振りといった目に見えるコミュニケーション方法や、言葉という人間同士のコミュニケーション方法以外の、「心と心の対話」というコミュニケーション力に長けていますから、先に述べた動物や植物との関わりや、まだ言葉が話せない赤ちゃんと関わることの多い運命も持っています。その力を必要としている人は多いと思いますから、活かせる機会を自ら作ることも、自分の生まれてきた意味を知るよいきっかけになりそうです。

言葉でのコミュニケーションが難しいという意味では、外国人も当てはまると思います。街頭で外国人に道を尋ねられた場合、言葉は話せなくてもテレパシーのようなもので道案内できているのかもしれないな……と想像してしまいますが、蟹座さんいかがでしょうか?

こうして、生命を尊重して生きるということは、これから誕生する予定の生命への希望も持っているということになります。生命の誕生という神秘への敬意を人一倍持っている蟹座は、強いスピリチュアル運を持っているといえますね。

COLUMN 4

12星座と占星術の歴史〜アラビア、インド、中国

アラビア

ヨーロッパで5世紀に衰退し、12世紀に復活を果たすまでの間、占星術はアラビア世界へと伝わり、さらなる成熟を遂げていました。ヘレニズムの学問が保護奨励されたササン朝ペルシア時代（226年〜651年）、ギリシア語の重要な文献が次々とシリア語に翻訳され、そのなかにはプトレマイオスの『テトラビブロス』をはじめとした占星術書も多数含まれていたのです。

アッバース朝（750年〜1258年）時代には宮廷に仕える占星術師も登場し、首都バグダードを建設するタイミングは占星術によって計算されました（※17）。

また有名な『アラビアン・ナイト』（※18）には、あらゆる学問に精通する天才少女タワッズドが、さまざまな分野の学者から質問攻めで試されるという場面がありますが、彼女は占星術師の問いにも完璧に答えて大人たちのド肝を抜いてみせます。

アラビアの占星術の特徴としては、そのスケールの大きさと多様性が挙げられますが、12星座《サイン》に関しても興味深い研究が見られます。たとえば、アラビア最大の占星術師アブー・マアシャル（787年〜886年）は、世界の始まりは紀元前18万3101年であり、この時太陽と月、そして五つの惑星のすべてが、12星座《サイン》のスタート・ポイントである牡羊座の0度に位置していたという驚くべき主張をしています。また、蟹座はイラク、天秤座はビザンツ、山羊座はインド、獅子座はトルコとするなど、特定の民族や国家はどれかしらの星座に対応しており、各星座を観察することによって、それらの国々の繁栄の度合いまで判断できるとも述べているのです【画4】。

【図4】16世紀のアラビアで描かれた黄道12星座《サイン》

インド

インドにギリシア式のホロスコープ占星術が伝わったのは、2世紀以降であるといわれています。しかし、インドにも独自の占星術が存在しており、ヘレニズムの占星術をそのまま受け入れたわけではありませんでした。特に星座に関しては、インドには白道（月の軌道）に配置されたナクシャトラと呼ばれる27個、あるいは28個からなる星座の体系があり、それらを12星座と併用するというスタイルが貫かれています。また、西洋とインドの占星術の決定的な違いは、西洋が春分点を基準とした黄道12サイン（トロピカル獣帯）を用いるのに対し、インドでは西洋が放棄した実在の12星座（サイデリアル式獣帯）を基準としていることにあります。インドでは伝統的に恒星を基準としたカレンダーを使用してきたことから、肉眼で観察できる恒星獣帯の星座のほうがより重要に思われたのです。

インドの占星術ではまた、ギリシアから伝わった星座の図像にも変更が加えられています【画5】。ギリシアでは双児の男児であった双子座は、仲睦まじい男女のカップル「ミスナ」の姿になり、射手座で弓をつがえたケンタウルスは、なんと弓だけが描かれるようになります。また、上半身が山羊で下半身が魚の山羊座は、インドでは上半身のイメージが省かれ、「マカラ」と呼ばれる怪魚の星座となりました。

【画5】インドの双子座と山羊座

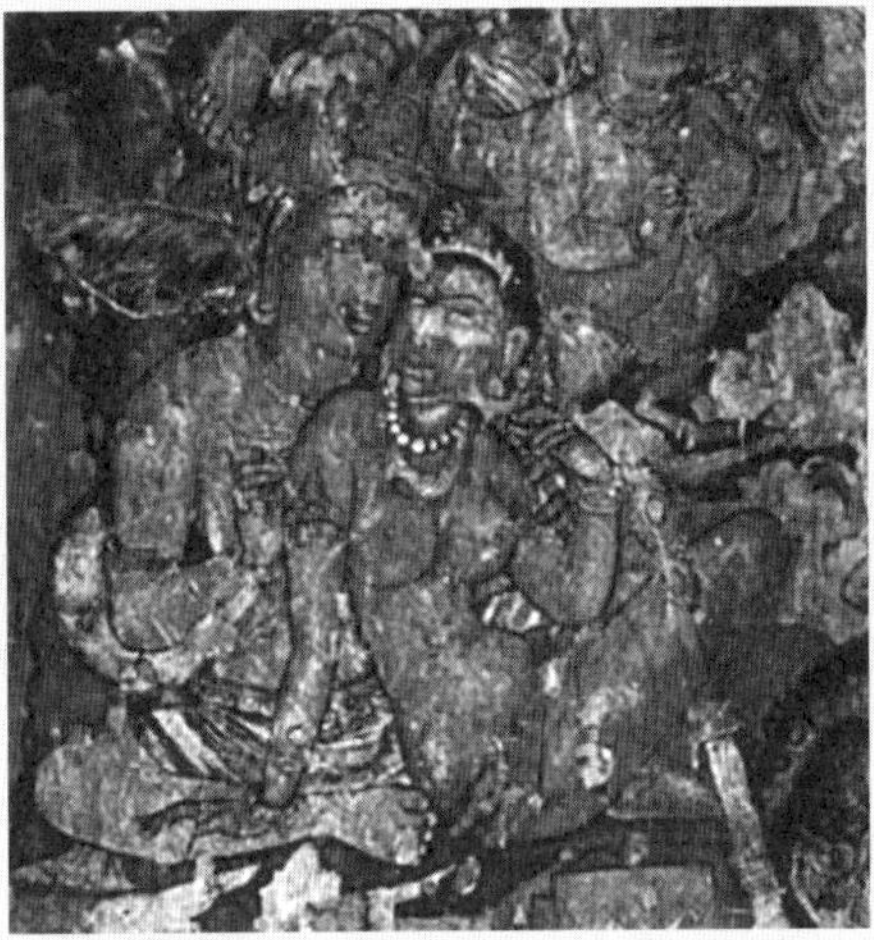

インドの双子座「ミスナ（Mithuna）」

インドの山羊座「マカラ（Makara）」

中国

他の古代文明と同様に、中国でも古くから天文観測が行われており、独特の宇宙論に基づく占星術も実践されていました。中国の占星術を大別すると、目に見える実在の天体で占う実星占星術と、陰陽五行説（※19）から導かれた暦を用いる虚星占星術という二つのスタイルがありますが、歴史上でより重用されてきたのは後者の虚星系のものでした（※20）。

その一方では、ヘレニズム世界で醸成されたホロスコープ占星術も、5世紀以降にインドを経由して中国へ伝わっています。インド占星術を教義の一部として取り込んだ仏教が、西域の科学の伝達役を果たしたのです。8世紀にはインド出身の僧侶・不空（704年～774年）が、当時最新のインド占星術を『宿曜経《すくようきょう》』にまとめ、中国での普及を志しました。宿曜占星術が用いる星の座標は、主としてインド式の「二十七宿」（※21）ですが、西洋の12星座に起源を持つ「十二宮（12サイン）」も併用されます【表2】。

宿曜経の各宮の図像は、インドで起こった星座のイメージチェンジがそのまま反映され、双子座は夫婦の星座「婬宮《いんきゅう》」や「男女宮《だんじょきゅう》」に、射手座は弓だけの「弓宮《きゅうきゅう》」になっています【図3】。

また、インドで怪魚「マカラ」に変身した山羊座は、中国でも奇怪な魚の姿で描かれており、サンスクリット語からの音訳で「摩羯宮《まかつきゅう》」、あるいは略して「摩《ま》宮《きゅう》」と呼ばれています。

【表2】 宿曜経の十二宮の名称

牡羊座	白羊宮
牡牛座	牛宮
双子座	婬宮
蟹座	蟹宮
獅子座	獅子宮
乙女座	女宮
天秤座	秤宮
蠍座	蝎宮
射手座	弓宮
山羊座	摩宮
水瓶座	瓶宮
魚座	魚宮

【図3】宿曜経のホロスコープ

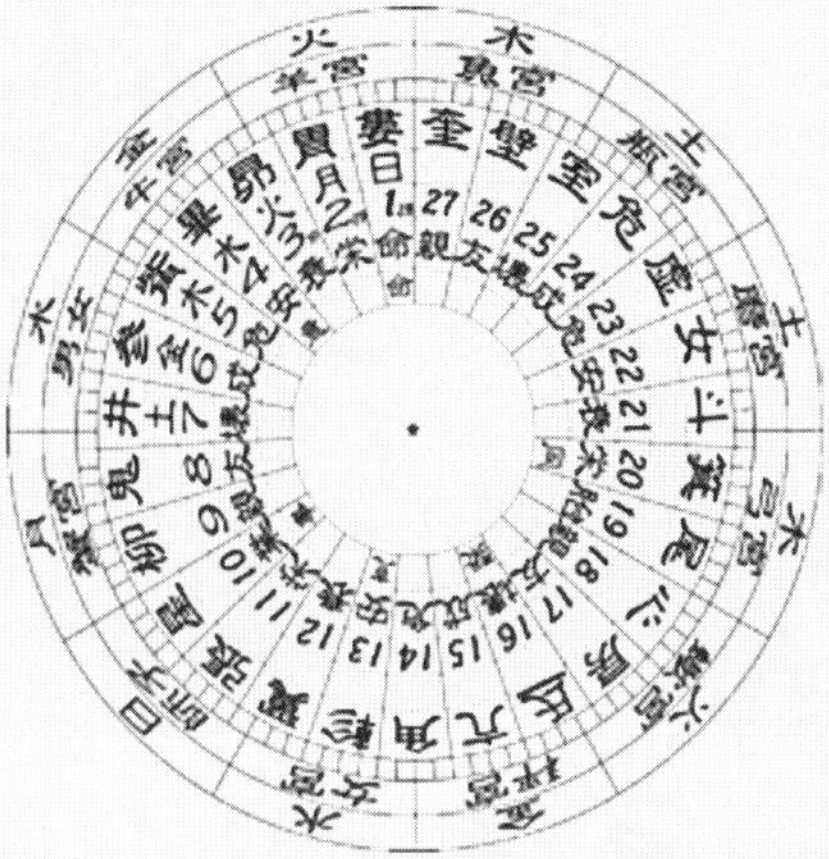

中国ではまた、戦国時代から「十二次」や「十二辰」と呼ばれる天の座標が存在していましたが、それらが中国独自の発明なのか、西域から伝播した十二宮（12サイン）の影響を受けて成立したのか、その起源は謎に包まれています。

十二辰に12体の動物を当てはめた十二支【画6】は、現在でも東洋の暦や時制で時を示すシンボルとして用いられ、中国の獣帯《チャイニーズ・ゾディアック》として西洋の12星座とともに親しまれています。

【画6】十二支

コラム４脚注

※17）中世イスラム世界を代表する占星学者アル・ビールーニ（973年〜1048年）によれば、現在のイラク共和国の首都ともなっているバグダート市は762年7月31日の14時40分に建設がスタートしたが、それは天体の配置によって物事のタイミングをはかるイレクショナル占星術によって定められたという。

※18）『アラビアン・ナイト』：ササン朝ペルシア時代にその原型が出来上がったとされる説話集。日本では『千夜一夜物語』のタイトルで知られている。後世の中東とヨーロッパで加筆・改編が繰り返されてきたため、そのエピソードは膨大で、写本にもさまざまなバリエーションが存在する。内容はインド説話の影響が強いが、中世イスラム世界の姿が生き生きと描かれている。

※19）陰陽五行説：世界のあらゆる現象の背景に陰・陽の二つの原理、そしてそれらの交流から生まれる木・火・土・金・水の五つの元素の働きがあるとする哲学。

※20）虚星系占術：日本でもよく知られている四柱推命（子平）の他、紫微斗数、奇門遁甲、鉄板神数等がその代表である。

※21）二十七宿：月の見かけの通り道である白道を27のエリアに等分割した座標で、インド占星術の星座体系ナクシャトラに起源を持つ。

第5章
獅子座

♌ 獅子座（しし座）

獅子座の宿命

「注目されることを使命として生まれてきた」というキャッチフレーズが似合うのが、獅子座です。獅子座は、一生のうちで世間（学校・会社などの小規模コミュニティを含む）からの注目を浴びる時間が人より長いでしょう。これだけ聞くと、生まれながらにして注目されてうらやましいと、他人は思うかもしれません。ですが、注目されるために涙ぐましい、というのはいいすぎだとしても、何かと努力をしているのです。

これは最初に述べた「目立たなければならない」という気持ちが強いですし、自ら目立つ努力をしないと欲しいものを得られない環境で育ちやすい宿命を持っているからです。たとえば、兄弟が多く親からかまってもらうために進んでお手伝いをして目立とうとしたり、学校では派手なグループと仲良くなるものの、自分は地味だという劣等感にさいなまれて服装を派手にしてみたり。子供のうちから、自分のパーソナリティを外的要因で補おうとする人が、獅子座には多いのです。

このような行いは大人からはとても健気に見えますから、親戚や先生、近所の大人たちからとてもかわいがられます。かわいがられた経験を一度得ると、その大人を信頼し、とてもなつくのが獅子座のもう一つのかわいらしい特徴です。なついてくる子供を邪険に扱う大人はいませんから、かわいがられ、愛されキャラとしてさらに成長していきます。注目されようとがんばっても注目されない人もいますが、獅子座はがんばっただけきちんと注目という対価を得られる才能を持っているのです。ただし、子供～青年期の前半までは、「大人を上手く味方につけてずるい」と、同年代の友達から嫉妬されてしまうことがあるかもしれません。

派手なグループのなかに馴染めるようにがんばるほど、浮いてしまう可能性もあります。もし、獅子座の現役学生さんでそのことに悩んでいるなら、思い切ってちょっと地味な新しい友達との交流に飛び込みましょう。今のグループと縁を切る必要はありません。あなたが新しいグループのリーダーになれば、派手なグループの友達の尊敬を得られると思います。

さて、ここまで青年期前半までのお話を中心にしてきましたが、青年期後半の獅子座は、どんな人生になるのでしょうか？

これまで自分を演出して人望を得る術《すべ》を学び、目立つことの快感、そして逆に目立つことの弊害をたっぷり学んできた獅子座。働き盛りの年代の中心である35歳以降には、今度は「目立とうとしなくても目立ってしまう」という宿命のレールに気がつくでしょう。友達や友人からは、「態度が大げさ」とか「服装や持ち物が派手」、「夢が大きすぎる」なんて揶揄されることも多いのではないでしょうか。せっかく子供のころから努力して注目されるようになったのに、今度はそれを否定されてはたまりませんね。ですが、このような人からの揶揄は、獅子座が愛されている証拠です。「派手だね」といわれることに大きな喜びを感じていた子供時代の獅子座のことを理解してくれているのです。何より、他者からのこのような発言は、獅子座がなりたかった自分になれたという何よりの証拠ですから、自信を持ってよいのです。

そして、獅子座の人生は喜びに満ちています。多くの人はネガティブな事柄に気持ちを引っ張られがちですが、どんな状況のなかにもポジティブな要素を探し、見つけることができます。もっといえば、ポジティブな出来事を常に探していますから、たとえ周囲からはネガティブな出来事が起きているように見えても、さほど深刻になりません。さらに、自分だけでなく、人の人生を楽しくさせたいという気持ちも強く持っているでしょう。これは押しつけではなく、持って生まれた使命の意味が強いです。芸能界で活躍したり、人前に立つ仕事をしたりする人のなかに獅子座が多いのは、このためでしょう。

この獅子座の「一緒に楽しもうよ！」という明るさ、エネルギッシュさは少々暑苦しく感じられてしまうこともありますが、最終的には周囲を全員「人生って楽しいかも」と思わせてしまう、不思議なパワーを持っています。世間の人たちを明るく前向きに引っ張ってくれるリーダーは、いつの時代にも必要です。その役割を担ってくれているのが、獅子座なのです。元気が出ないときには、獅子座の人と接してみてはいかがでしょうか？

獅子座の金運

人望によって財を得ていく運命を、強く持っている獅子座。上司や取引先からかわいがられることにより、会社勤めなら着々と出世していくとともに、賃金もアップしていくでしょう。自営業など他の働き方でも同様に、人生の必要箇所に金運をもたらすキーパーソンとの出会いが用意されています。

獅子座の人で、もし今、お金の巡りに苦労しているなら、周囲を見渡してください。何かと気にかけてくれる人が助けてくれる可能性が高いので、遠慮せず相談してみてはいかがでしょうか？　親戚や親友より、仕事上の知り合いのほうが、金運に関しては引き上げてくれるご縁が強いです。

専業主婦（夫）になった場合でも、人とのつながりを大切にしていけば、お金に困ることはないでしょう。それどころか、配偶者の収入以外にも収入ルートを用意してもらえることもしばしばありそうです。

また、お金以外でも、お中元やお歳暮といった頂きものが多いのも獅子座が持つ金運といえるでしょう。リクエストしたわけではないのに、不思議と自分や家族の嗜好品にピッタリのものがもらえたり、日常に不可欠なものをもらえたりする運があります。お返しが必用な場合もありますが、生涯のトータルでいえばかなりなプラスとなるでしょう

獅子座の金運は人を介してやってくることが多いですが、人に対して誠実で、仕事や家事に意欲的に取り組むことが評価された結果です。目の前の仕事を楽しみ、人と協力することを忘れなければ、生涯を通じて安定した金運を得ていくことができます。それから、勝負運がよいことが金運に直結する場合も多いです。

仕事以外の趣味や賭け事でお金を増やす機会も、たびたびありそうです。ただし、100％勝てるというわけではありません。周囲の人はそこをやんわり教えてあげたほうがよいかもしれません。とはいえ、勝率は高いですし、何より損をしてもその瞬間を楽しめれば満足なようですから、上限額を決めての賭け事なら人生の潤いとなるでしょう。

獅子座の勉強運

獅子座にとって勉強とは、人生の大切なパートナーの一人です。親友という言葉で言い換えてもわかりやすいかもしれません。何かを学ぶことは、仕事とも遊びとも違う感覚であり、経験です。勉強は将来的に利益につながる場合もありますが、基本的には利益を求めるものではなく、遊びも損得勘定でするものではなく、ただ楽しく過ごしたいからするものです。

配偶者や恋人との関わりに利益を求める人は少ないでしょう。親友も、相手が自分にどんな利益をもたらしてくれるかという基準で関わっていくことはほとんどないでしょう。

獅子座にとって、勉強はまさにこのような利害のない関係なのです。勉強しておけば将来得をする、勉強しないと将来損をする、という概念は一切ありません。その代わりに「勉強大好き！」や「勉強している時間が一番楽しい！」ともまた少し違うのですが、損得勘定をせずにするという意味では、「好き」なことの部類には入るでしょう。

そして、勉強して得た知識が、思わぬところで自分の人生を豊かにしてくれることも知っています。狙っていなかったのに、常に勉強していたおかげで、偏差値の高い学校や、採用倍率の高い会社に入れる「うれしいオマケ」も、人生のなかで何度もやってくるでしょう。勉強というもの、勉強することが常に身近にあり、ときに大きな支えとなってくれる運命なので、勉強を嫌いになるきっかけが訪れることは、ほぼないでしょう。万が一、そんなことが起こってしまったら、一度思い切ってすべての勉強をやめてしまいましょう。

「勉強が嫌い」というのは、マンネリの夫婦やカップルが少し距離を置くように、思春期の友情に進路の違いでブランクが空くように、人生のなかで一過性の感情かもしれません。半年、1年もすれば、また元のように「いつでもそばにいてくれる、頼れる相棒」として、勉強と関わっていくことができます。

ここで述べてきた勉強とは、学生時代に限ったことではありません。仕事のための勉強、子育てという勉強、趣味を極めるための勉強など、知ること、学ぶことすべてにいえることです。何歳になっても、獅子座は本や資料を楽しげに携えていそうですね。

獅子座の家庭運

獅子座の家庭運は悪くありません。ですが、獅子座にとって家庭は、人生のなかでそれほど大きなテーマではないため、人からはあまり家庭運がよくないと思われてしまうことがあるでしょう。さらに、家族・家庭の話を何となく隠してしまう傾向もあります。

とはいえ、「あなた、家庭が上手くいってなさそうだね」と根拠もなく面と向かっていってくる人はほとんどいないでしょうから、自分の知らないところでそういわれているなら、気にする必要はありません。隠すほどに、人は想像したくなるものですから、自由に想像を楽しませてあげましょう。その間、獅子座は獅子座で、誰も想像しえないような、オリジナルな家族との時間を楽しめばよいのです。

話は生まれた環境にさかのぼりますが、獅子座はわりと地主だったり、資産家の家に生まれたりする運命傾向が強い星座の一つです。生家は裕福ですが、それをひけらかすようなことはせず、つつましやかな家庭であることが多いです。それゆえ、獅子座の経済観念は家族を優先する常識的な方向に発展します。

夫や恋人が獅子座の場合、女性を養うのが自分だという自覚を持たせることができれば、彼らは無駄遣いをしなくなります。獅子座との結婚生活に金銭的な不安があるなら、男性として家族にお金を使うことがカッコいいということを、偉人や有名人の例を挙げて教えてあげるとよいかもしれません。

話はそれましたが、それなりに余裕のある家庭に生まれた獅子座ですが、つつましやかな生活のなかにも、やはり経済的に余裕のある言動が見受けられるでしょう。現在、親元から独立した獅子座で、経済的に余裕がない人でも、焦りをあまり感じていない様子がうかがえると思います。子供のころ、親がお金の苦労をしているのを見たことがないので、お金がなくても不安にならないのだと思います。ただし、何らかの事情で、家庭の経済環境が一転、どん底を経験することも、獅子座の一部の人にはあるでしょう。苦労を経験した時代があっても、経済的余裕から来る心の余裕を持って育てられた安心感は、どんなに大変な後天的経験をしても根底に残っています。そしてこの気持ちは、自分が家庭を持ったときにも家族に受け継ぐことができます。

獅子座の恋愛運

獅子座はモテます。黙っていてもモテますが、モテようとがんばるので、さらにモテます。合コンに呼びたくない同性ナンバー1な星座かもしれません。

恋愛と結婚をイコールで結びつけないタイプなので、結婚願望が強い人が獅子座の恋人を持つと、苦労させられるかもしれません。知り合った異性（ときには同性にも）とはすべて恋愛関係になる可能性があると認識しているので、誰にでもやさしいです。

間口は広い獅子座ですが、最終的に恋の相手を一人に絞る際の判断基準は、ルックスだったりします。ただし、獅子座本人は自分をメンクイだと認識していますが、獅子座の好みのルックスは、一般的に人気があるタイプとだいぶ違います。見た目で選んだ相手なので、人に恋人自慢をすることも多いのですが、自慢された相手は「え？」と首をかしげてしまうかもしれません。これは好みですから、獅子座の恋人のみなさんどうか気を悪くしないでくださいね。あの人からは、世界で魅力的なルックスの持ち主だと思われているのですから。

そして、モテモテなので、比例して相思相愛になるチャンスも多いです。ですが、獅子座には熱しやすく冷めやすい部分もあります。というより、あまり熱していないうちに交際をスタートさせることが多いので、盛り上がらず自ら交際を終わらせてしまうパターンが多いようです。決して相手を嫌いになったわけではないのですが、他にもっと燃え上がれるような相手がいるのではないか？　とすぐに考えてしまうのでしょう。刺激的な恋愛を求める気持ちが強いのも、獅子座の恋の運命です。とはいえ、刺激的な恋ができるのは、生涯のうちで数えるほどなのが獅子座の数奇な？　運命でもあります。また、ほのぼのとした関係のよさも、それなりに理解できるので、刺激を感じなくても交際をスタートさせます。それに違和感を覚えてすぐ別れてしまったとしても、人気者の獅子座にはまた次の候補が待機していますから、また何となく熱していない相手とつき合ってしまいます。そうこうしているうちに、刺激的な恋愛をするチャンスがどんどん少なくなってしまうのです。獅子座の方、燃えるような恋をしたいなら、しばらく一人の時間を作ってみるとよいでしょう。

獅子座の健康運

「健康でいることは、社会人としての最大の義務」、そんなふうに考えている獅子座の人は多いのではないでしょうか？

そこまで義務感を背負わなくても、獅子座の健康運はとても良好です。医学の世界でいうなら「生命力が強い」などと表現するのでしょうが、占星術の世界で表現するなら「生きることに意欲的」な傾向がとても強いです。

人がまとった雰囲気の種類として、覇気がある、覇気がないという表現をよく使いますが、獅子座は「とても覇気がある」タイプです。暑苦しいなんて表現されてしまうことがあるくらい、元気に見えます。ただし、どこか少しでも心身の不調を感じると、そこを大げさにアピールするクセを併せ持っています。基本的に元気ですが、たまに具合の悪いオーラを放っていたら、周囲の人は面倒がらずに「大丈夫？」と声をかけてあげてください。ほんの少しの不調なら、声をかけられただけでかなり改善されるかもしれません（これは本人の感じ方が改善されるという意味ですから、人から気遣ってもらう前に症状が強く出ていたのなら、専門医を訪ねてくださいね）。

生命エネルギーの塊とも比喩できそうな、意欲的に生きる獅子座ですが、占星術の世界では「心臓」をつかさどるといわれています。心臓は人体の要ですから、生きることへの意欲の強さと直結しているのだなとうなずけます。意欲的に生きるということは、心臓が活気を持っているととらえることもできるでしょうから、人より心臓を酷使しているのではないかとも考えられます。ですから、獅子座の人は心臓のケアに意識を持っていると、より健康運を上げることができるかもしれません。

血液をきれいにする食べ物や、代替療法の情報を試してみたいと思ったら、まずは人気がある講師や施設からアクセスしてみると、獅子座に合った方法が見つかりやすいでしょう。また、講師がイケメン・美人だったり、動きが派手な運動や療法だったりに縁がありますので、参考にしてみてください。

獅子座の結婚運

獅子座は結婚をなかなか決断できません。ですが、これは性格に優柔不断な面があるからではなく、結婚している自分の姿をイメージすることが上手にできないからなのです。特にその傾向は女性に多く現れます。自分の生きてきた道をとても大切にするので、過去の生き方を尊重してくれる相手でないと、生涯のパートナーとして認めることができないのでしょう。自立心が旺盛、デキる女と呼ばれる人のなかにも獅子座が多いです。甘え上手な面があるので、表向きの強さとのギャップで恋愛をスタートすることはできますが、結婚となるとどうしても自分より強い男性を求めてしまいます。

獅子座の女性より強い男性はたくさんいるかもしれませんが、強い男性ほど、自分より強い女性に嫉妬心を抱いてしまうのが最近の世の常ですから、「自分より強く、かつ強い女性の生き方を尊重してくれる人」を探し当てるのは至難の業かもしれません。それでも自分の力で探し当てたい、という意欲的な人が獅子座には多いこともわかりますから、妥協しろというアドバイスはしませんが、妥協ではなく代替案という言葉があることは忘れないでくださいね。

一方、男性の場合はより、自分が結婚して夫となり、父となる姿をイメージするのが若いうちはとても苦手です。これは、「結婚＝不自由」というイメージを強く持っているからでしょう。本来は一国一城の主となれる結婚という制度に、とても向いているはずなのですが、近年の日本では不景気の影響もあってか、結婚して妻子を養うということは、自分の自由を捨てることになるという概念が広まってしまったことが原因なのではないかと思います。

このように獅子座男性は、結婚に夢を持てなくなってしまったようですが、結婚のタイミングは25歳～34歳くらいに巡ってくることがほとんどです。及び腰のわりに、わりと早めに結婚するので、それまでの「俺、結婚とかしないから」という決め台詞は、単なる格好つけだったと思われてしまうかもしれませんね。もし35歳を過ぎて独身だった場合、急に結婚願望が上がるのも特徴です。これは、男女ともにいえますが、意外と世間体を気にすることに起因します。あとで焦るより、強がらずに、選びすぎずに、若いうちに結婚を志したほうがよいかもしれませんね。

獅子座の相続運

人生総じて吉凶の判断をするなら、断然「吉」の要素が多い獅子座ですが、相続運だけはあまりぱっとしないかもしれません。獅子座の人は、1万円を1000回もらうより、100万円を1回もらうほうに喜びを感じるタイプだからかもしれません。お金や物を得るときには、一度に大きく入ったほうが得をした気分になれるようです。生涯を通じて、細かくもらったほうがトータルは大きくなったとしてもです。

そんな気持ちを抱いているのに、遺産をはじめとした大きくお金や土地などを相続できる運をあまり持ち合わせていないのですから、何とももどかしい話です。とはいえ、相続との縁が皆無というわけではありません。獅子座があまり好まない「小さな額を複数に分けて」の相続でしたら、実は縁があるのです。ただ、その縁に自分で気づくことがめったにないのです。相続だと認識していないので、外野がいくら諭しても自分には相続運がないと嘆いている獅子座は多いかもしれません。

もしあなたがそんな獅子座の人なら、子供のころのお小遣いやお年玉の額を思い出してみてください。そして、身近な人にも同様なことを聞き、自分の額と比較してみてください。断然、あなたのほうが多くもらっていたことに気がつくかもしれません。

また、お金以外に何か相続できる運は持っているのでしょうか？

相続に当てはまるかどうか微妙なところではありますが、親、祖父母、さらにそれ以上の系譜に位置するご先祖様から、知性や教養といった目に見えないけれど、持っていて損はない「良家のたしなみ」を継承していく運を持っています。獅子座の人、何かと遠縁の親戚と関わることが多かったり、家系図が知りたくてたまらなくなったりすることはありませんか？　それらは、あなたが家系を代表して代々保ってきた「家柄」を継承する役目だというサインかもしれません。ぜひ、ご先祖様がどのようによい家柄を作り上げてきたのか調べてみてください。うれしい発見があるかもしれません。

獅子座の国際運

国を代表する立場と縁があるのが獅子座です。総理大臣とまではいかなくても、ある業界の国内代表として海外の代表たちと話し合う立場を得たり、オリンピック選手になったりすることもあるでしょう。もちろんオリンピック選手のように数限られた枠だけでなく、事業所を代表して海外事業所との業務取次をするポジションについたり、日本人が少ない国や地域に留学して日本の文化を口伝する立場になったりするかもしれません。

また、獅子座にとって国際交流は、自分という人間を自分で認める大きな要素になります。仕事に限らず、国際舞台で活躍する道を何かしら見つけられる運を持っていますから、積極的にチャレンジするのは大正解だと思います。さらに、留学や海外赴任に周囲の応援も加わります。自らの意志で海外に住むことになった場合、家族の反対に合うことは少ないでしょう。それだけでなく、自分がかなえられなかった国際舞台に羽ばたくという夢を、獅子座に託してくる人とのご縁も多そうです。もし留学や移住を考えていて、資金や渡航手続きなどで困ったことが出てきたら、ぜひ周囲に相談してみてください。惜しみなく力になってくれるでしょう。

外国で長期間過ごす運を持っている人が多い獅子座ですが、国内を出ない場合はどうなるのでしょうか？　獅子座のなかには稀に、外国の言葉や文化に興味が持てない人もいるでしょう。そんな人たちも、なぜか日本に来る外国人に好かれたりします。何となく、「私は日本をよく知っている、正当な日本人です」という雰囲気を発してしまうようです。

獅子座の人、純和風好みではないでしょうが、もし外国人から頼られたら、いろいろ教えてあげてください。あなたは自分の知識を浅いものだと遠慮してしまうかもしれませんが、外国人は深い感銘を受けてくれるはずです。

語学力に関しては、勉強量に比例して上手くなるとは思いますから、ゆっくり身につければよいでしょう。とりあえずしゃべることで吸収力もよくなりそうです。獅子座はジェスチャーで状況や気持ちを伝えるのも上手い星座ですから、単語だけ押さえて、あとはオーバーなジェスチャーでかなり濃い交流ができるのではないかと思います。

獅子座の仕事運

「仕事がデキる人」、この言葉は獅子座のためにあるといっても過言ではないでしょう。金運の項目でも少し触れましたが、仕事をがんばった分、収入もポジションも上がっていくので、やればやるほど楽しくなっていくという好循環に恵まれます。

ただ、仕事が上手くいけばいくほど、「もっと上へ」とがんばりすぎてしまう傾向があります。がんばるのは悪いことではないと思いますが、自分を追い詰めない程度にがんばることを意識しておく必要がありそうです。

つい自分一人ですべての仕事をこなそうとしてしまうところもありますから、人に頼ること・任せること、分担することを覚えられれば、トップに立つことも難しいことではありません。

具体的にはどんな職業と縁があるかというと、獅子座は経営者や管理職など、人の上に立つ職業が向いているというのが占星術のメジャーな考え方です。実際、獅子座のリーダーは世の中に多いでしょう。特に経営を志すなら、個人商店より法人設立をしたほうが、獅子座のよさを活かした経営ができそうです。

その他、ミュージシャンや俳優といった芸能関係のなかでも注目されやすい分野とも縁があります。芸術肌や演技派といわれるタイプではないので、奇抜なメイクやパフォーマンスで注目を集めたり、演技力よりもアクの強い個性はキャラを目指したりすると人気を博すことができそうです。また、金融関係の業界で活躍したり、それ以外の業界でもお金の管理をする部署に配属されたりする縁もあります。

最後に、人間関係で苦労することは少ないのですが、上司との確執は人生のなかで一度は避けて通れない道だということは、頭の片隅に入れておいたほうがよいと思います。この経験はなるべく早めに済ませておくことで、その先の人生どんなタイプの相手でも自分のペースに巻き込めるようになれますから、めげずに乗り越えてほしいです。

獅子座の社交運

根っからの社交好きな獅子座ですから、社交運がよいことは容易に推測できます。社交家にもいろいろなタイプがいますが、獅子座はよい意味で初対面の人でも気を使いません。フランクすぎるのとは少し違うのですが、まずは自分を見せていきます。そうすることでしか、相手の心を開かせることはできないと知っているからというのもありますし、自分を知ってもらいたいという純粋な希望を持っているからでもあります。もしかしたら、このようなアピールを、ガツガツしていると感じる人もいるかもしれませんが、そこはきちんと空気が読めます。自分の態度に相手が引いていると感じたら、やんわりと会話の主導権を相手に移行させる術も持っています。

獅子座の人と話した後、最初は何だか圧迫感があったのに、別れ際にはいい人だったという印象に変わっている、ということは往々にしてあるでしょう。ぜひ獅子座の人との初対面のシーンを思い出してみてください。これらのことを考えると、繊細な気遣いタイプとは違ったタイプの社交上手だといえますね。ただし、相手が異性の場合や、異性が多い集まりでの対応は少し違ってきます。異性に対しては、ガツガツ感が前面に出たまま、最後まで止まらなくなってしまう傾向があります。

さまざまな自己アピールは、自慢しているつもりはないのに、相手には自慢ととられてしまうこともあるかもしれません。獅子座の人は異性と話すとき、自分が思っていることの半分の量だけを話すようにしてみてください。そうしないと、1回の会話でおなかいっぱいと思われ、もう一度会ってもらえる可能性が低くなってしまいます。

また、獅子座は年上の人と関わることが多い運命も持っています。自分が一番年上の状況で、年下を束ねるのも好きだと思いますが、唯一年上の人にだけは、甘えることができるでしょう。人生の先輩方への恩を、後輩をかわいがることで返していくのが、獅子座の大切な使命のようですね。

獅子座のスピリチュアル運

「虫の知らせ」といわれるような、直感力に優れているのは、獅子座の人なら自覚があると思います。ただし、これは家族・親類、ごく親しい友人との間にのみ研ぎ澄まされる感覚のようです。身近なある人のことがどうしても頭から離れず、連絡してみたら何かトラブルに巻き込まれた、という経験は何度もするかもしれませんが、「電車が止まるかもしれない」などといった、公共的なことに関する虫の知らせはあまり届かないようです。ですから、自分も他人もそれほどスピリチュアルな人だとは思っていないでしょう。

実際、目に見えない世界をあまり信じません。ときには反論したりすることもあるでしょう。ですが、こちらも身内のこととなると、勘が冴えだします。亡くなったはずの肉親の声が、困ったときにいつも答えを教えてくれるという体験はしょっちゅうあるでしょう。一般的にこれをスピリチュアルな現象と呼ぶのですが、肉親の声なのだから、生死関係なく特別なことではなく、当たり前だととらえているようです。スピリチュアルを否定しながら、お墓参りや亡くなった人に常に話しかけたりする姿に、周囲は矛盾を感じていると思います。

とはいえ、本人が納得しているなら、それはそれでよいと思います。もしかしたら、すでに亡くなっているまったく知らない人と交流する機会がもし訪れてしまったらどうしよう……という恐怖心の表れが、否定的な態度となって出てしまうのかもしれません。どちらにしてもスピリチュアルなご縁や運というものを、ずいぶんと持っているほうなのでしょうね。

そしてこの手の話は、あまり人に語りたがらないのも獅子座の特徴なので、話をふってもあまり答えてくれないかもしれません。もしそんな部分についても話し合ってみたいと感じたら、他界された獅子座の大切な人についての質問から入ってみてはいかがでしょうか？　自然なかたちで話してくれると思います。

COLUMN 5

12星座と占星術の歴史〜科学革命による凋落、そして19世紀の復活

大衆占星術師の元祖、ウイリアム・リリー

ルネサンス時代に驚異的な復興を果たし、その後永遠の春を謳歌《おうか》するかのように思われた西洋占星術でしたが、16世紀に始まる「科学革命」の時代を迎えたヨーロッパでは、星の科学は再び衰退期を迎えます。特に、コペルニクス（1473年〜1543年）やガリレオ（1564年〜1642年）らが打ち立てた地動説は、プトレマイオス以来絶対視されてきた地球中心の宇宙観を覆し、占星術の理論体系に決定的な打撃を与えました。

18世紀に入るころには、もはや占星術は非科学的な迷信とみなされるようになり、大学の教育過程からも完全に除外されてしまうのです。

しかし、民衆文化のレベルでいえば、人々の占いに対するニーズがすぐさま消滅してしまうはずもなく、ヨーロッパ各地で何人かの占星術師が存在感を示していました。なかでも最も高い知名度を誇っていたのが、17世紀イギリスで活躍したウイリアム・リリー（1602年〜1681年）です。

リリーが得意としたのは、占星術師が顧客から質問を受け取った瞬間のホロスコープを作成し、その星の配置から答えを導く「ホラリー占星術」でした。ホラリーは「意中の人と結婚できるか？」「すぐ職に就けるか？」といった日常の機微を素早く占うことができる上、リリーが料金を低価格に設定していたこともあり、彼の自宅には連日大勢の相談客が列をなしました。1646年の8月、ある客から「行方不明になった飼い犬の居場所を占って欲しい」と依頼されたリリーは、ホラリー占星術によって以下のような判断を下しています。

「水星が入っている星座《サイン》は天秤座で、これは空気の星座《サイン》であるから、私はその犬がどこかしらの室内、もしくは建物の上階にいると判断した……」『クリスチャン・アストロロジー』第2集62章より

興味深いことに、リリーはこの時作られたホロスコープの水星が犬を象徴する惑星であると見なし、それがどの星座に位置しているかによって犬が発見されるロケーションを具体的に予言しています。

ホラリー占星術では、12星座を人間の性格的傾向を示すものではなく、私たちを取り巻くリアルな環境と直接的に結びつけて活用するのです【表3】。

ちなみに、件の犬はある人物の家のテーブルに鎖でつながれていたところを飼い主の知人によって発見され、無事家に戻されたとのことです。

【表3】ホラリー占星術による星座とロケーションの対応

牡羊座	人が少ない土地、人通りが少ない場所、さら地、開発が始まったばかりの土地
牡牛座	住宅地から離れた農地や牧草地、平屋や低層の住宅が多い土地、低い場所
双子座	多くの人々が交流や通信、商取引等を行う場所、人が行きかう道路や鉄道
蟹座	池やプール等の水の近く、地下街や地下室、ホテルやカフェ等の人が休む場所
獅子座	外観や内装が豪華な建物、劇場や庭園、大型の照明やイルミネーションの近く
乙女座	知的作業をする場所、モノを整理・保管する場所、医療に関係する場所
天秤座	遠方を見渡せる高い場所、清潔で風景の美しい場所、社交が行われる場所
蠍座	人目につかない場所、治安が悪い場所、下水やゴミ置き場等の不浄な場所
射手座	明るく開けた土地、スポーツに関連した場所、宗教的な施設、大学や専門学校
山羊座	土地と土地を仕切る境界線の近く、重労働の現場、暗い場所、墓地、廃墟
水瓶座	会堂や会議室、多様な人種が共存する場所、最先端の科学技術に関係した場所
魚座	河川などの大きな水の近く、心と体を癒す場所、避難所、人里離れた土地

リリーはまた、政治的な予言を掲載したパンフレットや、「アルマナック」と呼ばれる占いカレンダーを毎年発行し、それらは動乱の時代にもかかわらずベストセラーとなりました。

大衆向けの安価な読み物として大量に流通したそれらの刊行物は、現代の私たちがマスコミで日常的に目にする占いコンテンツの先駆けであったといってもよいでしょう。

続く18世紀から19世紀にかけて、学問としての地位を完全に失った占星術は、大衆文化のなかでかろうじてその命脈を保ちつつ、新たな時代への適応を模索し続けることになったのです。

心理占星術の誕生

近代のヨーロッパで占星術が再び息を吹き返したのは19世紀で、それを促したのは世界的なオカルティズムの流行でした。なかでも大きな功績があったのは、イギリスの占星術家で神智学協会（※22）のメンバーでもあったアラン・レオ（1860年〜1917年）です。

レオが発行した占星術の専門雑誌『モダン・アストロロジー』は、読者のホロスコープを安価で作成するサービスが評判を呼び、17世紀に凋落した占星術を再び一般大衆に認知させることに成功しました。

また、神智学の霊的進化論から強い影響を受けていたレオは、未来予知に腐心する伝統的な占星術を改め、ホロスコープを心理分析と自己成長を促すツールとして用いることを提唱し、現在までに続く占星術の「心理学化」の流れを作ったパイオニアとしても評価されています。惑星や12星座は「運命の支配者」ではなく、人間の魂を構成する霊的エネルギーの象徴であるとするレオの見解は、後世の占星術家に大きな影響を与えたのです。

占星術の「心理学化」を推進したもう一人の大立役者は、スイスの精神科医カール・グスタフ・ユング（1875年〜1961年）です。近代の精神分析の創始者フロイトの愛弟子だったユングは、錬金術や占星術といった古代の秘教のシンボリズムが、人間の深層意識の世界が象徴的に反映されたものではないかと考え、実際に患者のホロスコープを研究するようになりました。

1911年の6月、ユングはフロイトに以下のような手紙を送っています。

「私の夜の時間は占星術によって占められています。心理学の真理を見極めるために、ホロスコープの計算をしているのです。（中略）獣帯の12星座《サイン》は性格のイメージ、すなわち根源的欲求《リビドー》の象徴であり、それらの典型的な特性を描写しているように思われるのです。」

ユングを自分の後継者と見なしていたフロイトは、彼が占星術に傾倒していることを知って狼狽し、オカルトと決別するように迫ります。しかし、ユングも自分の信念を譲らなかったため、二人の心理学の巨人は袂を分かつこととなりました。ユングにとっては、占星術こそ最も歴史ある古代の心理学であり、12星座《サイン》は人間のイマジネーションのなかで働く12種類の元型《アーキタイプ》（※23）にほかならなかったのです。

20世紀の占星術の展開には、物理学や統計学などを援用する自然科学寄りの研究や、前世やカルマといった神秘主義をバックボーンとする秘教的占星術、あるいはヘレニズムやルネサンス時代の伝統的な占星術への回帰運動など、さまざまなムーブメントが見られましたが、レオとユングに始まる「人間中心主義」の心理占星術は、21世紀に入った現在でも斯界の主流となっており、とどまることなく発展し続けています。

コラム5脚注

※22）神智学協会：1875年の米国で結成された神秘思想団体。カルマや輪廻転生といった東洋の宗教思想を西洋に普及させ、1920年代までは一定の政治的・文化的な影響力を有した。

※23）元型（archetype）：ユングが提唱した分析心理学における概念で、夢や神話のなかに現れるイメージや象徴の源とされる。

第6章

乙女座

♍ 乙女座（おとめ座）

乙女座の宿命

生きることへの使命感が人一倍強い乙女座。簡単にいうと、生きることをいつもがんばっています。その生き様は尊敬できますが、どこか無理しているように人からは見えるかもしれません。社会通念や道徳心をとても重んじますので、いかに周囲に迷惑をかけないか、ということにいつも注力しているでしょう。社会の模範生として、世の中から認められたり、頼られたりする役回りも持っています。

ただし、自分に厳しいだけでなく、人にも厳しくなりがちなところは自覚しておいたほうがよいかもしれません。「私ができるのだから、あなたにもできるはず」と、相手の気持ちや能力を考慮することなく、一般論や社会常識を押しつけがちなので、部下や後輩から厳しい人だと敬遠されてしまうこともしばしばありそうです。その反面、上司や年長者などからの人気はバツグンです。頼まれ事をそつなくこなし、約束には決して遅れない、そんなしっかりした部分が「立場が上の者を立てられる、できた後輩」という評価につながるのでしょう。そのため自然と年長者と過ごす時間が長くなっていきます。そこで身についた考えや立ち居振る舞いは、同世代以下の人からは「古い」と揶揄されるかもしれません。

乙女座本人には古風、古典的な生き方をする運命傾向もあり、それが当たり前になっているので自分の行いを古いとは感じないでしょう。そして、古風さは悪い意味とは限りませんので、伝統や格式が重んじられる場所では、人一倍輝けるでしょう。

そんな少し時代をさかのぼったかのような生き方をしがちな乙女座ですが、ITや電子機器の進化にはその古風さはどこへやら、しっかりついていくことができます。一つの情報を信頼するまでに、いくつもの根拠を欲しがるところがありますから、最新の環境は整っていないかもしれませんが、たとえ高齢になっても十分、社会の流れについていかれるだけの環境と知識を用意し続けていくでしょう。

また、情報を信頼するまでに時間がかかるように、人や自分を信頼するまでにも時間がかかります。人への信頼に関しては、自分が感じたことよりも、相手がどんな仕事をしている人か、どんな経験をしてきた人か、どんな家族構成かというバックグラウンドの情報をたくさん集めないと気が済まないようです。自分自身への信頼に関しても同じく、多くの成功体験や、受賞や合格という誰の目にも明らかな評価や成功を積み重ねないと信じきれないようです。何かを発表するまでには、しっかり練習をしますので上手くいく確率は非常に高いです。このような成功の経験の積み重ねで、自信を得ていくことは十分に可能でしょう。

それから、たまにしてしまった失敗に大きく傷ついてしまうナイーブな面もあります。乙女座はどう見ても「完璧主義」なのですが、本人にそのつもりがないのが注意すべき点です。どこまで高みに上っても、まだまだ上があると信じて疑わず、常に緊張して生きてしまいがちです。仮に頂上までいかれた場合は、今度は落ちるしかないということに対して恐怖心を持つでしょう。乙女座は人生のなかで安らかに過ごせる時間が人より少なくなってしまいがちなのですが、この運命傾向を好転させる方法はちゃんと用意されています。まず、乙女座は祖父母との縁が強いです。同居の環境に生まれたり、近くに住んでいたり。もし、祖父母が身近にいない場合でも、他の親類や近所の高齢者との縁が用意されているでしょう。これらの人たちとの出会いが、乙女座の真面目でひたむきな性格を自分でプラスに使う方法を教えてくれます。がんばったことをたくさん褒めてくれて、がんばりすぎないことの大切さも上手に教えてくれます。休むこと、助けを求めること、ときにはすべて投げ出すこと。乙女座の辞書にはまったく書かれていないタブーを、タブーでないことだと教えてくれるのが、高齢者たちなのです。

また、学校の先生も同じような役割を持って乙女座の人生に現れてくれますから、大いに力になってもらいましょう。今、さまざまな悩みを抱えている乙女座の人は、「自分でぜんぶできなくて当たり前。人に頼っていい」ということを、まずは教養だと思って身につけてみると、今後の人生が飛躍的に生きやすくなると思います。

乙女座の金運

ぼーっとしているだけでも、お金が巡ってくる……そんなラッキーな運命を持っているのが乙女座です。周囲からうらやましがられることも多いでしょう。ですが、仕事をしてお金を稼ぐことにも適性はありますから、怠け者になる心配も、見られることもありません。人生をきちんと生きた対価が、乙女座にとって金運のよさというかたちに現れるのです。仕事をがんばる生き方、仕事はしていなくても家族を支える生き方など、どんなかたちでもよいので生きがいを持つと金運はどんどんよくなります。

独身の乙女座の方で、まだ自分の金運のよさが自覚できていない人は、結婚後を楽しみにしていてください。相手の財産によって、まとめて生涯の金運がやってくる場合もあります。

では、すでに結婚している人の金運はもう終わりなのでしょうか? そんなことはありません。さらに上昇する場合もあります。ただし、自分がお金を稼ぎすぎてしまうと、相手がそれに頼ってくる場合がありますから、あまりお金を持っていないふりをして、へそくりしておくほうがよいかもしれませんね。

それからもう一つ。乙女座はパートナーの金運を上げる力を持っています。配偶者や仕事の同僚、親友など、乙女座と親密な関わりを持つ人は、本来持って生まれたもの以上の金運が巡ってくるようになるでしょう。周りに乙女座の人がいたら、何かしらのかたちでパートナーシップを結んでみてはいかがでしょうか?

ただし、このラッキーな人生をまっとうするために、一つだけ注意しなければならないことがあります。パートナーの金運を上げることができる代わりに、パートナーに金運を吸い取られやすい星座でもあるのです。

なぜか人の金運の良し悪しを見分けるのは苦手なようなので、最近お金の巡りが悪いと感じたときは、パートナーに吸い取られていないか周囲の人にアドバイスをもらうことをおすすめします。せっかくの金運、ぜひ自分の手で守ってくださいね!

乙女座の勉強運

「本当は勉強が嫌いなのに、がんばって勉強する」または「がんばって勉強しているのに、その姿を人に見せるのが嫌い」。乙女座の勉強に対する意識を、簡潔に表現するとこうなります。占星術のメジャーな解釈では、「几帳面」や「真面目」、「しっかりしている」などといわれることが多々ある乙女座ですが、勉強のやり方にもこの性格は現れます。学生ならノートの取り方（最近では電子データを編集したりすることもあるでしょう）、社会人なら資料の作り方、主婦なら家計簿のつけ方などに、「丁寧で性格が出ているね」といわれたことがある乙女座の方も多いのではないでしょうか？

ですが実は、これらの丁寧な完成度の裏には、乙女座の涙ぐましい努力があるのかもしれません。乙女座の「几帳面さ」や「真面目さ」は、天性の能力ではなく、後天的な努力によって築き上げられたものなのです。ですから、さっと丁寧できれいに資料を仕上げられるわけではありません。そこへ行きつくまでに、何度もやり直しを重ねていることが推測できます。それなのに、その過程を人にまったく見せないし、見せたくないのです。ちょっと意地悪にいってしまうと「完璧主義」なのです。

とはいえ、この完璧主義は決して悪い方向に行くばかりではありません。完璧なものを作り上げようと、何度も手直しをする努力のおかげで、確かな技術と知識を得ていくことができるのが、乙女座の能力なのです。受験勉強の極意を伝える本には、必ずといってよいほど「反復演習の大切さ」が書いてありますよね？　そう教えてくれた先生も多かったと思います。その極意をしっかり実行して、よい結果を出せるという運命を持っているのが乙女座なのです。生まれながらに勉強を何でもさらっとやり遂げてしまうように人からは見えていても、才能に甘んじない努力があったのです。

ただ、努力している姿を見せるのが恥ずかしくて、自分では語らないでしょうから、乙女座の人が試験に合格したり、きっちりとした資料を作ったりしていることを知ったら、「人知れずがんばったんだね」と褒めてあげると、実は飛び上がるほど喜ぶはずです。

乙女座の家庭運

自他ともに、乙女座はあまり家庭的ではないと認識しているかもしれません。というのも、一般的な家庭という枠を広げた人生になる傾向が強いからです。

たとえば、発足したての新興住宅地に生まれ、家族の延長のような近所づき合いがいたるところにあったり、家族に生まれたりという運を持っています。人によっては、大学校や会社の寮に入り、まるで家族のような共同生活を送る縁にも恵まれるでしょう。

このように、自分の家族だけでなく、居心地よく振舞える第二、第三の家族を得ることができるのです。その姿は、他人から見ると自分の家庭以外も大切にする＝家庭的ではない、と見えるのかもしれません。乙女座本人も、もちろん自分の家庭は大切に思っていますが、家庭のような安住の地は一つだけでなくてもよいという考えのもと、一般的にいう家庭的なタイプではないと自己認識するようです。

とはいえ、生まれた家庭、新たに作る家庭運は他の星座の人と同様、乙女座の人も気になるでしょうからお話ししていきます。

まず、前述の通り、他の家族と関わることが多い家庭に生まれる縁が強いです。兄弟がいなかったとしても、近所づき合いなどから兄弟関係の学びを得ることができます。幼いころから親以外の大人と関わる機会も多いでしょう。親の教育方針だけでなく幅広い思考が育っていきますから、若干、子供らしさを欠くこともありながら、心の広い人に育っていくことができます。そして、このような経験に反発することなく、大人になってからの理想も、閉鎖的でなく、家族同士のつき合いの多い楽しい家庭になると思います。

結婚する相手の家庭も似たタイプであることが多いのも、乙女座の家庭運の象徴だと思います。また、これらの傾向が薄く、もしあまり近所づき合いのない家庭に育ったなら、逆のタイプの家庭で育った人と家庭を持つと、自分らしくいられるリラックスした生活を送れるのではないかと思います。

乙女座の恋愛運

職場恋愛が多い星座ナンバー1は、乙女座なのではないかと思います。なぜなら、乙女座は仕事をしているときが、異性にとって一番魅力的に見えるからです（学生のアルバイトなどでも同じです）。恋愛に関しては奥手なところがあるので、合コンや人の紹介といった初対面で恋愛を意識せざるを得ない場所では、上手く振る舞えないので、職場に限られてしまいがちだということも理由の一つです。

人を押しのけてまで上に行こうとするような強引さもなく、自分だけがよければいいという傲慢さもありません。目の前の仕事をひたむきにこなしていきます。人へのやさしさを持ち合わせながら、必要な場面ではしっかり意見できる強さもあります。これらのすべては、異性からの魅力になり得る乙女座の才能です。

男性の場合は、このまま地を出して仕事をがんばるほど、モテるでしょう。ただ、女性の場合は、ときにはこれらの才能を少し隠し、男性に花を持たせる必要があります。面倒くさいかもしれませんが、恋愛運をさらによくしたい乙女座女子が、避けて通れない場面かもしれません。一度相手のハートをつかんでしまえば、あとは従える立場になっても大丈夫ですから、恋愛が始まるまでは上手に猫をかぶってみてください。

20代半ばくらいまでは、男性とある程度対等に仕事をしていても魅力にとどまると思いますので、大丈夫ですよ。

それでは、職場恋愛を逃してしまったらどうなるのでしょうか？　もちろん、恋愛チャンスがないわけではありません。他の出会い運がある場所は、住んでいる場所の近くや、正装が必要な場などです。縁がある人は、制服がある仕事の人、弁護士など「士業」といわれる人などです。

今、恋人がいない乙女座の人は、これらのヒントを元に探してみてはいかがですか？

それから、奥手な乙女座ですが、初恋や初めて恋人ができる年齢はわりと早いでしょう。遅くても高校生になれば恋人ができる縁を持っています。ところが大人になるにつれ、経験を自己分析してしまうことで、ネガティブな自己解析データを蓄積してしまい、奥手になってしまうのです。自己データに振り回されず、ぜひいくつになっても新しい恋にチャレンジしてくださいね！

乙女座の健康運

大きく体調を崩すことは、乙女座の人は少ないのではないかと推定できます。なぜなら、自分を律することを好み、常に自発的なヘルスチェックを欠かさない傾向が強いことと、一度体調を崩すと二度と同じ原因を起こさないように注意する意識が高いからです。ただし、大病の心配は少ない乙女座ですが、精神的なことで小さな体調不良を起こしやすいかもしれません。

医学的な根拠は専門外となりますが、占星術では身体のなかで乙女座と関連が深いのは「腹」だといわれています。腹というのは、胴回りから胃のあたりまでと考えてよいでしょう。この部分は一番よく使う部分だったりもするので、ウィークポイントにもなりやすいのです。

宿命の項目などでもお話しした通り、乙女座は自分を掘り下げる分析的な面や、小さなこともきっちりこなしたい完璧主義な部分があります。これらの傾向が強く出ると、ストレスが溜まりやすいのは、医学の素人の私たちでも経験上知り得ていることです。緊張で「胃が痛い」や「お腹が痛い」と訴える人はたくさんいます。そのなかには乙女座の人がとても多いのではないかと思います。

日々小さな不調に悩まされることが多そうな乙女座ですが、この不調とつき合うのが上手なのも乙女座の能力です。たとえば、どのような状況に立たされると緊張して胃が痛くなるのか？　どのような条件がそろうと、風邪をひきやすいのか、ということを、経験の積み重ねで知っています。人間誰しも、自分の体調についてそのようなことを知っているでしょうが、乙女座は何枚も上手です。しかも、同じ失敗を繰り返さないように対策もしっかり練ります。

この傾向の把握と対策の実行を繰り返すことで、健康でいる期間がどんどん長くなります。つまり、年齢を追うごとに同年代の人より健康になっていく、ということができるのです。

自己メンテナンスの上手な星座ですから、自ら発見した健康法を多くの人に伝える役目も担っているのかもしれません。人から健康について質問されることも多いと思うので、ぜひ経験を活かした社会貢献をしてみてください。

乙女座の結婚運

「乙女」座という名の通り、恋愛に対して奥手な乙女（乙男？）たちですが、結婚となるとどのような運命に導かれるのでしょうか？

まず、乙女座は結婚願望がとても強いと思います。これは生まれたときから意識せざるを得ない本能的に備わった願望のようです。そのため、幼いころから自分の人生にとって、どんなパートナーがよいのか意識して異性を見ているようです（大人になるまでは、その感覚が結婚願望だとは気づかないかもしれませんが）。

乙女座の人、幼少期に「●●くんはお菓子を分けてくれないから嫌い」とか、「▲▲ちゃんは、スカートをはかないから嫌い」とか思ったことは記憶にありませんか？　これらは「お菓子を分けてくれない男の子＝食べ物をくれない＝養ってくれない男性」、「スカートをはかない女の子＝女性らしさに欠ける＝家庭的な妻になってくれない女性」と、結婚相手に求める価値を基準に異性を選んでいた証拠かもしれません。

異性の自分、あるいは社会に対する態度をよく観察し、自分に最もふさわしい結婚相手は誰なのか常に考えているようです。このように吟味した結果、最終的に選ぶのは「自分より目立たない人」だったり、「自分の言うことをよく聞いてくれる人」だったりするのです。この相手は、自分でじっくり選んだ人なので、納得した結婚生活を送ることができるはずです。

また、相手の職業などですが、自分の職業を人に話せなかったり、業務上の機密事項が多い職業に就いていたりする可能性が高いです。そのため、相手と結婚していることを公にできなかったりする場合もあります。ですが、そのほうが幸せな結婚になりやすいという運命ですので、安心してすてきな結婚生活を送ってくださいね。

まれに、俳優や女優という場合もあるので、人からうらやましがられるかもしれません。細かくいうと、お客さんの前に立つ舞台役者ではなく、カメラの前だけで演じる映画など映像専門の役者です。

乙女座の人たちの結婚相手が、実際どんな人になるのか気になりますね。

乙女座の相続運

人生に常に緊張感を持って生きている乙女座。人よりストレスを感じる量も多いでしょうし、人に頼ることが苦手で一人陰ながら苦悩することもあるでしょう。そんな乙女座のがんばりへの、目に見えるご褒美が大きな物理的相続です。

まず、生まれながらに土地や建物を相続する権利を得ていることが多いのが特徴です。長男に生まれる、兄弟がいても人数分の土地建物を親が所有しているなど、わかりやすい立場に生まれます。子供のころから、自分が将来土地や建物を所有できるという確信を周囲の大人たちからかけられる言葉によって得ていきます。

そのような環境に生まれなかった場合は、大衆に注目されるような才能を親や先祖から相続して生まれている場合が多いでしょう。具体的には、「人前で臆することなく話ができる」とか「覚えてもらいやすい端麗な容姿」、「神仏のごとく、崇拝したいと思われるカリスマ性」などです。これらの才能の相続は、物理的なものを相続するより価値が低いと考えられがちですが、その解釈は間違いでしょう。なぜなら、相続した才能を使って、家一軒分くらい稼ぐことができるかもしれないのですから。

そして、これらの才能は兄弟やいとこのなかでも、乙女座の人にだけ突出していることがほとんどです。これは立派な相続といってよいでしょう。

また、玉の輿《こし》運ということもできるかもしれませんが、結婚前はまったく知らなかった配偶者の実家の財産の多さを後から知り、驚くこともあるでしょう。その財産は乙女座の配偶者がいずれは相続し、夫婦の財産となるのです。

乙女座のあなた、配偶者の実家の資産状況について、次の帰省の際にさりげなく聞いてみてはいかがでしょうか？

仕事運にも通じますが、家業を継ぐ傾向もあります。経営や商売をしている家系でないなら、親と同じか似た職業に就くことも多いでしょう。

親や親類からの相続以外で可能性があるのは、伝統工芸や花道、茶道などの次期家本など文化の継承です。このように国からの相続という大きな役目が回ってくる縁も持っているのです。

乙女座の国際運

乙女座の天敵、それは国際交流かもしれません。育った国の文化にもよりますが、日本の乙女座の人は、外国人から見た日本人のイメージにピッタリ当てはまる人が多いのです。「勤勉」や「(外国人から見て)笑う必要のないときに笑っている」、「はっきりものを言わない」など、乙女座の人、一つは心当たりがあるのでは?

日本人同士の交流では「美徳」とされる行為は、違う文化圏では「理解できない」ととらえられてしまうことも多いのです。これが郷に入っては郷に従うことができる星座の人なら、文化圏によって振る舞いを変えることもできるでしょう。ですが、乙女座はそんなに器用に国際社会に染まることができません。

ただし、その場に出たら馴染もうと努力します。その努力は時間をかけた後は実を結ぶのですが、そこまでにはちょっと浮いてしまうこともあるでしょう。この過程で心が折れて、国際交流や外国語の習得を諦めてしまう乙女座の人は多いのではないかと思います。

そんな国際交流が苦手な乙女座ですが、人生のなかで何回かは「やらなければならない」立場になってしまう縁を持っています。長期間、外国に住むような運はありませんが、2泊~3泊の海外出張に一人で行かされてしまったり、若いうちなら海外ホームステイに行く予定だった友達が急きょ行けなくなり、自分に代わりが回ってきてしまったりなど、望まない渡航の機会は、いずれやってくるでしょう。最初はいやいやかもしれませんが、結局、下準備をしっかりして行くので、それなりの手応えが得られる渡航になると思いますから、がんばりすぎず楽しんできてくださいね。

また、国内で生活していても、なぜか外国人から道を尋ねられることが多いのも乙女座の特徴です。

これは前述の通り、イメージ通りの日本人であること、「この人なら信頼できる」という雰囲気を出しているからでしょう。この万国共通の親しみやすさは誇るべきことだと思います。

乙女座の仕事運

何の仕事でも、たいていこなせてしまう才能を持って生まれてきた乙女座。身体を動かすことはちょっと苦手なので、肉体労働はあまり向いていませんが、その他の仕事なら時間をかければ会得することが可能でしょう。

なかでも、マニュアルがしっかりしている仕事が向いています。ゼロから何かを作り上げるようなクリエイティブな才能より、基準があるものを、より合理的だったり、精密だったりにしていく才能に長けています。

手先はそれほど器用ではありませんが、一つの指示でその先、さらにもう一つ先の仕事まで把握できてしまうという「頭の器用さ」があります。この長所が活かせる職場に恵まれれば、一生安泰でしょう。

また、遠距離通勤は乙女座の本来持っている運に背いているかもしれません。自転車で通えてしまう距離や、電車や車で30分以内くらいの通勤距離が向いています。家賃が少し高くても、職場の近くに引っ越すことで仕事運を上げることができるかもしれません。

具体的な職種として縁があるのは、社風が固い会社の秘書（ベンチャー企業の社長秘書などは逆に苦しくなるので避けたほうがよいかもしれません）、営業事務、研究職などです。出版や文筆業にも適性があり、自ら執筆する以外に編集も向いています。ただし、長時間拘束の仕事は乙女座の長所を封じ込めてしまうので、編集者になる場合は労働条件をよく考慮して会社選びをする必要があります。

また、意外かもしれませんが、幼児教育の分野にも縁がありそうです。子供たちの心をつかむのはあまり得意ではないとしても、父兄のウケが抜群です。保育士よりは、幼稚園教諭。幼稚園教諭よりは、私塾講師。できれば、父兄との窓口なる総務がよいかもしれません。

基本的にどんな仕事でもできてしまうので、本当に自分がやりたいことが何かを吟味して、職業を選ぶことをおすすめします。うっかり「やりたくないのに、できてしまうこと」を選びやすいのも、乙女座の運命なのです。乙女座だって、やりたいことやっていいんですよ！

乙女座の社交運

アットホームな人づき合いを潜在的には求めているのに、ついビジネスライクな人づき合いをしてしまう……そんな葛藤を抱いているのが乙女座です。

乙女座は人から信頼されやすい星座ですが、自分が人を信頼するまでにはとても時間がかかります。ですので、打ち解けるまでのかなり長い時間、ビジネスライクな態度になってしまうのです。

そして、一度「この人は信頼できる」または「自分の味方だ」と思えた相手とは、初対面のころとはまったく違ったフレンドリーなつき合いに急変します。この境い目は意外と明確です。「自宅に招くか」それとも「招かないか」です。もしあなたが、乙女座の自宅に招かれたら、信頼された証拠です。なぜなら、ビジネスライクな人づき合いをする乙女座ではありますが、ホームパーティーのような欧米をまねた習慣を好まないからです。乙女座のホームパーティーは、社会的な体面を気にしたものではなく、お正月に家族が家に集まるような感覚に近いのです。

このように、慎重な人づき合いをする乙女座ですが、これは乙女座なりの相手への敬意だったりもします。相手もきっと、自分にまだ心を開いてないだろうなと感じたら、なれなれしくすることは決してできないのです。なぜなら、自分もそうされたら嫌だからです。乙女座の態度に、いつまでも堅苦しさを感じて、つき合いが難しいと思っても、もう少しだけつき合ってあげてください。1年くらいかかるかもしれませんが、そこまで断続的なつき合いが続いているなら、きっと親密になれる時期はすぐそこだと思います。

ただし、一度会って「この人、無理」と思ってしまった相手には、一生心を閉ざしてしまう傾向もあります。こちらから連絡して、返事がない場合はご縁がなかったと思ったほうがよいでしょう。

一般的にはちょっと気難しそうに見える乙女座ですが、誠実に人とのご縁をつなげたいという気持ちと、相手への思いやりを持っているやさしい人なのです。

いつでも誠実に現実社会に向き合っている乙女座。人生を休憩することが苦手、というより休憩するという概念を持ち合わせていないので、いつでも走り続けてしまいます。

乙女座のスピリチュアル運

そんな乙女座が、唯一休憩できる時間は、スピリチュアルな世界とつながる時間でしょう。

本を読んだり、勉強することが好きな乙女座ですから、スピリチュアルな考えを、知識としてはたくさん持っているのではないでしょうか。

たとえば、占いに興味を持ったとしたら、占われるだけでなく、占えるようになりたいと思うでしょうし、チャネリングという言葉を知り、誰かにサポートしてもらって経験したら、自分一人でもできるようになりたいと思うでしょう。このように、スピリチュアルな分野でも、やっぱりがんばって体得しようとします。

とはいえ、がんばりがすぎると現実社会のなかではとても生きづらくなることがありますが、スピリチュアルな分野でのがんばりは、乙女座にとって「安らぎ」となるのが大きな違いです。乙女座にとって、スピリチュアルな分野との関わりは安らぎであり、人生最大の「楽しみ」なのです。

人はなかなか信じられない乙女座ですが、なぜか目に見えない世界はすぐ信じることができます。この感覚がわかる乙女座の人は多いのではないでしょうか？

スピリチュアルなさまざまな修行は、厳しいと聞きます。乙女座の一人である私の場合は、占いという分野でしたが実際、占星術の基礎演習はかなり厳しかったです。チャネリングの修行も、目を背けていたことに向き合わなければならず、苦しいこともたくさんありました。途中で挫折する人も多いであろうスピリチュアルな修行も、楽しくて仕方がないと、乙女座は感じているのかもしれません。

そして、この楽しむ時間を増やすことが、生きることに一生懸命で、でも不器用で苦労する乙女座の人生を、幸せなものに導いてくれるのだと思います。

COLUMN 6

12星座と占星術の歴史
～近代のメディアにおける「12星座占い」の流行

「あなたは何座生まれ?」

19世紀末に登場した心理学的な占星術は、その近代的で知的な装いによって20世紀の人々にアピールすることに成功します。特に、1970年代に始まるニューエイジ・ムーブメント（※24）においては、自己探求のツールとしての占星術がそれまで以上に注目を集めるようになり、自分でホロスコープを作成して解釈を試みる人々が激増しました。

この時代の占星術は、伝統的な占星術に見られる複雑なルールが省略され、宿命論的なイメージもすっかり脱色されていたため、一般の人々が気軽に楽しめるようになっていたのです。

その一方では、20世紀に占星術が大衆化した要因の一つとして、ホロスコープ占星術と姉妹関係にある「もう一つの占星術」がありました。それが、この本のテーマともなっている「12星座占い」です。

現在の新聞や雑誌、あるいはインターネットといったメディアで誰もが目にしたことのあるこの「簡略版の星占い」の起源については、1930年にイギリスの日曜新聞『Sunday Express』に掲載されたR・H・ネイラー（1889年～1952年）のコラムであるとする説が、ごく最近までは定説となっていました。しかし、このときネイラーが寄稿した記事には、当時生まれたばかりの英国のマーガレット王女のホロスコープの分析と近未来の国際情勢に関するいくつかの予言、そして向こう一週間の間に誕生日を迎える人々に向けた「誕生日ごとの」運勢判断しか見られません。

「8月27日生まれの人は、人生がロマンチックで興味深いものであることに気付くでしょう。8月29日生まれの人は、家族に関する問題が解決するでしょう……」『Sunday Express』1930年8月24日号より

ネイラーのコラムは読者の大反響を呼び、その後世界中の新聞がこぞって星占いの記事を連載するようになったことを考えれば、ネイラーが20世紀の「占星術コラムニスト」の先駆けであることは間違いありませんが、厳密には「12星座占い」の創始者であるとはいえないでしょう。

キム・ファーネル（※25）の調査によると、現在見られるような形式の12星座占いが確認できる最も古い例は、1932年に『New York Magazine』に掲載された「Your Destiny（あなたの運命）」と題されたコラムであるとのことです。

「この時期は射手座《サジタリアンズ》の人々、特に12月6日から9日の間に生まれた人々が変化を起こすのに好都合でしょう。それはビジネスや経済、あるいは労働環境の再調整といった形で実現するかもしれません。家庭に関する問題はいくらか混乱する傾向があり、11月26日から30日の間に生まれた人々は、詐欺やエネルギーの無駄遣い等に警戒する必要があるでしょう。」『New York Magazine』「Your Destiny」より

「Your Destiny」が好評を博した結果、他の新聞の占星術コラムも次々と12星座占いの形式に乗り換えていき、その後は完全にスタンダードとなっていきますが、それには単純な理由があります。ネイラーが1930年のコラムで採用したような「誕生日占い」と異なり、12星座占いは毎月、毎週、あるいは毎日の運勢ですら、すべての読者に運勢予報を提供できるからです。

ネイラーもまた、1936年からは12星座占いのコラムを執筆するようになり、ライバルのエドワード・

リンド（1901年〜1982年）らと熾烈な人気争いを演じながら「第1次12星座占いブーム」を巻き起こします。

その結果、1940年代までには欧米で多くの人々が自分の「誕生星座《バース・サイン》」を知るようになり、「What's your Sign?（あなたの星座《サイン》は?）」というお決まりのフレーズも日常会話でたびたび聞かれるようになったのです。

その後の12星座占いの歴史を語る上で決して外すことのできない重要人物としては、「12星座占いの女王」リンダ・グッドマン（※26）が挙げられます。1968年に彼女が出版した『太陽のサイン（Sun Sign）』は、各星座に生まれた人々の性格について男性・女性・子供・上司・部下の五つのセクションに分けて詳しく解説した本で、発売直後から『New York Times』のベストセラー・リストに登場し、総計で500万部もの売上を記録しました。

「蠍座の女性は深くてミステリアスな美しさを持っている。彼女には人を惹きつける力があり、誇り高く、自身に満ち溢れている。でも、彼女には1つだけ秘密にしている後悔がある。それは、自分が男性に生まれなかったこと。」リンダ・グッドマン『太陽のサイン』より

明快かつ格調の高い文体で綴《つづ》られた『太陽のサイン』は、1970年代以降の欧米で熱狂的なファンを獲得し、米国を中心とした「第2次12星座占いブーム」の火つけ役となります。

現在活躍している占星術コラムニストの多くもグッドマンのスタイルを手本としており、『太陽のサイン』をはじめとする彼女の著書は、ビギナー向けの占星術のテキストとして現在でも読み継がれています。

その一方では、1930年代に始まる12星座占いの大流行に対して、本式の西洋占星術の研究を志す「真摯《シリアス》な」占星術家のなかには、当初から否定的な反応を示す人々が少なくありませんでした。

太陽系の10個の惑星を使用する細密なホロスコープ占星術に比較して、誕生時の太陽の星座《サイン》のみで占う12星座占いは、占星術の大枠から逸脱した偽物《フェイク》であるというわけです。

しかし、12星座占いが大衆に西洋占星術を認知させ、より高度なホロスコープ占星術への入り口《ゲート》となっていることも事実であることから、その力を戦略的に活用する占星術家も現れるようになりました。

「20世紀で最も偉大な占星術家」と呼ばれるディーン・ルディア（※27）もその一人ですが、難解な哲学的宇宙論を展開しつつ、雑誌の12星座占いのコラムも執筆することは、彼にとっては何ら矛盾しない行為でした。大衆刊行物の占星術コラムは大宇宙のメッセージを大衆に伝える有効な媒体の一つであり、読者はそこに自分なりの意味を見出す力を持っていると信じていたからです。

コラム6脚注

※24）ニューエイジ・ムーブメント：米国、とりわけ西海岸を発信源として1970年代後半から80年代にかけて盛り上がった霊性復興運動。既存の文明や科学、政治体制等へのカウンター・カルチャーとして霊的・超自然的な思想に基づいたライフスタイルを模索する活動の全般を指し、後には商業化・ファッション化されつつ一般大衆に浸透、現在に至る。

※25）キム・ファーネル（Kim Farnell、1960年〜）：英国の占星術家。主として17世紀〜近代の占星術の歴史を研究。専門的な占星術関連書籍を執筆・編集する傍ら12星座占いのコラムも執筆している。2003年の著書"Illustrated A-Z of Understanding Star Signs"は『図説 星の象徴事典』（栗山節子訳、東洋書林）のタイトルで邦訳されている。

※26）リンダ・グッドマン（Linda Goodman、1925年〜1995年、米国）：第2次世界大戦中に「リンダからの手紙」というラジオ番組でDJを努めた後、12星座占いのコラムニストに転身、大成功を務める。1970年代には長女サリーが行方不明となり、占星術関連の著書から得られた莫大な印税の多くが娘の捜索に当てられたといわれている。

※27）ディーン・ルディア（Dane Rudhyar、1895年〜1985年）：占星術家、思想家、音楽家。ユングの分析心理学の影響を深く受け、人間性中心主義の占星術の理論を構築、多数の著書を残している。パリに生まれ、米国のサンフランシスコで没した。

第7章

天秤座

♎天秤座（てんびん座）

天秤座の宿命

キリっとした独立心旺盛な第一印象を与えやすい天秤座ですが、実は人に甘えるのがとても上手です。その甘え方は、何もかも相手に丸投げするような幼稚なものではなく、相手が自分に対してそうしてあげたいと望んでいることに的を絞った、的確なやり方です。前提として、同性からは尊敬され、異性からは愛されるという素晴らしい運がありますが、その天性の運を相手のためにも使うという生き方のセンスには感心させられますね。

また、容姿やファッションセンスに恵まれて生まれるので、美しい、カッコいいという形容詞がよく似合います。自分の顔立ちや体型にコンプレックスがあっても、周囲は評価をしていることが多いですし、メイクや髪型、服装で容姿をカバーする才能にも長けているので、その才能を積極的に使わない手はありません。

それから天秤座の人生にとって、ライバルは必要不可欠です。ライバルがいない場合は、進んで見つけたほうが運は開けていきますが、たいていの場合、行く先々にライバルとなる存在が用意されているでしょう。なぜなら、天秤座は何か指針がないと、自分らしさを保つことができないからです。常に、人生をまっすぐ進めるように、支えてくれる相手や引っ張り上げてくれる相手を探しています。そして、探し当てる嗅覚に優れています。

占星術では、よく天秤座の人生の課題はパートナーシップにあるといわれますが、このパートナーシップとは恋人や配偶者だけでなく、すべての人との間に当てはまります。極端にいえば、どんなに苦手な人ともバランスの取れた、波風の立たないつき合い方ができるということです。自分も相手も損しない、そんな関係性を誰とでも持てる不思議な空気をまとっているのです。

ライバルという言葉に、ネガティブなイメージを抱かれる人も多いと思いますが、最終対決のような局面に差しかかったときには、必ずと言い切ってしまってもよいほど勝利できる、強い勝負運を持っています。

そして、人に対して不信感や恐怖心を抱くことがないので、わりと積極的な人生を送ることができます。もし、天秤座の人で消極的に人と関わることを避けているなら、思い切って誰かと関わってみてください。思っている以上に、相手は自分の望む通りの対応をしてくれるはずです。これは、生まれ持ったそのような運もありますが、天秤座が相手を自然に自分のペースに巻き込む才能を持っているからでもあるのです。

自分と人との縁を良好に保つことができるだけでなく、自分以外の人同士の縁をつなぐという宿命も持って生まれているようです。この雰囲気を感じてか、天秤座の人に恋愛相談をする人は多いでしょう。天秤座本人も、恋愛相談に乗ることはわりと好きなはずです。天秤座の恋愛相談は、他の人のようにすべてを肯定したり、話を聞いてくれたりするだけでなく、当事者たちの間に実際に入って話をつけてくれるという大サービスがつくことが多いです。相談者は軽い気持ちで、そこまでしてくれるとは思わないで相談を持ちかける場合がほとんどだと思いますが、天秤座は使命感にかられて動かずにはいられなくなってしまうようです。ちょっとおせっかいだな……と感じても、底知れぬ縁結び力を持っていますから、すべてを任せてみて間違いはないと思いますよ。

また、生き方がすてきだと褒められる反面、過剰に嫉妬されてしまう場合があるのも、宿命の一つかもしれません。容姿や人脈など、すべての幸福を兼ね備えているように見られがちな天秤座ですが、本人にしかわからない悩みや大変なことも、人間ですからあるのです。いくら人と人をつなぐ宿命にあっても、やはり人の話をたくさん聞いて、ストレスが溜まることもときにはあるでしょう。ですから、いつも外見も人当たりもキラキラしている天秤座だけれど、実はキラキラさせる努力をしているということをわかってあげてください。

人の知らないところで、自分の人生を輝かせようとがんばっているんだと想像すると、嫉妬心が尊敬に変わりませんか？　「やっぱり、この人にはかなわないな。でも、この人みたいになれたらいいな」と、すてきな生き方の代名詞、お手本のような星座が天秤座です。

天秤座の金運

「ヘソクリ上手」がキャッチフレーズになりそうな天秤座。ですが、血眼になって節約しているわけではありません。誘惑に負けない強さを持っているため無駄な買い物をすることがなく、たとえ買い物に失敗しても、それを別の用途に上手く流用する技術を持っています。

基本的に無駄遣いをしないスタンスが、予算の範囲内での生活を実現させてくれるのです。そして、あまった予算はもちろん散財せず、貯蓄に回します。「ヘソクリ」というと、こっそり自分のためだけに使うお金を貯めておくイメージが強いですが、天秤座のヘソクリは、そのときどきで必要な人のための貯蓄です。子供の習い事の資金や配偶者のピンチへの手助け、親への仕送りなど、大切な人がお金を必要としたときに使えるように、自分が代表して貯めておくのです。ときと場合によっては、自分のために使うこともありますが、これは本当にピンチなときだけです。人に迷惑をかけたくないために、いざというときの資金を用意しているのです。

天秤座は予算の範囲内でやりくりするのが上手ですから、お金の使い方を心得ている＝金運がよいと表現することができるでしょう。こうしてみると、少ない収入のなかで上手に暮らしている人に感じられるかもしれませんが、実は、世の中の平均以上の収入を得ていることが多いのが、天秤座の持って生まれた金運のよさです。

基本的に、生活に困窮することはない一生なので、「お金は怖い」や「お金持ちは悪い人」などという、お金に対するネガティブなイメージを持っていません。このため、実際には周囲よりお金がない生活になったとしても、天秤座本人は特に辛いとか苦しいとか、ネガティブには考えないでしょう。

また、人知れず寄付を多くしているようです。それをあまり人に話さないのでイメージがないかもしれませんが、貯めるばかりでは、お金は循環しないということも幼いころから感覚でわかっていての行動のようです。また、宝くじを買うのも好きで、高額当選との縁もありますから、本能が買わせるのかもしれませんね。高額当選したら独り占めせず、お金を必要としているところに還元するでしょう。宝くじ1等賞、天秤座の人に当たってほしいですね。

天秤座の勉強運

知識欲が旺盛で、どんな分野にも幅広く興味を持つ、いうならば「博識王」。そんな運命を持って生まれてきたのが天秤座です。生まれながらに学ぶ姿勢ができているので、学校の授業はどれもつまらないと感じることはないでしょう（ただし、体育や美術など技術系をのぞきます）。勉強したいという気持ちからくる集中力も、目を見張るものがあります。

勉強することを楽しみますから、必然的に学校の成績は優秀なものとなるでしょう。しかも、どの科目もまんべんなく力を注ぎますから、平均してよいものとなります。特によい点を取ろうとか、学年上位に入ろうとか、名誉欲はあまりないようです。その調子ですから先生や友達からは、いつも勉強している努力家に見られますが、天秤座本人は特に努力しているつもりはありません。あくまで自分のあふれ出る知識欲のままに勉強しているだけなのです。天秤座にとって勉強は、いつでも一緒にいたい、刺激をくれる親友のようなものなのです。

こうして幅広い知識を蓄え大人になった天秤座は、これらの知識を世間に広める活動をするでしょう。ただし、仕事にしたり、営利目的での活動をしたりするわけではないのです。そこには、自分が知って、感動したこと、役に立ったことを純粋にたくさんの人にも知って欲しいという気持ちがあるだけなのです。

このような活動をしたり、会話のなかで博識な部分を出したりする天秤座ですが、不思議なことに押しつけがましさはありません。誰をも、「自分もそれを学んでみたい、もっと知りたい」という気持ちにさせる術を持っているのです。伝承する、教えることに長けていますから、講義・講演を頼まれる機会もしばしば訪れるでしょう。ぜひ才能を活かして依頼を受けてもらいたいです。

また、特に多くの知識を持っている分野では、自分が中心になってコミュニティを立ち上げ、定期的な活動をするとよいでしょう。なぜなら、天秤座が発信することにはファンがつきやすいですし、何より学校を卒業してからも仲間と何かを学ぶ機会があることは、天秤座にとっての大きな生きがいとなるからです。

天秤座の家庭運

家庭に対して、強い責任感を持つのが天秤座の大きな特徴です。家庭とは、社会の縮図のようなものだと感じることが多いようなので、「くつろぐ」場所ではなく、「がんばるべき」場所になりがちです。この感覚を逆転させることが、人生中盤のテーマとなるでしょう。

まず、生まれ育った家庭は、両親共働きか、父親は家庭より仕事が優先で、母親は家庭を守ることが仕事という環境の、両極端であることが多いでしょう。自分の両親がそうでなかったとしても、両親の両親（自分の祖父母）がそのような人だったりすることもあります。

このようなお手本を見て育つため、家庭のなかで自分の役割を持つことが重要だという気持ちが強くなっていくと思います。小さいながらに、家庭内での自分の役割を模索するため、同世代の子供たちより、少し大人びて見られることが多かったのではないでしょうか？　ここで自分の役割が「子供らしくいること」だと受け止められた場合は、家庭とは素晴らしいという価値観を持って成長していくことができるでしょう。

ところが、両親の仲が悪く、自分はその仲裁役なのだと自覚してしまうと、家庭のイメージは安らぎの場所ではなく、緊張の絶えない場所だというイメージが、潜在的に刷り込まれてしまう可能性があります。大人になった今、自分の家庭が上手くいっていないと感じる人は、子供時代の家庭の雰囲気と自分の振る舞いを思い出してみてください。そして、今はまったく別の家庭を自分の好きなように築いてよいのだということを思い出してみてください。きっと円満になると思います。

また、自分の家庭を持つことを躊躇している人も同じく、生まれ育った家庭を再現する必要などないということを、しっかり胸に刻んで飛び込んでいけるとよいのではないかと思います。他の人たちのように家庭という場所で、くつろいだり、安らいだりしてよいのだと自分で認められるようになると、天秤座の人生はより開けるでしょう。そして、そうなっていく運命を持っているのですから、早く受け入れてしまったほうが得策かもしれませんよ！

天秤座の恋愛運

天秤座の人生を一言で表現するなら、「恋多き人生」となるでしょう。なぜなら、どの時代の人が見ても「美しい」とされるルックスに恵まれたり、華やかな雰囲気をまとったりしてこの世に生を受けているからです。

これだけでもちろん、いわゆる「モテる」人の部類に入るでしょう。年ごろの人気運の良さはもちろん、生涯を通じてバランスよく恋愛のチャンスが巡ってくる運も持っています。結婚していても、シニア世代に入っていても、なぜか常に異性との噂が絶えない人がいたら、その人は天秤座かもしれません。

ただし、誰からも賞され、高嶺の花として見られるがゆえの悩みもありそうです。たとえば、自分から誰かを好きになった天秤座が、勇気を出して相手に告白したとしましょう。相手は一瞬、天にも上る気持ちになるかもしれませんが、次の瞬間「自分がこんなすてきな人に相手にされるわけがない。何か裏があるかもしれない」と弱気になって、逃げだしてしまうという経験をする可能性があります。もしそんな辛い経験をしても、どうか後ろ向きにならないでください。あなたにもっとふさわしい、勇気と魅力のある人はたくさんいるのですから！

それでは、実際どんなタイプの人と天秤座は結ばれるのでしょうか？

前述の通り、自分に自信がないタイプの人は、もしつき合ったとしても相性がよくないので上手くいかないでしょう。天秤座には、自分の運命と同じような、容姿端麗だったり、モテモテだったりする、同じく周囲から「高嶺の花」と評されている人が合っています。このタイプの人は、怖気づくこともなく、逆にガツガツと調子に乗ったアプローチをしてくることもありません。ごく自然なアプローチをしてくれるでしょう。ですから、「ただの知り合いだったのに、気づいたら恋人になっていた……」という展開の恋になります。

天秤座の人で、もし今恋人募集中なら、探し回る必要はなく、今一番自然に話ができる異性と交流する時間を増やしてみるとよいでしょう。ある日ふと気づいたら、ベストパートナーになっているかもしれません。

天秤座の健康運

いつ会っても輝きのオーラをまとっているように見える天秤座ですが、人知れず健康管理に苦労しているかもしれません。何となく、日々どこかに不調を抱えていることが多いですが、その多くは病院に行っても「特に問題はありません」と診断されることが多いかもしれません。ですが、自覚症状があるので不安がつきまとい、いろいろな診療科を回っている天秤座の人は多いのではないでしょうか?

そんな天秤座ですが、人と会ったり、仕事をしているときだったり、社会活動をしているときには、いたって元気です。帰り道や休み時間に、一人になってほっと一息つくと、何となく不調を感じてしまうようですが、これはもしかしたら「私、がんばっているんだよ」と誰かに気づいてほしい精神的なサインなのかもしれません。もし不調が発生したら、なるべく自分を褒めてくれる友達や家族との時間を多く取ってみると、元気になれるのではないかと思います。

また、基礎体力がないわけではありませんが、スポーツマンやスポーツウーマンタイプではありません。スポーツはハードなものより、ウェアや道具がスタイリッシュで手軽にできるものをたしなむ傾向があります。

ケガの心配は少ないですが、運動をした翌日に体調を崩すことはしばしばあるかもしれません。そのため翌日のスケジュールを見据えて、スポーツの予定を立てることも重要な健康管理になります。回復力は人並みですから、ゆっくり休むことで大事にはならないことがほとんどでしょう。

このように、人知れず不調を感じていることが多い天秤座ですが、誰にも気づかれないように改善すべく健康法に取り組んでいるようです。他の星座の人はくれぐれも、「いつも元気そうでうらやましい」とはいわないであげてくださいね。そして天秤座の方、もちろん本当に元気なときもたくさんありますから、心配しすぎず過ごしてくださいね。

天秤座の結婚運

「恋多き人生」と恋愛運の項目で紹介させていただいた天秤座。結婚せず、たくさんの恋愛だけをしながら生涯を終えるようなイメージを持たれた方もいらっしゃるかもしれません。しかし、恋愛運だけでなく、たぐいまれな結婚運の良さを持っているのも、天秤座の喜ぶべき運命です。

結婚後の家庭についても、自分の葛藤や相手の都合なども相まって大きな波風が立つこともあるでしょう。ですが、誰もが羨むような結婚相手と巡り会うことができる運を持っています。そして、天秤座の多くは恋愛結婚をするでしょう。言い換えると「大好きな人と結婚できる」となりますね。これはとても理想的で、とても幸せなことです。

お見合い結婚の場合もありますが、お見合い話があった際、自分の理想と違う条件や見た目の相手だった場合、会う前に丁重にお断りしたほうがよいでしょう。なぜなら、天秤座がお見合い結婚する場合は、「人生で最初のお見合い相手」と結婚に至る可能性が高いからです。ですから直感で「会うべきだ」と思った場合以外、自分の理想を曲げないことをおすすめします。「そろそろ年齢も年齢だし、親も安心させたいし……」という理由で会うなら、どんな人でも添い遂げる覚悟を持ってお会いする必要がありそうです。

また、結婚してみないと実感できないことではありますが、生活スタイルが似ていたり、お互いにできることやできないことをピッタリ補いあえたりする人と結婚できる運を持っています。物理的な相性がよい相手との結婚というのは、生活していく上では価値観という目に見えないものの相性がよい相手とより、実はストレスなく幸せになれるのではないかと思います。

あなたが天秤座で、もし配偶者との価値観の相違や、愛情表現の相違に悩んでいるのなら、物理的な面や生活スタイルの面での相性の良さを数えてみてください。たとえば「眠くなる時間が同じ」や「朝ごはんはお互いパンがいい」など、または「休みの日は一人、家でのんびりしたい自分に対して、一人旅をしたい相手」という真逆だけれど、お互いの利害が一致する関係なら、たとえ思想が少し違っても、実はラクな結婚生活かもしれませんよ。

天秤座の相続運

現金や、すぐに現金化できるものを相続する縁を強く持っている天秤座。親や親類の大切な財産を相続する立場に生まれてきていることが多いでしょう。たとえば、家族の思い出がたくさん詰まった生家を相続した場合、「すでに別の場所に家を持っていて住むことはできない……」ということは多いでしょう。ここで、感情をスパっと割り切って、知らない人に相続した家を売ってしまうことは、なかなか難しいですよね。もちろん、天秤座にとっても、それは同じこと。ですが、そのまま空き家にしておくことは決してしないのが、他の星座との決断力の違いです。天秤座はすぐさまリフォームの手配などをして賃貸に出す計画を立てたり、いつでも自分も遊びにいけるような、そこに住んでくれる近しい親類を見つけてきたりします。

財産を残してくれた人の感情を尊重し、かつ自分にとっても現金収入になる方法を見つけることができるのです。これは天秤座に商才があるということも少しは影響しますが、そうなる運命に生まれてきているという一言に尽きるでしょう。

天秤座の人で、相続の話が舞い込んできて迷ったら、まずはありがたく受け取ることをおすすめします。きっとあなたにだから、舞い込んだ話だと思います。

不動産だけでなく、何かの権利やアンティーク家具、貴金属なども同様です。高価な貴金属、特に宝石はリメイクすると価値が上がる場合もあると、宝石屋さんに聞いたことがあります。ただし、身に着けるものは所有者の波動になっていますから、できれば亡くなった人のものや、運気の悪い人からもらうのではなく、運気がよい人からだけもらうようにするのをおすすめします。

それから、何といっても一番の相続は、容姿でしょう。先祖代々のよいところを受け継ぐ縁がありますから、どうかご自身の容姿を愛してください。もしコンプレックスがあっても、それが運命を好転させる鍵である可能性が高いです。

天秤座の国際運

生まれながらに国際感覚が備わっているので、どこか日本人離れ（母国人離れ）している天秤座。あなたの周りで、リアクションが欧米風な人がいたら、その人は天秤座かもしれません。

また、言語の飲み込みが早いので、なじみのない言語を使う国へ旅行に行ったとしても、現地の人との少しの会話から意思の疎通に必用な単語をすぐ見極めることができるでしょう。万が一、言葉がまったくわからなくても大丈夫。なぜかコミュニケーションを取れてしまう能力も備わっているのです。もちろん、文化の相違も素直に受け入れ、順応していくことができるでしょう。

このように、世界の人に臆することもなければ、分け隔てなく関わっていくことができる天秤座ですから、宇宙人と遭遇しても平然とコミュニケーションが取れるのではないかと、私は推測しています（宇宙人がいると仮定した場合のことですが）。

そして、子供のころから外国との縁が多いのも特徴です。親によく海外旅行に連れていってもらえたり、近所に外国人が住んでいてよく交流があったり、国際教育が盛んな学校に入ることもあるでしょう。そのような環境がなかったとしても、海外スターに魅了されたり、洋楽に興味を持ったり、日本の文化よりも海外の文化に興味を持ちやすい特徴もあります。

何より天秤座の人は、人と仲良くなるのが上手です。国際的な感覚に、コミュニケーション能力の高さがプラスされるので、日本の代表として海外の人と関わる場面が、人生のなかで多く用意されているのではないかと思います。

ただし、国際舞台で仕事をしたいというより、世界の人と友達になりたいという気持ちのほうが強いでしょうから、あくまでプライベートな範囲での国際交流が主流となりそうです。

とはいえ、頼まれたら仕事上でもその能力を活かしていけば、天秤座が思うような外国人との一期一会を楽しむことができるはずですから、挑戦してみてはいかがでしょうか？

天秤座の仕事運

天秤座の働き方には、大人の余裕が感じられます。周囲がセカセカ、アクセク働いている横で、涼しい顔で業務をまっとうしていくでしょう。もちろん、新人のうちは気持ちにも技術にも余裕はないと思いますが、それでも他人には余裕があるように見えてしまうのが特徴です。わからないことがあるのに、わかっていると思われることが多く、実力以上の評価を得られるというメリットもありますが、本人は葛藤しているかもしれません。その葛藤から逃れるには、自ら「わかりません、教えてください」と発信するしかありません。

周囲の空気を天性の感覚で読んでしまう天秤座ですから、周囲の空気を自分に合わせてしまうこともできるはずです。「今さら言えない……」と思っていることも、思い切っていってしまいましょう。プライドもちょっとだけ高いかもしれませんが、天秤座の発言にはそれがたとえ弱音だったとしても、周囲を納得させられる力がありますから、大丈夫です。

自分が苦しくなったら、周囲を自分のペースに巻き込んでラクに仕事ができるように持っていくことができる運を持っていますから、会社勤めも向いています。転職を繰り返すより、一つの職場で長く働くほうが向いているでしょう。

もし会社を辞めたいなら、転職ではなく独立をおすすめします。誰にも邪魔されない環境で仕事をすることで、天秤座のパフォーマンス能力は最大限に活かされるからです。会社経営というよりは、フリーランス、特に在宅でできる仕事が向いていますので、選択肢の一つとして考えてみてはいかがでしょうか？　具体的な職種としては、デザイナーや芸術家、美容関係などに適性があります。ただし、古典的なスタイル、抽象的なスタイルは向きません。モダンで、具体的なスタイルのほうが合っていますから、建築家などもよいかもしれません。

また、人材をコーディネートする能力もありますので、職業紹介業や、男女のマッチングビジネスでも成功を収められるかもしれません。その他、天秤座は自分が輝ける場所を見つける嗅覚に優れているので、ピンときたジャンルならどんなものでも上手くいくのではないでしょうか。

天秤座の社交運

天秤座の人生の幸福度は、友人の数に比例するようです。公私ともにどんな場面でも、人と上手に、かつストレスを感じることなく関われる才能があるので、どこへいっても人気者になれます。こちらから働きかけなくても、たくさんの人が交流を求めて集まってくるでしょう。

他の星座の人だったら、ちょっと息苦しくなってしまうほどの数の人から常に連絡が入る毎日を、天秤座は生きる糧にしているようです。SNSでの交流も盛んで、天秤座の人の「友達」や「いいね！」の数を見ると、その桁外れの多さに驚くかもしれません。まず人が好きという前提があり、さらにどんな相手でもその人のよいところを見つけて好きになることができる才能を持っています。人がいう相手の悪い部分も、その裏にある理由を見つけてあげることができるので、ぜんぜん気にならないのです。

このように、自分ではあまり気づいていないかもしれませんが、カウンセラーのような存在だと頼られていることは多いでしょう。悩み相談に乗るのも嫌いではないようで、経験も多そうですから、困ったことがあったらまずは天秤座に相談してみると解決の糸口が見つかるかもしれませんね。

また、パーティーや大勢で集まって何かを催すことがとても好きで、得意でしょう。参加人数が多いほど燃えるようですから、結婚式の二次会の幹事など適任です。結婚を予定されている人は、天秤座の友達がいたら幹事をお願いしてみてはいかがでしょうか？　喜んで引き受け、楽しい演出をしてくれるでしょう。

自他ともに認める社交的な天秤座ですが、人気者にはつきものの「アンチ」などと呼ばれる、人気に対抗したり嫉妬したりしてくる人が少ないのも特徴です。天秤座の周りには平和があります。友達を作るのが苦手な人は、まずは天秤座が主催するパーティーや催しに参加させてもらってはいかがですか？　参加者も「天秤座モード」になりやすいので、これまで関わったことのないタイプの人とも、友達になれるかもしれません。そして何より、あなた自身も天秤座のような社交家に変身できるかもしれません！

天秤座のスピリチュアル運

天秤座の第六感は、五感のバランスがすべて整った状態になると発動します。スピリチュアルなことに興味がないわけではありませんが、心身ともに健やかな状態に整えることにより興味があります。これは、自覚はなくても、自分の魂が、現世での自分の肉体を「借りている」という意識が潜在的に根づいている証拠でしょう。

たまに、一生懸命ヒーリングやエネルギーワークの先生のところに通っているのに、インスタント食品ばかりの食事や不規則な生活をしている人を見かけますが、これではなかなか元気になれませんし、悩み事も解決しません。ヒーリングやエネルギーワークは、「不調は自分で治す」や「自分の身体をいたわる」という意識を持って受けないと、一瞬は改善されても、すぐに元に戻ってしまうという繰り返しになってしまいます。

天秤座の人は、このことを本能的に知っているのです。ですから、まずは身体、五感をしっかり整えようとするのです。その結果、スピリチュアルにさほど興味はないのに、どんどんスピリチュアルな気づきを得ていくのでしょう。

このような天秤座の人ですから、自然とヨガや気功といった、身体の動きと呼吸を意識したワークと縁が結ばれるのではないかと思います。型があるものを飲み込むのも早いでしょうから、基礎の習得は人より早そうです。そして、人に広める役目もあるようですから、習ったらすぐ、友達にも教えてあげると今生の役目を果たすことになりそうです。

まだまだ、ヨガや気功、スピリチュアルという言葉に胡散臭さを感じる人も多いようですが、天秤座が発信することで胡散臭いイメージは払拭されます。

インストラクターにまでなる必要はありませんが、スピリチュアルな世界とのつながりを仕事にしている私としては、ぜひ目に見えない世界への気づきを広めるお手伝いを、天秤座の人に積極的にお願いしたいと思っています。

COLUMN 7

12星座と占星術の歴史〜意外と古かった「12星座占い」のルーツ

最古の12星座占い「ゾディオロジア」

12星座占いの歴史に関しては、20世紀のマスメディアが西洋占星術を簡略化し、商業用のコンテンツとして「発明」したというイメージが定着していますが、その実際のルーツは驚くほど古い時代にまでさかのぼれます。

すでに紀元前3世紀以降のヘレニズム時代の文献には、誕生時の太陽星座《サン・サイン》のみで人々の体質や性格、運命的な傾向などに言及した記述が見られるのです。

たとえば、紀元前後に現在のパレスチナ地方で書き溜められた『死海文書』（※28）のなかには、太陽が牡牛座にあるときに生まれた人物に関して解説した以下のような一節があります。

「彼の脚は長くて細く、足の指も細くて長い……（中略）牡牛座の時期、それが彼の生まれた星座《サイン》である。彼の身体は貧弱になるだろう。牡牛、それが彼の動物である。」
『死海文書』4Q186（1）より

「ゾディオロジア（Zodiologia／獣帯学）」と呼ばれるこの最古の12星座占いは、メソポタミア地方からエジプト、ペルシアにまで普及し、ヘレニズム時代のギリシアやローマ帝国でも大変ポピュラーになっていたようです。

ローマの神学者ヒッポリュトス（170年〜235年）が残した著作のなかでは、各星座《サイン》の下に生まれた人々の身体的な特徴に加えて、性格に関する描写も見られます。

「牡牛座に生まれた人は以下の様なタイプになるだろう。その頭は丸く、髪の毛は太く、顔は広くて四角く、黒い目と太い眉毛をしている……（中略）その性格は愛嬌があり、感覚が鋭く、善良な性格で、信心深く、公正で、飾り気がなく、人を喜ばせることが好きである……」ローマのヒッポリュトス『全ての異端への反駁』より

紀元前後の時代は占星術の理論が急激に複雑化し、ホロスコープを作成するだけでも相当のコストがかかっていたため、プロの占星術師に相談できるのは一部の特権的な階層に限られていました。

しかし、誕生日さえ知っていれば占えるゾディオロジアなら、すべての人々の「運命を知りたい」という欲求に応えられますから、それが市井の人々に歓迎されないはずはなかったでしょう。

占い暦で普及した中世ヨーロッパの12星座占い

ゾディオロジアの流れを汲む12星座占いは、中世からルネサンス時代のヨーロッパにも受け継がれ、大衆文化として日常生活のなかに根づいていきます。

その最初の強力な媒体となったのは、15世紀以降にヨーロッパ各地で大量に流通した『Shepherd's Calendar』と呼ばれる刊行物です。このカレンダーは、読者にとって運の良い日と悪い日、あるいは外科手術や農作業に適したタイミング等、占星術に基づいた運勢予報を提供するために作られており、そのなかには12星座占いによる性格や運命的な傾向の判断も含めたものが見られます。

「牡羊座は第1番目の星座《サイン》であり、3月の中旬から4月の中旬に生まれた子供がそこに属する。彼は素晴らしい知力があり、大金持ちになることはないが、ひどく貧乏となることもないだろう。彼は隣人たちによって害を被るだろう……」『Shepherd. s Calendar』より

『Shepherd's Calendar』をはじめ、それを模倣して作成された無数の占い暦は、占星術の人気が衰える19世紀まで大量に発行され続け、一般大衆に占星術に親しむ機会を提供すると同時に、12星座のイメージを広く認知させる役割を果たしたのでした。

太陽重視の新占星術「ソーラー・バイオロジー」

19世紀末の西洋占星術の復興期には、古代のゾディオロジアや伝統的な占い暦とは異なるコンテキストを伴って、太陽星座《サン・サイン》に注目する動きが起こっています。

1887年、神智学者ハイラム・エラスムス・バトラー（1841年〜1916年）は『Solar Biology（ソーラー・バイオロジー／太陽生命学）』を出版し、太陽を重視する新しい占星術のシステムの必要性を唱えました。

伝統的な占星術では、人間の性格は主として誕生時に東方の地平線付近に上昇しつつあった星座《サイン》、あるいは月や水星が入っていた星座《サイン》によって決まるとされてきましたが、ソーラー・バイオロジーは太陽こそが私達の人間性の核であり、それが位置する星座《サイン》を最も重視すべきだと主張するのです。

> 「蟹座は6月21日に始まり、7月の22日終わる。この［星座に生まれた］人々は家庭生活の分野で指導的な立場にあり、住居と家族の原理を体現する……（中略）彼らは自分の住処や家族をこよなく愛する。将来のために金銭を得て貯金することに関して過剰な心配をする……（中略）彼らは親切で、愛があり、共感的である。その愛情深い性質は彼らの弱点でもある。彼らは優しくて愛のある夫、もしくは妻を持ち、父と母も愛する……」バトラー『Solar Biology』より

『Solar Biology』に見られる太陽星座《サン・サイン》の重視、そしてキャラクター分析に特化したホロスコープ解釈のスタイルは、後のアラン・レオによる占星術の心理学化運動にも大いに影響しました。

実際、レオは占星術のテキストで太陽を「個性」の象徴と定義し、ホロスコープによる心理分析で最も重視すべきポイントとして挙げている他、1909年には太陽星座《サン・サイン》を中心に扱ったテキストまで出版しています。

神智学者でもあったレオは、ブラヴァツキー夫人の説く「霊的な太陽」という教義を信奉しており、太陽星座《サン・サイン》を通じた自己観察を普及させることこそが、人類の「霊的進化」を促す第一歩となると確信していたのです。

コラム7脚注

※28）死海文書（Dead Sea Scrolls）：1947年以降に死海の北西にある遺跡ヒルベト・クムラン周辺で発見された972の写本群の総称で、「二十世紀最大の考古学的発見」ともいわれる。主にヘブライ語聖書（旧約聖書）とその外典・儀典から成るが、天文や気象、医学等の自然科学に関する記述も多数含まれている。

第8章
蠍座

♏蠍座（さそり座）

目立つことをあまり好まない蠍座ですが、気がついたら目立つポジションにつかされたり、多くの人から注目されたりする立場になることがあります。

蠍座の宿命

なぜなら、隠れたカリスマ性を持っているからです。目立とうとしない＝何か影がありそう＝ミステリアスで魅力的という図式が成立し、人から興味を持たれるのです。

ただし、蠍座が支持されるのは、誰もが注目するメジャーな場所ではなく、ちょっとマイナーな「知る人ぞ知る」という場所であることがほとんどです。一番わかりやすいたとえは、音楽業界でしょうか。テレビに出たり大きな会場で演奏したりするアーティストではなく、インディーズといわれる小さなライブハウスを中心とした自主活動を行うアーティストが蠍座の雰囲気です。

自費出版のCDが売れて、メジャーなレコード会社からCDを出しているアーティストよりも、格段に収入を得ているアーティストは、実は世の中にたくさん存在するのです。

会社のなかでは、他部署の人にはまったく注目されていないのに、直属の部下になった人たちを一斉に虜《とりこ》にする魅力を持った上司のような人。そして、その人望が買われて花形部署に配属される出世コースを歩んできたわけでもないのに、ある日突然重要なポストに抜擢されるような運を持っている人がいたら、その人は蠍座かもしれません。

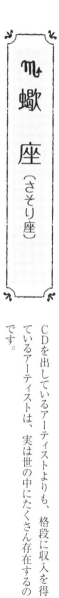

砂のなかに隠れて、人目につくことの少ない蠍ですが実は、一刺しで自分より何十倍も大きなラクダをも陥落させる力を持っているのです。これが蠍座の持って生まれた運命です。

また、セクシャルな魅力を自然に放っているのも特徴の一つです。本人にはそんなつもりはありませんが、蠍座の人は自分のことをあまり語りませんから、人々の「どんな人なのかもっと知りたい」という欲求をかきたててしまうがゆえに、異性にはセクシャルな対象として見られることが多くなってしまうのでしょう。これによって特に女性は苦労することもあるかもしれませんが、相手をかわす術も持ち合わせていますから、心配はいりません。さらに、女性からは、「憧れの女性」として羨望のまなざしを受けることも多いですから、これはうれしいことでしょう。

男性の場合は、その魅力は若いうちよりある程度年齢を重ねた後のほうが開花します。蠍座の男性の方、老後の楽しみがいろいろあるかもしれませんよ。このセクシャルなことについては、恋愛運の項目とも関連しますので、そちらも参照してください。

さて、このような運命を持った蠍座ですが、これにはちゃんとした理由があります。蠍座は、人間界と霊界の境目に位置する星座であるともいわれています。蠍座の位置が、人が霊界（死後の世界）へ向かう準備をするスタート地点なのです。ですから、人の生死に関わることと縁が深いといわれています。「死」というものを幼いころから身近に感じる環境にいたり、そのような出来事に早いうちに遭ったりする傾向が強いです。

セクシャルな魅力を持っているのも、いずれ訪れる死を迎える前に子孫を残さなければならないという使命感が潜在的に強いがゆえ、異性を自然に惹きつける雰囲気をまとっているのではないかと思います。蠍座の人全員が子供を持つわけではありませんが、子供を持たなかったとしても、自分が生きた証を残すような仕事に就いたり、状況を作ったりすることが多いでしょう。

このように、蠍座は自覚していなくても、潜在的に生まれた時から死を覚悟しています。ですから、どこかいつも肝が据わっているように見えるでしょう。冷静というのとはまた少し違い、いうならば「悟り」に近い状態なのかもしれません。

どこか人生を諦めているように見えるときもあれば、人生をあますところなく謳歌しようとするようなときもあります。そんなギャップも、周囲の人からはとても魅力的に見えるのでしょう。

12星座のうち、一番深みのある星座だと思います。

蠍座の金運

「自分にはお金がない」とコンプレックスを持ったり、「愛があればお金はいらない」と強がってみたり、お金に対してつい反発してしまいやすいのが、蠍座の傾向です。ですが、決してお金に不自由な運命にあるわけではありません。人によってはお屋敷を持つような資産家の下に生まれることもあるくらいです。

そんな蠍座ですが、どうしても自分だけが豊かな生活をすることに罪悪感を抱きやすく、困っている人を見かけたらつい援助をしてあげたくなるようです。

とはいえ、自分に余裕がなければなかなか他人のことまで助けられないですから、蠍座はそれなりにお金に余裕がある生活を常に送れるということの証明にもなるでしょう。

自分に余裕がないときに、無理してまで援助することはないので、ポンポン人のためにお金を出す蠍座を見ても、周囲の人はハラハラしないで大丈夫です。

このように、お金がたくさん欲しいと思うタイプではない蠍座ですから、その思いと同じくらいの額が常に手には入りますが、それ以上でも以下でもありません。もう少し堂々と「もっとお金が欲しい」と思うことができれば、いくらでもお金を引き寄せることができる運を持っていますので、それに気づいて行動した蠍座の人だけが、際限ないお金持ちになれるかもしれません。

それから、有名な芸術家のなかで、生前はほとんど作品を評価してもらえなかったのに、没後になって歴史に残るような評価を得る人もいます。蠍座には、その傾向があります。

また、自分が亡くなった後に、自分の功績によって家族や後見人にたくさんお金が入ることがあります。

これも、金運のよさの一つといえると思います。他の星座の人だったら、「生きているうちに自分でもらいたかった」と思ってしまうところを、人へのやさしさから「よかったよかった」と天国から笑っている蠍座の人は多いのではないかと、つい想像してしまいます。

蠍座の勉強運

蠍座は、効率よく無駄のない勉強方法を心得ています。試験に出そうな部分を瞬時に把握し、短い時間で頭に入れていくことができるでしょう。逆に、必要のない知識を頭に入れることを、やや神経質なくらいに嫌うところがありますから、試験に出るか否かにかかわらず指導される、学生時代の授業カリキュラムは苦痛だったかもしれません。ですが、社会人になれば自分の好きなことだけを選んで勉強することができます。

蠍座には決めたことをやり遂げる根性がありますから、資格取得など目標を決めたら驚くほどの集中力をもって、短期間で達成できるでしょう。ただし、この根性は裏を返すと執着にもなりかねません。一度失敗したからといって、諦めるという選択肢は持ち合わせていませんから、何度でも、挑戦し続けます。

司法試験など難関といわれる資格に何年も挑戦し続けている人のなかには、蠍座は多いかもしれません。しかし、たとえ10年かかっても、最後は合格を手にすることができるのは、蠍座の根性と執着がよい方向に働いた結果といえるでしょう。

身近な人は先が見えないと思うかもしれませんが、本人には明確にゴールする未来が見えていると思いますので、嘆かず応援してあげる価値はあると思います。

それからもう一つ、蠍座は自分の知識を社会のために還元する運命を持って生まれています。それは携わる仕事を通じてだったり、自発的な行動だったりさまざまですが、蠍座が効率よく勉強してきた選りすぐりの知識は、社会から求められることが多いのです。

また、本人も自分の気持ちを満たすだけの娯楽的知識の習得は好みません。もちろん、蠍座にも趣味趣向がありますから、趣味の知識を深めることもあるでしょう。ですが、趣味の知識でさえ自分のなかにとどめず、何かの役に立つように外部に提供していきます。たとえば、映画やアニメに興味を持ったとしたら、その知識を活かして評論を書いたりするでしょう。

蠍座が提供する知識には、有益なものが凝縮されていますから、耳を傾けてみると感心させられることが多いと思います。

蠍座の家庭運

シャイに見えたり、ときに「暗い」といわれてしまうことがたびたびある蠍座ですが、家庭では社交的で明るい家族と思われていることが多いでしょう。内弁慶というわけではないのですが、蠍座にとって家庭はとても楽しく、自分を解放できる場所だからなのです。

蠍座の生まれ育つ家庭は、わりと放任主義な傾向があります。放任ながら、どこか品があるのも特徴です。たとえば、小さいうちから一人で電車やバスに乗せてもらえるでしょう。でも、「勝手に一人で出かけてきなさい」という理由からではなく、公共のルールやマナーを早く身につけさせたいという教育方針からなのです。蠍座で、子供のころあまり過保護にされなかったと感じている人は、そこにこそ大きな親の愛情が詰まっていたのだと思います。

また、引っ越しが多い傾向にありますので、見知らぬ土地で不安な気持ちを唯一わかちあえる家族同士のきずなは、一家団らんというイメージより運命共同体のようなイメージで深まっていくでしょう。引っ越しをしたことがない場合は、与えられた部屋が変わったり、模様替え好きな両親の下に生まれてきたりすることもあるかもしれません。

このように、いわゆる家庭的という雰囲気とは少し違いますが、とても仲のよい家庭との縁が深いのです。

もちろんこの縁は、結婚して自分の家庭を持つときにも引き継がれます。生まれた家庭に満足していることが多いでしょうから、自分の家庭もそれをお手本にした家庭にしたいとするからです。もし、違う家庭のスタイルを作りたいと考えても、最終的には皆が支え合う、親が作ってくれたような家庭スタイルになっていくのが面白いところです。

それから、表向きはあまり社交的に見えない蠍座でも、配偶者の家族とも意外とフレンドリーにつき合えます。今、蠍座との結婚を考えている方、きっとあなたの親や兄弟のことも大切にしてくれますから、あなたに対して多少ぶっきらぼうでもおすすめの結婚相手ですよ！

蠍座の恋愛運

人の知らないところで、数多くの恋愛を経験する運命傾向にある蠍座。さまざまな経験を持っているでしょうから、恋愛相談は蠍座にすると、経験からの具体的なアドバイスがもらえるかもしれません。

恋愛経験が豊富になる理由はいろいろあります。

まず大きい理由は、セクシャルな魅力を自然にまとっているということです。自分では普通にしているつもりでも、異性から「誘っているの？」といわれることが多いかもしれません。女性の蠍座の場合、本当に気に入った人に対しては、自分からアピールできないシャイな面を持っている蠍座です。

もちろん、特に何とも思っていない人を自分から誘う気もないでしょう。ただ、異性を惹きつける魅力を持って生まれてしまっただけで、それを常時隠していることが難しく、相手を誤解させてしまっただけなのです。

ただ、蠍座の男性はちょっと女性とは違います。自分を隠してしまうところは同じですが、一度心に決めた相手に対して自分の生殖能力の高さを本能的にアピールしてしまうのです。初めてのデートのとき、言葉では「緊張しますね、恥ずかしいですね」などといっていても、なぜかボディタッチが多かったり、自分の筋肉を見せてきたりするのは、蠍座らしい一面です。女性によっては引いてしまう行動だと思いますが、寛大な人なら素直でかわいいと思ってもらえるかもしれませんね。ここは紙一重ですから、蠍座の男性はあくまで自分の判断でさじ加減してくださいね。

それから、蠍座の恋愛スタイルは、奥ゆかしく始まり、激しく終わることが多いです。恋愛感情が一気に燃え上がるタイプではありませんが、沸点がとても高いです。ゆっくり好きになりますが、好きになったときの愛の深さは驚くほどのものでしょう。そして愛に執着心と独占欲が比例します。蠍座の方、蠍座に恋している方、この点は覚悟しておいたほうがよいでしょう。

また、秘密の恋や禁断の恋にも縁があります。理性で抑えることもできますが、自分がしている恋愛が秘密だったり、禁断だったりという意識を持ちづらいので、新しい恋愛をスタートする際には友達のアドバイスを仰いでおいたほうが無難かもしれません。

蠍座の健康運

蠍座は基本的によい健康運を持って生まれてきます。人生全体がわりとスローペースですから、大きく身体に負担がかかる出来事に遭遇する確率が低いことも、健康維持に大きく役立っているのではないかと思います。

占星術の世界では蠍座を身体の一部にたとえると、生殖器だといわれます。ですから、高い生殖能力を持って生まれてきている蠍座の人も多いかもしれません。

しかし、表裏一体でウィークポイントにもなりやすい部分ですから、恥ずかしがらずに定期的な健診を受けておくことをおすすめします。

それから、身体の不調が顔や腕などわかりやすいところに出る場合が多いですが、それは単なるサインであって、実は内臓の自己診断では見つけられないような場所に不調があるかもしれません。幸いなことに、蠍座の人は身内や親しい人に医療従事者がいることが多い、もしくは、自分にあった病院が近くにあるなど、病院との縁が深いです。気になるときには、手助けになると思いますので、頼ってみてはいかがでしょうか。

そして、普段は健康でも、一生のうちで何度か、原因不明の不調や症例の少ない病気の疑いが出ることがあるかもしれません。

この傾向は、宿命のところでも少し話しましたが、蠍座は冥界へ行く準備のスタート地点でもあります。他の人とはまだ縁が薄い、いわば未来の症例と波長が合いやすいということが起因しているのではないかと思います。

また、このような不調の際も、神だったり奇跡だったりと呼ばれる不思議な力によって、自然に治ってしまうことも多いでしょう。最後のスピリチュアル運でもお話ししますが、大いなる存在たちに強く守られているのも、蠍座の健康運のよさの一部であるといえるでしょう。

とはいえ、神頼みだけではなく、現代医学での診断ももれなく受けてくださいね。代替療法など、自分なりの健康法に時間を使う意識を持つことも大切です。

蠍座の結婚運

蠍座にとって結婚とは、「義務」という感覚が強いかもしれません。そしてその義務を詳しく述べるなら、男性なら「女性（および子供）を養う義務」、女性なら「男性を立て出世させる義務」でしょう。

このように、昔ながらの結婚観を持っていますから、若いうちから将来自分が結婚することを意識しているので、自然と結婚も早くなります。学校を卒業してすぐ結婚する人のなかには、蠍座も多いのではないでしょうか。

学生時代までに将来有望（自分の結婚観にふさわしい）相手に巡り会えなかった場合は、就職先で相手を見つけるべく、職場選びも結婚を基準で考える傾向があるようです。

また、恋愛には多少奔放なところがありますが、結婚相手はまったく別として周囲の異性を見ているでしょう。

めくるめく数々の恋愛をしてきたなかの相手ではなく、出会ってすぐの相手と結婚することも珍しくありません。これは、結婚を常に意識しているため、自分の運命の相手を見極めるセンサーのようなものが、かなり発達しているためだと思います。直感で相手を見極めることができるのです。

ただし、この直感の前には、社会的に信用できる相手であるかという、諸条件のふるいにかけられ、選ばれた人である必要があります。つまり、男性なら仕事内容や家族の資産、女性なら家事能力や金銭感覚が、どこに出しても恥ずかしくない人以外には、センサーは一切働かないようです。ですから、間違った相手を選ぶということは少ないでしょう。もし今の配偶者に後悔の念を抱いているなら、もう少し様子を見てください。長い目で見て、あなたにとって最良の結婚相手であるという出来事が起こるかもしれませんよ。

そんな最強の運命の人を、若くして引き寄せる運を持っている蠍座ですが、結婚と恋愛は別ものなので、婚外恋愛の衝動が湧く場合があります。

とはいえ、結婚生活は人からうらやましがられるほど円満なものとなるでしょうから、できることならセーブしたほうがよいのかもしれません。このあたりは当人の倫理観にゆだねるべきだと思いますが、念のため。

勉強運の項目で述べた、効率的な勉強法という才能と共通するのですが、蠍座は自分に必用なものだけを選り分けて相続できる強い運を持っています。

蠍座の相続運

基本的には、何でもかんでも相続する縁を持っているのですが、トラブルの火種になるような相続は上手く放棄する決断ができます。

また、仮に全財産がなくなっても、必ず自分のところには不自由なく巡ってくることを悟っています。ですから、たとえば自分に相続権がある不動産でも、兄弟や親類が均等の権利を主張してきたなら、すんなり譲ってしまうのです。こうすれば、骨肉の争いは避けられ皆が円満になりますし、実は不動産を持っていても負担になるだけだと考えていたりもします。

蠍座は不動産との強い縁があるのですが、それゆえ光だけでなく影の部分も経験（または感覚や知識）として知っているため、不動産所有に対して負担を感じているのです。

それから、この不動産運ですが、資産として運用できるものを相続することもありますが、読んで字のごとく「動かせない財産」を相続する縁も強く持っています。たとえば、国の重要文化財に指定されている建物で、自分の好きなように再建築することができなかったり、切り崩すのに莫大な費用が必用な山だったり。ときには相続放棄せざるを得ない場合もあるでしょう。

ですが、蠍座は先祖代々のものを引き継ぐ運命を強く持っていますから、何らかの方法で負担を最小限に抑えた相続方法が見つかるはずです。そのような状況に直面しても、すぐに諦めて放棄せず、専門家やその土地の権力者などに根気よく相談を続けることをおすすめします。

また、今から弁護士など信頼できる専門家を探しておけば、先祖の意志だけでなく、財産もしっかり継承していくことができるでしょう。

最後に、自分の代以降に血縁の相続者がいない場合は、国や地域への売却や寄付の方向性を考えておくことが必用です。縁もゆかりもない一個人や企業への売却を避けることが、蠍座の使命であり、運命なのですから。

蠍座の国際運

先頭を切って人と関わるタイプではない蠍座なので、自らの意志で海外に飛び出して行くことは少ないでしょう。ですが、日本に住んでいる外国人との縁がつながることが多いようです。外国人が親のクラスメイトがいたり、近所に外国人の家族が住んでいたり。大人になってからは、外国人常連客が多い飲食店を行きつけにしたりすることもあるでしょう。

そんな外国人との交流に関しても、自分が関係を引っ張るわけではありませんが、日本人同士の交流よりもなぜか心落ち着く関係が築けたりします。

これは、蠍座には肉体を持った人間の世界での、国境や人種の区別意識がほとんどないからでしょう。それゆえ、相手も蠍座には区別意識なく心を開いてくれるのです。お互いにそうであれば、リラックスした関係が築けるのはいうまでもありませんよね。

さて、それから蠍座は無意識のうちに海外の文化に影響されることが多いように感じます。洋書を読んだり、映画も日本語字幕なしで鑑賞したりという趣味を持つことも多いでしょう。

これらは最後のスピリチュアル運の項目にも関連していますが、前世論があると仮定したところの、「外国での転生が多い人」という影響かもしれません。

日本に生まれながら、なぜかフランスが好き、アフリカが好きなど、行ったことはないのに強い思い入れがある国があるなら、それは前世で生きた場所なのかもしれません。特に文化遺産マチュピチュのあるペルーなど、古代文明が存在していた地が気になるという蠍座の人は多いかもしれません。現代人にはない、不思議な感性を持っていますから、自覚している蠍座の読者もいらっしゃるでしょう。ぜひ、その感性に従って、いつか気になる土地へ出向いてみてください。

ただ、自発的に海外旅行を計画するタイプではないので、きっと来るべき日がきたら、出張だったり、強制的に家族に連れていかれたりということが起こると思います。抵抗しても無駄な運命ですから、流れに乗って太古の記憶をたどってきてみてください。その経験から、現代を生きている意味を知ることができるかもしれません。

蠍座の仕事運

「日中はひょうひょうと仕事をこなし、定時で帰る」。そんな仕事ぶりが話題になっている人がいたら、その人は蠍座かもしれません。感情をあまり出さずに仕事をするので、周囲には楽しくなさそうに見えますが、蠍座にとって仕事は、とても楽しいもののようです。生活のためとか、家族のためとかあまり重くとらえていないでしょう。家族はそんな姿にハラハラさせられるかもしれませんが、楽しんでいるからといって、適当に仕事をしているわけではありませんから、ちゃんと稼いできてくれますので安心して大丈夫です。

また、定時で帰るからといって仕事ができないわけではありません。勉強運の項目と通ずるものがありますが、やはり必要なことを見極める能力の高さから、仕事も効率よくこなすことができるのです。

また、趣味や好きなことを仕事にできるという運も持っています。新卒で就職する際に、自分のやりたかった仕事に就くことも高確率で可能ですし、一度希望以外の職に就いたとしても転職活動も成功しやすいでしょう。

そして、もし趣味や好きなことを仕事にできなかったとしても、たまたま就いた希望していなかった仕事を、とても好きになれるという高い順応性があります。

こうして見ていると、蠍座は何の仕事についたとしても、人生を謳歌するアイテムとして仕事をとらえることができることがわかります。

とはいえ、人生のうちで長期間、仕事よりも遊びや楽しみを優先する時期があるかもしれません。周りから見たらニートなどと呼ばれてしまうこともあるかもしれませんが、不思議なことに働いていなくても何かしらの収入を得ることができる縁を持っています。たとえば、そんな蠍座を応援したいというスポンサーが現れたり、忘れていた保険金の受取りがあったりします。

それなら逆に、何となく金運が不安定だと感じた時期に、あえて会社を辞めるという冒険をすることで、会社勤め以上の収入を得ることができたりするかもしれませんね⁉

蠍座の社交運

初対面の人に媚《こび》を売ったりすることは決してない蠍座が人に与える第一印象は、「自分たちとは違う特殊な能力を持っていそう」というものでしょう。自分のことを隠しがちで多くを語らないので、何か秘密を持っていそうに見えるのです。これらのことから、蠍座を社交的と表現するのはちょっと難しいかもしれませんね。

とはいえ、人と関わることが嫌いなわけではありません。自分にとって快適につき合える人とは、生涯をかけてよい縁をつなげていきたいと考えているでしょう。たくさんの人と適度なつき合いをするより、たとえ数は少なくても信頼できる人とだけ深いつき合いをしたいと考えているようですね。

このように社交的ではないかもしれませんが、イコール社交運がないというわけではありません。蠍座の人生を有意義にしてくれる人との出会いは、たくさん用意されているのです。たとえば、初対面の人がたくさんいる場所に行くのは苦手なようですが、仕事のつき合いなどの場合はしぶしぶですが参加するでしょう。ですが、不思議なことに、将来長いつき合いになる人が必ずといってよいほどその場にいるのです。これこそ、蠍座の社交運のよさなのです。

このような傾向は、特にプライベートでの人づき合いに強く現れますが、仕事をはじめとした社会生活では少し変わってきます。前に、苦手な社交場に仕事という理由なら出向くとお話しした通り、自分の苦手意識より社会的立場を優先した人づき合いができるのです。

また、家族のためならそれほど親しくない人たちとのつき合いもそつなくこなせます。独身時代の合コンやサークル活動は苦手だったのに、ママ友やパパ友とのつき合いは意外と張り切って参加するのも特徴です。

最後に、どんな人になら心を許しやすいのでしょうか？蠍座の人は、きっちりとした真面目なタイプの人が好きなようです。たとえば、丁寧な言葉であいさつをしてくれたり、周囲に気遣いができたりする人です。好き嫌いは顔に出しませんが、いくら年齢が近いからといって、初対面に敬語ではなくいわゆるタメ口を使うような人は、最も苦手なタイプかもしれません。

蠍座のスピリチュアル運

「スピリチュアルといったら、蠍座」、「蠍座といえば、スピリチュアル」

そんなふうにお互いを代名詞にしあうほど、蠍座とスピリチュアルは密接な関係にあります。蠍座は今生きている世界と、冥界（死後の世界）、どちらのことも大切にしています。

蠍座の人で、もしまだそれが自覚できていないとしても、人生のなかで「目覚め」や「気づき」、「悟り」といった感覚を体験する可能性はとても高いです。もしくは、生まれながらにしてそれらの感覚を身につけている場合もあるので、自分ではそれほど意識していないものの、周囲の人から「悟っているようだね」と指摘されることがたびたびあると思います。知り合いからそのようにいわれたら、自分はスピリチュアルな領域とのつながりが深いのだと意識してみてください。

他の人たちと少し違った感覚で、世の中を生きていたことに気がつくことができるでしょう。

そんな蠍座ですから、現代社会でいわれる「超常現象」に遭遇することが、必然的に多くなります。ただし、それは視覚的な体験ではなく、感覚に訴える出来事の体験の方が多いようです。たとえば、霊的体験も視覚的に人の姿をして見えることはなく、「そこに確かに魂の波動を感じる」というような体験です。

宇宙人の存在などを信じている蠍座も多いと思いますが、UFOとおぼしき光を見ることはあっても、宇宙人に遭遇してしまったという体験はないかもしれません。

もちろんこれらは、科学的に証明されていない部分が多いため、「もしも」論になりますが、そのような存在たちのことを信じている蠍座の割合は、他の星座より多いのではないかと思います。

また、先祖代々を代表して何か家系の因縁を背負う立場に生まれてくる場合も多いです。苦労することもあるかもしれませんが、自分にしかできない役割だと実感できることがほとんどですから、退屈な人生になることはないでしょう。

COLUMN 8

12星座と占星術の歴史〜日本編　その1

平安時代〜鎌倉時代

　平安時代、日本は繰り返し遣唐使を送り、当時の大陸の最先端の科学を取り入れようとしました。なかでも暦法と占いは国家運営の基礎となる学問として学ばれ、その知識は「陰陽道」と呼ばれる日本独自の体系へと発展していきます。

　天武天皇（673年〜686年）が設置した陰陽寮《おんみょうりょう》では、陰陽道の専門家である陰陽師がさまざまな占術を駆使して吉凶を占い、天皇に政治的な助言を行う役目を負っていたのです。

　歴史上で最も有名な陰陽師・安倍晴明（921年〜1005年）もその一人で、日食や月食、彗星の出現、惑星同士の接近といった天変から未来を読み解く天文道の使い手として、数々の予言的中のエピソードを残しています。

　その一方では、806年に弘法大師・空海（744年〜835年）が唐から『宿曜経』を持ち帰ったのを皮切りに、日本にもホロスコープ占星術が流入し始めます。

　12星座（西洋）と27宿（インド）という異なる文化のシンボリズムを含有し、仏教の教理とも深く結びついた宿曜占星術は、好奇心旺盛な平安の貴族社会に受け入れられ、11世紀までには宿曜に基づいて運勢を占う「宿曜師《すくようじ》」が陰陽師と人気を二分するほどの勢力として台頭。紫式部の『源氏物語』（1008年ころ）でも、「宿曜のかしこき道のひと」が光源氏の将来を暗示するシーンが描写されていることからも、その大変な流行ぶりが伺えます（※29）。

【図4】現存する日本最古の出生ホロスコープ

天永3年（1113年）1月15日午前2時ころに出生した男児のもので、宿曜師によって作成された。

平安の世に花開いた宿曜道は、鎌倉時代に至るまでは一定の権威を保っていましたが、室町時代に差しかかるころには、その影響力はすっかり衰えてしまいます。ホロスコープの作成に必要な高度な天文学の知識が門外不出とされ、そのほとんどが口承のみで伝えられていたことが、宿曜の普及と保存に限界をもたらしたと考えられています【図4】。

『宿曜経』とともに伝来した黄道12星座のイメージは、密教僧が加持祈祷に用いる星曼荼羅《ほしまんだら》（※30）に描かれ【画7】、日本の仏教文化のなかに留まることができましたが、西洋とインドにルーツを持つホロスコープ占星術の実践そのものは、やがて日本史の表舞台から消えていくこととなったのです。

【画7】平安時代に作成された星曼荼羅

大正時代（1912年〜1926年）〜昭和初期（戦前、1926年〜1941年）

鎌倉時代末期に途絶えてしまったホロスコープ占星術が再び日本に導入されたのは、やっと大正時代になってからのことです。その伝達役を果たしたのは、隈本有尚《くまもとありたか》（※31）という天文学者でした。

専門の自然科学のみならず、哲学や宗教・占いにも並ならぬ関心を持っていた隈本は、明治36年〜37年（1903年〜1904年）に洋行した際、当時の英国の占星術界で指導的な立場にあったセファリアル（※32）やアラン・レオらと親しく交流し、彼らから直々に西洋占星術の手ほどきを受ける機会を得たのです。

大正2年（1913年）、隈本はレオの著作を下敷きとした『欧式淘宮術独判断《おうしきとうきゅうじゅつひとりさばき》』（大正2年／1913年）（※33）を出版【画8】。その内容は当時の欧米で普及し始めていたソーラー・バイオロジー、つまり誕生時の太陽星座《サン・サイン》を重視する心理学的な占星術の紹介となっており、12星座《サイン》の性格を詳しく解説した日本で最初の文献となっています（※34）。

「總《そう》じて日《じつ》［太陽］が此の宮［星座《サイン》］に坐するとき生まれたる人は威力あり、命令勝ちに、自ら制し、決意あり、大氣《だいき》なり、功名心あり、真實《しんじつ》なり、而《しか》して甚深厚《はなはだしんこう》なる情緒を有せり。修養上熟達せば、是等《これら》の人は他の人の心を動かすべき、同情勝ちなる素質を發表《はっぺい》し、他と感動を共にして自ずから調和する無比の力を有せり。」

『欧式淘宮術独判断』獅子宮（獅子座）の解説より

【画8】『欧式淘宮術独判断』

『欧式淘宮術独判断』に続き、隈本はより本格的な西洋占星術のテキスト『天文ニ依ル運勢予想術《てんもんによるうんせいよそうじゅつ》』（大正3年／1914年）を刊行（※35）。螺雲道人《らうんどうじん》のペンネームで雑誌に占星術的な予測を寄稿し、海軍の航空機事故の発生を的中させるなど、日本の西洋占星術師第1号としての実力を見せつけます。

しかし、西洋占星術は一部の占いマニアの間でしか関心を持たれることはなく、西洋式の12星座《サイン》の概念も、一般の日本人に認知されるまでには至りませんでした。

その一方では、ヨーロッパで流行し始めていた12星座占いを、それとはわからないかたちで大正時代の日本に紹介し、大流行させた人物がいました。童謡「赤とんぼ」等の作品で知られる作曲家・山田耕筰（1886年～1965年）がその人です。山田が大正14年（1925年）出版した『生れ月の神秘』は、1月から12月までの各月に生まれた人物の性格的な特徴や、人生をよりよく生きるためのアドバイス等が論じられており、1960年代まで読み継がれるロングセラーとなりました。

「この月に生まれたものは、心やさしく、寛大で、磁力をゆたかに恵《めぐ》まれています。感情的で、同時に鋭い直覚力《ちょっかくりょく》を授かってゐますから、どこまでもこの力に従《したが》わなければなりません。強烈《きょうれつ》な個性の人であり、高貴遠大《こうきえんだい》な理想の持主であります。善を行ふ力が大いに備はつていゐて、常に、人に感激を与《あた》えて善事を果たさせることが出來ます。」
山田耕筰『生れ月の神秘』八月生まれの人々より（※36）

『生れ月の神秘』は、体裁としては「誕生月占い」であり、山田はその内容と12星座占いとの関連についてはまったく触れていません。しかし、各生まれ月に関する記述を読む限り、1月生まれは山羊座（12月22日～1月19日）、2月生まれは水瓶座（1月20日～2月19日）といった具合に、各月にオーバーラップする誕生星座の性質とよく合致している（※37）ことから、日本の占星術研究者の間では、同書こそ本邦初の大衆向け12星座占いの本であると考えられているのです（※38）。

コラム8脚注

※29）「宿曜に、「御子三人。帝、后かならず並びて生まれたまふべし。中の劣りは、太政大臣にて位を極むべし」と、勘へ申したりしこと、さしてかなふなめり。」（『源氏物語』第十四帖澪標　第2章）など。

※30）星曼荼羅《ほしまんだら》：密教の宇宙観を象徴する絵図で、本尊を中心に諸尊や天部などを方形や円形の区画のなかに配置したもの。28宿や12宮《サイン》の他、九曜（惑星）、北斗七星といった占星術的シンボルも描かれている。

※31）隈本有尚《くまもとありたか》（1860年〜1943年）：天文学者、数学者、教育家。明治10年（1877年）に設立された東京大学星学科（天文学科）の最初の卒業生であり、福岡県立中学修猷館、長崎高等商業学校等のエリート教育機関で校長を歴任。教え子には夏目漱石や正岡子規らもいた。漱石の『坊っちゃん』に登場する反骨の数学教師・山嵐は、隈本がモデルであるとの説がある。ルドルフ・シュタイナーの人智学を初めて日本に紹介し、晩年は密教占星術の研究にも没頭した。

※32）セファリアル（Sepharial、1846年〜1929年）：本名ウォルター・ゴーン・オールド（Dr. Walter Gorn Old）。英国の占星術家、神智学者。医学、心理学の他、中国語やサンスクリット語等の東洋の言語にも通じ、19世紀末から20世紀初頭の西洋占星術の復興期で指導的な役割を果たした。

※33）タイトルに使用されている「淘宮術《とうきゅうじゅつ》」とは、明治から昭和初期の日本で流行した東洋占いの名称である。隈本はAstrology《アストロロジー》に「考星学《こうせいがく》」という訳語を当てていたが、大衆にアピールする目的で「欧式淘宮術《おうしきとうきゅうじゅつ》」とするよう出版関係者に強く勧められ、しぶしぶ従ったことを前書きに記している。

※34）同書に見られる12星座《サイン》の名称は、平安時代に中国から渡来した宿曜道に倣い、「弓宮」（射手座）や「魚宮」（魚座）のように漢名で表記されている。

※35）『天文ニ依ル運勢予想術』はセファリアルの著書を下敷きに書かれており、太陽や月以外の太陽系の諸惑星、それらが相互に作るアスペクト（角度）等を加味した高度なホロスコープ占星術の教本となっている。

※36）この「八月生まれの人々」の特徴は、いわゆる獅子座生まれ（7月24日〜8月23日）の典型的なキャラクターによく一致している。

※37）　近代の欧米では1880年代から大衆向けの12星座占い本が徐々に出回り始めたていたが、誕生星座の境界となる日付が一般的に知られていなかったため、誕生月占いとして書かれたものが少なくなかった。山田がドイツ留学中に入手した『生れ月の神秘』の「原本」とは、それらの内のどれかであった可能性がある。

※38）　『生れ月の神秘』には、性格的な問題を改善する具体的な行動の指針が随所に書かれており、それらは欧米の12星座占いというより、戦前の日本で広く普及していた淘宮術《とうきゅうじゅつ》の語り口に近いものがある。淘宮術は先天的な性格の分析と行動パターンの修正による運命改善に特化した一種の精神修養法であるが、筆者は山田がそのスタイルからも影響を受けたと推測している。

第9章

射手座

♐射手座（いて座）

射手座の宿命

「人生だいたいラッキー」そんな言葉が似合うのが射手座です。努力しなくても、努力している人よりよい結果を手に入れることができたり、なぜかいつも人が手助けをしてくれて自分は高みの見物をしていたり。その様子は、まるで魔法でも使っているように見えるかもしれません。

そして射手座の人は、あまり悩みません。もちろん人間ですから、悩みがまるでないというわけではありませんが、「何とかなるさ」と楽観的な思考ができるのです。

自分のペースで生きているため、時間という概念もあまりないでしょう。ですから、遅刻の常習犯として周囲からマークされることも少なくありません。それなのに、何度遅刻をしても許されてしまうから不思議です。

ただし、このような性格傾向から、自由にラクして生きているように見えますので、嫉妬されてしまうこともたびたびあるでしょう。この何かと注意したり、文句をいったりしてくる天敵が、どこへ行っても一人や二人いることは覚悟しておいてください。

もちろん、射手座の人が悪いわけではありませんが、がんばっても報われない自分にいらだちを感じて八つ当たりしてくる、相手の気持ちを想像して気遣うことが、射手座が今生で学ぶべき大きな一つの課題であるからです。

とはいえ、自分の生き方を曲げる必要はありません。誰が何といおうと、おおらかに生きる射手座の姿を見て、自分もそうなりたいと憧れてくれる人も多いのですから。汗水たらしてがんばっている姿より、ワハハと笑って楽観的に構えているときが、射手座は一番輝きます。

また、ピンチをチャンスに変えることも上手です。人からはさぞ大変だろうと見えることでも、発想を転換させて切り抜けるどころか、プラスの結果に持ち込むことができるでしょう。そしてこの力は、自分だけに使うのではなく、人のためにも使う運命にあるようです。

射手座は人に頼るのが上手で他力本願、甘えん坊と揶揄されることもありますが、人に頼れない人に自ら手を差し伸べてあげるやさしさも持ち合わせています。ピンチの人を見かけたら、つい声をかけずにはいられないでしょう。ちょっと上から目線の発言になってしまいがちではありますが、きっと誰よりも頼もしく問題解決の糸口をアドバイスしてくれるはずです。

射手座は自由奔放で周囲の人をハラハラさせることも多いですが、人情にも厚いのです。それゆえ、どこへいっても人気者になれるでしょう。いわゆる、ムードメーカーですから、何となく場が白けたときにも、射手座の力を借りると盛り上がると思います。

さて、これまで内面の話をしてきたので、ここからは少し外見の話をしていきましょう。射手座の人は「チャラい」といわれてしまうような目立つ空気をまとっています。服装や髪型も場の雰囲気に合わせることなく自由なこともあって、初対面の人は驚きを隠せない場合もあるでしょう。

ですが不思議なことに、そのチャラさの奥にはどことなく品格が見え隠れしているのも特徴です。たとえば、ガン黒（冬でも日焼けサロンなどで日焼けをしている様）なのに、バーバリーなどトラディショナルなスーツを着こなしていたり、派手なメイクなのに言葉遣いが美しかったりします。このギャップも、射手座が人から好かれて人気を博すことができる大きな理由の一つなのではないかと思います。

最後に、忘れてはならない射手座の宿命をお伝えしておきましょう。

それは、どんな壮大な夢や目標でも、一度決めたら必ずや成し遂げることができるというものです。なぜなら、あまり迷うことなく人生の目的や役割を若いうちに見つけることができる能力を持って生まれてきているからです。そして、宿命＝上手くいくことだと心得ているので、ピンときたら一切失敗を恐れず邁進します。

裏を返せば、上手くいかないことは思い浮かばないともいえるでしょう。若くして世間から注目されたり、友達が進路に迷っている横で、さっさと自分の将来を決めて早めのスタートを切ったりする人のなかには射手座が多い気がします。

射手座の金運

満ち足りた社会生活が送れる金運を持っている射手座は、人から「お金持ち」と思われることが多いでしょう。本人にとっては当たり前の状況なので、特に自分がお金持ちとは感じないかもしれませんが、貧乏だと思われるより断然うれしいことだと思います。

射手座は基本的な運命をラッキーと形容できる星座ですが、金運もそれに準じています。何もしていないのにお金がザクザク入ってくるようなイメージを持たれることもありますが、自分が好きなことなら仕事として熱心に取り組むので、自分の手でしっかり稼いでもいるのです。（このあたりは後半の仕事運のところも参照してください）

それから、仕事以外でも社会貢献で報酬を得たり、専門分野での講演会などを頼まれ副収入を得たりする機会も多いでしょう。もちろんこれらも射手座にとっては、「好きなこと」や「楽しいこと」なので、あまり仕事をした、貢献した、という意識はないようですが、他の星座の人では得られないような金額を手にすることができる運命にあります。

それらの収入は頑なに独り占めにしたりせず、サポートしてくれたスタッフや、応援してくれた人に還元していく太っ腹なところがあります。「お金は使わないと入ってこない」という言葉をよく耳にしますが、まさにそれを証明してくれるのが射手座の振る舞いです。講演会の打ち上げ代を全員分支払った後は、さらに大きな収入になる仕事を頼まれているかもしれませんので、射手座をサポートした人は遠慮なくごちそうになっていいと思います。

それから、これは金運というか才能ですが、経済の動きや流行の動きを的確に読むことができます。これも射手座にとっては金脈になりますから、何かと入用なときにはこの才能がお金になる方法を調べてみるといいと思います。相談するなら、友人ではなく専門機関がおすすめです。

最後にお金の管理ですが、自分一人で管理すると的外れなことに使ってしまうことも多くなりそうです。会社や専門家、配偶者に管理をサポートしてもらったほうがよいでしょう。

射手座の勉強運

好奇心旺盛な射手座ですが、それはとても「熱しやすく冷めやすい」ものでしょう。ですが、たとえすぐに飽きてしまったとしても、知りたい、学びたいと思ったらまずは迷わずそこへ飛び込む行動は、思っているだけで行動しない人より多くの経験を積むことができる貴重な経験です。

この傾向から、学生時代は時期によって科目の成績にバラつきが出てしまうかもしれません。夢中になっている時期は、その科目をとことん勉強するのですが、飽きてしまうと別の科目の方に力を入れて、それまでがんばっていた科目の勉強はとたんに手を抜いてしまうかもしれません。

とはいえバラつきはあるものの、必ずいつでも何かに熱中しているので、よい成績を修める科目が必ず一つはあるのが強みではないでしょうか？　また、基本的に勉強という行為自体にまったく抵抗がないのも、射手座の勉強運のよさの一つといえるでしょう。

そしてこの少しずつ、でもたくさんの経験を積んでいく射手座の博識っぷりは、多くの場面で役に立ちます。深く掘り下げてはいないものの、ある程度の知識があることなら、再度それに巡り会ったとき再び熱意が湧き上がることもあります。

学生なら、たとえば、中学1年生の1年間だけ英語に夢中になって好成績を修めていたのに、2年生以降の成績はパッタリ……でも高校に入学して、英語でスピーチをする授業を体験して、再度英語に魅了され、猛勉強を開始することもあるでしょう。中学1年生のときに誰よりも基礎を積んでいますから、ブランクがあっても飲み込みが早く、あっという間に他の生徒より好成績を修めることができるかもしれません。

また、社会人で絵画鑑賞に夢中になった時期があったとしましょう。今となってはすっかり冷めてしまった絵画への興味ですが、会社が絵画販売の事業展開をすることになり、射手座の人が抜擢されたとします。その瞬間、過去の絵画への情熱を思い出し、再び絵画についての勉強を始め、誰よりも詳しくなるでしょう。

こうして、いろいろなことへの興味が循環していくので、年齢を経るほど博識に磨きがかかります。

射手座の家庭運

射手座のプライベートは、あまり人に知られていないでしょう。明るくて友達も多いですが、射手座の自宅に招かれたことがある人は少ないかもしれません。それどころか、結婚しているのか、独身なのかも、雰囲気や生活リズムだけでは想像することが難しいでしょう。身の回りを完璧に整えることはあまり得意ではないので、生活感がないという感じではありませんが、家庭での射手座の顔はなかなか人には想像できません。

この大きな原因は、社交的・外交的性格から、家庭よりもどうしても仕事や社会との関わりを優先した生活になってしまうことにあるでしょう。

そして、もう一つは生い立ちにも理由がありそうです。射手座が生まれ育つ家庭環境は、意外にも「いつでも笑顔が絶えない明るい家庭」とはかけ離れていることが多いでしょう。かといって、不幸で、愛情薄いというわけではありません。奥ゆかしい性格の親、兄弟の下で育つ縁があるのです。躾は他の家庭より少し厳しいかもしれません。そんな家庭のなかで、ムードメーカーのごとく明るく振る舞うこともするでしょうが、基本的には家庭の空気に収まり、親の考えを尊重して礼儀を重んじた生活を送るでしょう。

そんな家庭に育つ傾向が強い射手座ですが、自分の家庭を持つとだいぶ違った振る舞いをするでしょう。とにかく、明るく、にぎやかな家庭を目指し、配偶者や子供を常に楽しませようと努力します。それによって家族は幸せに暮らすことができますが、もうちょっとセーブしてほしい……と思われてしまうこともありそうです。

先の項目でも述べたように、生まれながらに品格が備わっていて、育った家庭環境も奥ゆかしい雰囲気だった人が、賑やかに振る舞ったり、おどけて振る舞ったりする様は、人に違和感を与えてしまうのです。

射手座の方、自分の家庭を持ったらがんばりすぎず、自然に振る舞ったほうが家族はほっとできるかもしれません。家庭のかたちはそれぞれですから、あなたを含め家族全員が自分らしくいられれば、理想通りでなくてもよいと思います。

射手座の恋愛運

射手座の人生にとって恋愛は、切っても切れないものでしょう。ここまで何度もお話ししましたが、射手座はたぐいまれな人気運を持っています。もちろん恋愛の場面でも例外ではありません。それどころか、恋愛の場面でこそその人気運は発揮されるのです。

同性からは嫉妬の対象になってしまうことも表裏一体に持つ運命ですが、異性からは好かれる一方です。

まず、愛嬌を持って生まれていますので、赤ちゃんのころからあまり人見知りせず、誰にでもニコニコしてかわいがられたことでしょう。そして、自我が芽生え始める年齢になると、その愛嬌が誰にでもあるものではなく自分特有なものだと気づき、それを有効活用する術を身につけます。

こうして、射手座の愛嬌ある振る舞いは、多少の計算が入っていることがバレバレだとしても、それを含めて異性の心をグッとつかんで離さないのです。

また、射手座の恋愛はよく「奔放」という言葉で形容されます。日本は一夫一妻制の国ですが、この制度にはあまり賛同できないでしょう。だからといって、重婚を望むわけではありませんが、恋愛関係の段階なら、複数の人と同時に交際することにあまり抵抗がないかもしれません。

その代わりに、交際相手が同じく複数の相手と交際していたとしても、わりと寛容な態度に出ることができるでしょう。恋愛における嫉妬心があまりないのも、射手座の恋愛の特徴です。

射手座と交際すると、やきもちを焼いてくれない態度に「自分は本当に愛されているの？」と不安になるかもしれませんが、興味がない人とは一秒も一緒にいられないタイプなので、デートできているなら心配ありません。

ただし、相手に飽きてしまうと連絡はしてくるのに、会おうとしないという、「悪女」もしくは「ダメ男」的な傾向があるのを心得ておかないと、振り回されてしまいます。「自分はもう好きではないけれど、相手には自分のことを好きでいてほしい」と思いがちなところも特徴です。とはいえ、これがまたモテる技術の一つのような気もします。

射手座の健康運

健康に対して射手座は「不調になったら考えればいい」という意識を持っているようです。どこか不調を感じたら、病院に行ったり薬を飲んだりという行動に至るまでは誰よりも早いのですが、予防には興味がないようです。

幸いなことに、射手座はわりと健康に過ごすことができるでしょう。ですから、自分が病気をするかもしれないという意識も薄いのです。とはいえ、45歳過ぎくらいからそこまで経験のなかった不調を感じることが多い星座ですから、その時期の症状を緩和させるために、もう少し健康維持や予防医療に興味を持っておかれることをおすすめします。

また、痛みに強いという傾向もあります。医学的な見地ではありませんが、占星術では射手座は何に対しても鈍感な星座だといわれています。これは、本人にとっては苦痛が少なくてよい場合もありますが、大病のサインに気づきづらいということにもなりかねません。

主婦の人でも最低でも年1回は健康診断を欠かさないなど、自分を過信しないことで健康運も保つことができるでしょう。市区町村からの健康診断のお知らせが来たら、面倒がらずにすぐ予約することをおすすめします。

それから、占星術では射手座は身体のなかの「上脚」、つまり「もも」のあたりをつかさどっているといわれています。ですから、全体的には細身なのに、太ももだけがしっかりしている、という体型の射手座の人も多いかもしれません。これは、健康運を良好に保つために必要なものですから、コンプレックスに思わず愛おしんでみてはいかがでしょうか。

晩年に医療費がかさみやすい星座でもあります。必要な医療費は倹約しない、医療保険に加入しておく、ということも射手座のテーマかもしれません。ご家族に射手座の人がいる場合は、若いうちは健康維持、予防のサポートを、晩年は医療費のサポートをしてあげる必要があるかもしれませんね。

とはいえ、なぜか自費診療の治療法しかなかった病気にかかっても、ちょうどよいタイミングでその症状が難病指定されて保険診療になったりするラッキーな運も持っていたりするのでうらやましいですね。

射手座の結婚運

射手座にとって結婚は「その気になれば簡単にできる」という認識のようです。恋愛運のところでもお話しした通り、パートナー候補に不自由することは少ないので、自分が「結婚しよう！」と決めれば、すぐにできるでしょうから、認識はまさにその通りだと思います。

ただし、もうお気づきかもしれませんが、候補が多すぎてなかなか決められない……という事態に陥ることが多いのです。一度迷いだすと、だんだん面倒になって「全員パス！」なんていう決断をしてしまうのも、射手座の傾向です。

このように、その気になれば確かにすぐに結婚できますが、なかなかその気になれない（一人に決められない）のが射手座の結婚までの道のりです。この傾向は年齢を重ねるごとに強くなりますので、早い年齢で結婚を決めてしまったほうがよいでしょう。

とはいえ、射手座は晩婚のほうが幸せになれる傾向がある気がします。若くして結婚した場合は、夫婦というより親友のような関係になりやすいため、子供ができた場合に夫婦としての違和感を覚え、離婚に至ることがあるかもしれません。そうならないためには、年々関係性に変化を持たせていくのがよいでしょう。お互いを名前ではなく「パパ、ママ」「お父さん、お母さん」と呼び合うことで、夫婦の感覚が強くなっていくようです。

他の星座の夫婦の場合、「パパ、ママ」と呼び合うことで男女の意識が薄れるという話も聞きますが、射手座に限ってはこのほうが夫婦円満でいられるようです。

また、子供を持たない場合は、相手が了承してくれる星座なら、男女というより同性の親友のような感覚で生活していくことが末永く円満でいられる秘訣となります。一緒にいろいろなところに出かけたり、他の夫婦とも交流をとったりすることが刺激となります。また、健康運とも関連しますが、射手座は45歳以降太りやすい傾向があります。結婚当初は細身だったのに、こんなはずじゃなかった……と配偶者に文句をいわれてしまうことはあってもある程度ふくよかなほうが射手座の結婚運は上昇します。射手座の場合、結婚したいのに相手が見つからない場合は、ダイエットより好きなものをたくさん食べたほうが近道かもしれません。

射手座の相続運

射手座はあまり財産を残さない主義のようです。ですから、親から引き継ぐ財産も期待していないでしょう。ですが、それなりの相続運を持っていますので、親から家を相続する可能性が高いです。そして、その家を賃貸に出したり、売却したりするのではなく、自分が住むことになるでしょう。

最初は賃貸に出していたとしても、将来住むことになる場合が多いので、まったくイメージがわかなくても、そこを拠点にした生活についても視野に入れておくと、いざというタイミングに慌てなくてすむでしょう。

また、植物を相続する運もあります。植物の相続とはあまりピンときませんが、盆栽、家庭菜園、小さな畑、樹木などです。たとえば盆栽なら、専門家に鑑定してもらったら驚くような値がついたり、小さな畑を親や親類が購入していて相続することになり、転売したら想像していた以上の値がついたりすることもあるかもしれません。

もちろん転売せず、自分で栽培を受け継ぐことにも価値が発生します。家庭菜園にしては上質な野菜が取れる環境だったり、珍しい花が咲き旬な季節には目を楽しませてくれたり、心を豊かにするものを相続できる縁があるのです。

そして、射手座には既存のものを大きく増やす才能があります。遺産ならそれを上手く運用することができますし、植物ならさらに大きく育てていくことができるでしょう。

将来、具体的に何をどれくらい相続するかまでは測りかねますが、せっかく受け継いだものですからぜひ大きくして次の世代に残せたらいいですね。

それから、これは特殊な例ですが、養子縁組の縁もあります。男子のいない祖父母に養子に入るなど自分自身の縁もありますし、親戚や何らかの事情で子供を育てられなくなった人から養子をもらうこともあるでしょう。

人間を相続という言葉で表現するのは少し語弊がありますが、これはたとえ血縁がなくても、深い愛情を注ぐことができる射手座ならではの運といえるのではないでしょうか。

射手座の国際運

射手座に国境という感覚はあまりないようです。どこの国へ行っても相手のほうから寄ってくる運を持っていますし、こちら側にもそれを受け入れる準備ができていますから、一瞬にして打ち解けることができるでしょう。

また、細かく行程が決まっている「旅行」ではなく、そのときどきの気分で行先を決める「旅」を好みます。子供のころから、海外旅行との縁が深いので、旅慣れているのもその傾向をより強める要素でしょう。リュック一つで世界中を旅するバックパッカーと呼ばれる人のなかに、射手座は多いのではないかと思います。

このような性格ですから、抵抗なくどんどん海外に出かけるので、必然的に国際交流の機会は多くなります。

今ではインターネットの普及のおかげで、フェイスブックをはじめとしたＳＮＳなど世界の友達と簡単に連絡を取り合うことができるツールが豊富にありますから、より射手座の行動は軽くなり、思い立ったら翌日にでも海外に出かけることも少なくないかもしれませんね。

そして、会話も間違いを恐れず現地語をどんどん使う勇気がありますから、たとえ文法が間違っていても、現地の人にはなぜか通じてしまうことが多いでしょう。こうした意思の疎通が繰り返されれば、より国際交流が楽しくなっていくのは想像に難くないですね。

そんな国際運を持った射手座ですが、これが仕事となってしまうと話が変わるようです。あくまで、遊びという観点で海外旅行や外国の友達との交流が好きで、縁もあるだけであって、海外で仕事をするとは限りません。仕事になってしまうと、楽しかったこともとたんに窮屈に感じてしまうのです。

外国人と積極的に交流する様子を見た人から、それを活かした仕事を勧められることは多くても、それを受けないのが射手座流ようのです。

射手座にとって、世界と関わることは誰にも指図されたり邪魔されたくない、最大の娯楽なのだと思います。

射手座の仕事運

楽観的なその性格から、仕事が適当なのではないかと思われがちですが、それは周囲の先入観にすぎません。確かに、出世や手柄を立てることに執着がないので、仕事に対する熱意が伝わりづらいところもありますが、よく見ていると射手座は誰よりも仕事ができる人だとわかるでしょう。

射手座の仕事ぶりは、目標を大き目に立てるという特徴があります。たとえば、車の販売職に就いているとしましょう。会社から課されたノルマが月間3台だったとします。そのとき、射手座は自分のなかで倍の6台を目標にがんばっていたりします。そして、その目標を見事達成するのです。これが反対に、会社の提示した3台を目標にして仕事をすると、やる気が出ず、ノルマの達成ができなくなってしまいます。

この性格を自分でも把握しているので、他人から大口を叩いているといわれようが、目標を大きく立てているのです。

プライベートでは自分に甘くなりがちですが、仕事に対しては自分に厳しくできるのが射手座のギャップであり、カッコいいところを見せられるポイントではないでしょうか。

それでは、その仕事ぶりをどんな分野に活かしたらよいのでしょうか？　まず、前提として射手座が選べる職業は誰よりも幅広いです。順応性がありますし、既存のものを脚色していく力があるので、与えられた仕事は何でも人並み以上にこなすことができるのです。そんな才能ゆえ、職業選びに悩むことは多いかもしれません。

占星術では、スポーツ選手や芸能界にも向いているといわれたりしますから、若いうちはまずはそのあたりの花形職業からチャレンジしてみてもいいかもしれません。

今さらプロになるのは……ということならば、社風を基準に選ぶとよいでしょう。たとえば、規則ガチガチの老舗企業は向きませんし、経理や法律関係なども堅苦しさを感じてしまうでしょう。服装自由、フレックス制度あり、休日多め、このようなあたりでしぼっていくと、ピッタリの職業にたどり着けるはずです。接客も向いていますが、飲食業界の長時間労働には耐えられないでしょう。経営にはあまり適性がありませんが、自分が毎日お店に立つスタイルなら、持ち前の人気運を活かして繁盛させることができるでしょう。

射手座の社交運

相手に合わせて接し方を自在に変えることができる射手座は、社交上手といえるでしょう。わりとテンション高めに人と接するため、第三者からは調子がいい人に見えるかもしれませんが、射手座と接している人はとても心地よく感じるので、好感を持ってくれると思います。

そしてそのテンションの高さはよく観察すると、相手によって微妙に変えていることに気がつくと思います。人が好きだという基本の感情がありますから、相手がどうしたら喜んでくれるか察することが上手なのです。社交能力の高さで、誰よりも多くの人と接してきている射手座をあなどってはいけません。

また、射手座のことを「お調子者だから、苦手」と思っている人も少なからずいるようですが、これは「自分もそんなふうにできたらいいのに」という感情の裏返しからの嫉妬心でしょう。射手座の人は、自分のことを苦手だと思っている人がいたら、反抗せずグイグイ距離を縮めてみると相手が根負けして嫉妬心を認めてくれるかもしれません。そうなったらあとは射手座のペースで仲良くなることができるでしょう。

そして、射手座の社交面での得意技はもう一つあります。それは、友達やパートナーの友達ともすぐに仲良くなれるというものです。友達の友達が主催しているホームパーティーなど、知らない人が多そうな場でも臆することなく出かけることができます。帰るころには紹介者の友達よりも主催者と仲良くなっていることもありそうです。パートナーの友達を紹介されたときも、そつない社交性を発揮します。射手座の人を紹介されたパートナーの友達は、必ずや射手座の人に好印象を持つはずです。これは、この項目の前半でお話しした社交性に加え、相手を尊重する心を持っているからです。もちろん、そんな射手座の姿を見た友達やパートナーたちは、紹介してよかったと、心から喜んでくれるでしょう。

このように、射手座は人から人をたくさん紹介される社交運を持っているともいえるでしょう。そしてそのご縁をとても大切にする心意気も持っている粋な人なのです。

射手座のスピリチュアル運

人の考え方や想いをとても尊重する射手座。たとえ自分と思想や宗教が違っても、偏見を持つことなく相手を受け入れるでしょう。相手に合わせることはしませんが、否定することもしません。そして、わりと現実思考、現実主義な傾向がありますが、非科学的なことを頭ごなしに否定したりはしません。むしろ、冒険心、開拓心が強いので、科学で証明できないことを体験したいという気持ちも強いでしょう。

さらには、信仰を持つことの有意義さを強く感じており、自分も何かしらの信仰を持っていることが多いでしょう。

ただ、スピリチュアルに深く傾倒することはありません。基本に人が好きという気持ちがありますから、信仰も人ありきだということをしっかりわかっているのです。

たとえば、自分がピンチに直面したとき、ご先祖様や神様という目には見えない存在にお願いしたり相談したりする前に、信頼できる上司や家族に相談します。

この行動は一見、誰でもそうではないかと思うかもしれませんが、まずスピリチュアルな存在にお願いする傾向が強い星座のほうが多いのです。射手座は、人に頼ったり甘えたりすることを自然にできるので、まずは人に相談するのでしょう。神仏やスピリチュアルな存在のことも尊重しつつ、人に相談してから報告をする、というスタンスでつき合っているようです。

そんな射手座ですが、本人も気づいていないかもしれませんが、眠っている間にはスピリチュアルな存在と誰よりも深く交信しているのではないかと私は思っています。なぜなら、射手座には現実的に生きる人とスピリチュアルな世界の人をつなぐ宿命があるからです。

射手座がとる現実的な言動の奥には、実はスピリチュアルな気づきを得るために必要なメッセージが隠されていることが多いのです。射手座の人はときに常識を無視したアグレッシブな行動をとることがありませんか? それが証拠なのです。

COLUMN 9

12星座と占星術の歴史～日本編　その2

終戦～高度経済成長期（1950年代～1960年代）

太平洋戦争の終結後、国家としての主権を回復し、奇跡的な高度経済成長へと進み始めた昭和30年代の日本では、再び西洋占星術の芽が芽吹き始めます。

昭和32年（1957年）にアーマット・S・アリ（※39）と潮島郁幸《しおじまゆうこう》（※40）が出版した『誕生日の神秘』（明玄書房）は、戦後日本で最初の一般向けの占星術書であり、昭和38年（1963年）にはより本格的な内容の『最新占星学』（明玄書房）も刊行されます。

また、昭和41年（1966年）には、ギリシア語の古典『テトラビブロス』から占星術の世界に参入したという門馬寛明《もんまかんめい》（※41）が『西洋占星術』（光文社・カッパブックス）を上梓。こちらは戦後日本の第1次占いブーム（※42）の波に乗るかたちでミリオンセラーとなり、日本人に12星座《サイン》をはじめとする西洋占星術の知識を広めることに成功しました。

> 「魚座は11月下旬の夕方、南より中天に見える星座です。前ページの図のように、リボンで結ばれる二尾の魚を表し、リボンの結びめにあたるのが、三等星のα…（中略）太陽がこの星座に宿る二月二十二日から三月二十日のあいだに生まれた人は、アフロディーテとエロースの持つ二つの性格を、しかも、それが、堅く結びついた形でもつことになるのです。」
>
> 門馬寛明『西洋占星術』より

門馬は『西洋占星術』のなかで、星占いで用いられる12星座《サイン》と天文学上の星座《コンステレーション》の違い（※43）を強調するどころか、意図的に両者を混同させるような書き方がされています。

これに対し、石川源晃《いしかわげんこう》（※44）ら他の指導的な占星術家からは、占星術の12星座《サイン》は「魚座」のような天文学式ではなく、「双魚宮《そうぎょきゅう》」、あるいは「うお」

のようなひらがな表記に改めるべきだと繰り返し批判がなされましたが、後年の日本のマスメディアでは門馬式の「○○座」表記が趨勢《すうせい》となり、現在では完全に定着するに至っています。

後に門馬は、まだ一般の日本人に知られていなかった西洋占星術を普及させるための方便として、「サイン」や「宮《きゅう》」のような耳慣れない専門用語を用いる代わりに、夜空に輝く実在の星座と結びつけたと弁明しています（※45）。

隈本有尚に触発されて占星術家となり、私塾・支天庵で後進の指導にも当たった元外交官、貴布根《きふね》康吉《やすよし》（1885年～没年不詳）もまた、当時の日本人に12星座《サイン》を覚えさせることに苦労したらしく、ガリ刷りの私家版で作成した『欧米占星術三箇月卒業書―初歩より奥義までの独学編―』（昭和41年／1966年）には、12星座《サイン》の名称と並び順を「ありがたや節」（※46）の曲調で暗唱させる「天の十二宮の歌」（下）を掲載しています。


「牡羊、牡牛、其の次に並ぶは双児、蟹の宿、狂える獅子と、乙女ごに、傾く秤、這う蠍、弓持つ射手に、山羊叫び、水瓶の水に魚ぞ棲むなり。」

貴布根泰吉『欧米占星術参個月卒業書』より

1970年代以降

第1次占いブームの影響により、昭和30年代以降の新聞や雑誌では、占いに関する記事が頻繁に取り上げられるようになりますが、そのほとんどは易占いや手相・人相、姓名判断等、中国や日本で発達した東洋系のものがほとんどで、読者の毎年・毎月の運勢を予報する占いコラムも、主に九星気学（※47）という暦占いが用いられていました。

しかし、1970年代に入るころになると、若い女性の間でファッションや娯楽の欧米化志向が高まったことを受け、占いの流行にもヨーロッパナイズの波が起こってきます。

日本で初めて西洋式の12星座占いを掲載した雑誌

は、1969年（昭和44年）に発行された『平凡パンチ女性版3号』（平凡出版、現マガジンハウス）です（※48）。

星座と惑星の運行に基づく「貴女の来年の定められた運勢」に対する女性読者の反応が上々だったため、その企画は翌1970年（昭和45年）に創刊したファッション雑誌『an・an』に引き継がれ、45年以上経た現在でも続く超ロング・ヒット企画となっています。

『an・an』の連載を担当した日本で最初の「12星座占いライター」はエル・アストラダムス（※49）で、それまでの日本の占いにありがちだった古臭いイメージを脱色したカジュアルな語り口が特徴的です。

「**全般**：家庭内であまりスットン狂なコトをすると深刻なトラブルのモト。おとなしくやさしく。17日以降、霊感がサエて好転。恋も始まる。中旬覚えた遊びはヤミツキになる。9日、15日、ラッキー・デー。
異性：前月21日の月食から8日の日食までの期間、色々と重大なことが起こる。
オシャレ：7・8日のオレンジ、15〜17日の暗赤色はノー。12日、17日のオレンジはラッキー。」
『an・an』創刊号「星占いによるあなたの運勢」蟹座の運勢より

平凡出版の『an・an』に対抗し、1971年（昭和46年）に集英社が創刊した『non-no』でも、学習院大卒のダンディ占い師、ルネ・ヴァンダール・ワタナベ（※50）が執筆者として起用され、創刊号からさっそく12星座占いの連載がスタート。

メッセージには女性読者を意識したソフトで詩的な表現が用いられ、最新のファッションやレジャーの流行を絡めた企画も話題を集めました。

「全般：初夏の風の中に二人の恋が踊ります。むずかしい問題は6月20日以降に。ついているので旅行は八方吉。
愛情：愛を打ち明けられます。しかも数人に。
健康：盲腸になる恐れがあります。過食に気をつけて。
金運：これだけは思うにまかせません。でも、食事はおごってもらえます。
言葉：最高の思い出が作れそう。」
『non-no』創刊号「コスモスコープ」水瓶座の運勢より

『an・an』と『non-no』の商業的な成功と相まって、12星座占いは「オシャレでロマンチックな新しい占い」として認知され、アンノン族（※51）を中心とした若い女性たち間ですっかり市民権を獲得。以後の日本のメディア、特に女性誌においては、「星占いを掲載しなければ売れない」といわれるほどの必須のコンテンツとなり、出版業界では占星術師がライターとしてひっぱりだことなりました。なかでも最も多忙を極めたのは、毒舌占い師として鳴らした銭天牛（※52）で、カルマ・カイヤム等の別名を使い分けつつ、複数の媒体に占星術の記事を連載し続けていたようです。

1979年には、女子中高生をターゲットとした占いの専門誌『My Birthday』（※53）が実業之日本社から創刊。「女の子のバイブル」とまで呼ばれた同誌の内容は圧倒的に12星座占いの記事によって占められており、毎月から毎日の運勢予報はもちろん、各星座の詳細な性格分析や幸運を呼ぶおまじない等が、当時の少女たちのハートをわしづかみにしました。

特に恋愛占いに関しては、誕生星座に基づく「男の子の攻略法」が人気を博し、告白のスタイルやファーストキスのタイミング、ケンカした後の仲直りの方法、果ては上手な別れ方に至るまで、痒い所に手が届くようなアドバイスが書かれています。

『My Birthday』の登場は、子供のころから12星座のイメージに慣れ親しみ、コミュニケーション・ツールとして駆使する世代を誕生させ、その後の日本の占い文化のなかに西洋占星術を定着させる一つの土台を形成したといってもよいでしょう。

コラム9脚注

※39）アーマット・S・アリ（Armad S. Ari）：イラン国籍の占星術師で、潮島郁幸ら数人の日本人に占星術の手ほどきをしたとされるが、生没年や経歴等の詳細は不明である。

※40）潮島郁幸《しおじまゆうこう》（1903年～没年不詳）。昭和3年（1928年）からの2年間、英国・ロンドン大学に留学した際に占星術を学ぶ。昭和40年（1965年）に日本占星学研究所を設立、高木優彰やルル・ラブア、フェニックス・ノアといった、後年のマスメディアで活躍する多数の占星術家を育てた。

※41）門馬寛明《もんまかんめい》（1921年）：樺太生まれ。キリスト教の神学校を卒業し、宣教師として満州に派遣されるが、占星術に傾倒したため教会を破門となる。満州からの引き上げ後の昭和24年（1949年）、池袋で西洋占星術による人生相談業を始め、翌年に明暗塾《めいあんじゅく》を開設。同塾は訪星珠、紅亜里、流智明らを輩出している。

※42）昭和37年（1962年）に黄小娥の『易入門』、浅野八郎の『手相術』（いずれも光文社、カッパ・ブックス）がベストセラーとなったことに端を発する占いブーム。

※43）コラム②「12星座と占星術の歴史　ヘレニズム時代」の（39ページ）「歳差運動」を参照。

※44）石川源晃《いしかわげんこう》（1921年～2006年）：日本のエンジニア。太平洋戦争中は海軍技術研究所でレーダーの開発に従事。終戦後、米国の自動車部品メーカーに勤務していたときにアラン・レオの著作に触れたのをきっかけに占星術の研究を志す。AFA（米国占星学者連盟）では理事を務め、英文でも論文を発表するなど国際的に活動。『占星学入門』シリーズ（平河出版社）等の専門的なテキストを多数残した。

※45）『占い・その真実と伝説―甦る物語と占いのルーツを探る』（1998年、アスペクト）「インタビュー　門馬寛明」（62ページ）を参照。

※46）有難《ありがた》や節《ぶし》：元は名古屋地方の俗謡だったが、1960年ころに新たな歌詞とともに編曲され、「有難や節　あゝ有難や有難や」（浜口庫之助／作詞、森一也／作曲、守屋浩／唄）としてヒットした（筆者は「天の十二宮の歌」を実際に「有り難や節」の曲調で歌うことを試みたが、現在までに上手くメロディーに乗せることができていない。歌謡に詳しい方はぜひ筆者にご教示いただきたい）。

※47）九星気学《きゅうせいきがく》：暦によって計算された九星や干支、五行等を組み合わせて占う東洋占いの一種で、明治42年に園田真次郎が古伝の九星術を元に創始。主に方位の吉凶を知るために使われるが、生年月日で決まる九つの本命星によって個人の運勢を占うこともできる。九星気学による運勢占いの記事は、

古くは大正時代の『主婦之友』や『婦人倶楽部』といった女性誌にも見ることができる。

※48）『平凡パンチ 女性版』：欧米のファッション雑誌のテイストを取り入れた新しい時代の女性誌を模索するため、平凡出版がマーケティング用に制作した実験雑誌。青年誌であった『平凡パンチ』の臨時増刊号として１９６６年〜１９７０年の間に4冊のみが発行された。

※49）エル・アストラダムス（１９４０年〜）：本名は摂田寛二《せつだかんじ》。日本のマスメディアで活動する占星術ライターの先駆けであり、１９７０年の創刊号から『an・an』の占星術コラムを担当した他、12星座ごとの分冊形式で出版した『HOROSCOPE』等の著書はベストセラーとなっている。平凡出版は当初、雑誌記者で占いに詳しかった志賀口雄之介《しがくちゆうのすけ》（後の銭天牛）に執筆を依頼したが辞退され、代わりに紹介されたのが、当時大学院生であった摂田氏であったという。

※50）ルネ・ヴァンダール・ワタナベ（１９４２年〜２０１１年）：本名は渡辺幸次郎《わたなべこうじろう》。学習院大学文学部を卒業後、ロンドン大学に留学して心理学を専攻。帰国後はコピーライターや雑誌記者として活動し、占いの取材をきっかけに西洋占星術の世界へ入る。『non-no』創刊以来40年に渡って占星術コラムの執筆を担当した他、『ルネの星占い』（広済堂出版、１９７８年）、『ルネの魔女っこ入門』（実業之日本社、１９８０年）等多数の著書がある。

※51）アンノン族：１９７０年代中期から１９８０年代にかけて、『an・an』と『non-no』が掲載するカラー写真による旅行特集に刺激され、これらのファッション雑誌を片手に観光地に押しかけた若い女性たちを指す呼称。

※52）銭天牛《せんてんぎゅう》（１９３４年〜２０００年）：早稲田大学第一文学部仏文学科を卒業後、映画の助監督、雑誌編集者等の職を経験。１９７０年にエル・アストラダムスの『HOROSCOPE』の作成に参加したのをきっかけに占星術師となる。『サンデー毎日』『婦人公論』を初めとする週刊誌の連載を中心に、新聞、テレビ、ラジオなどの幅広いメディアで活躍。政治経済や自然災害等の予測も行い、１９９５年の阪神大震災を的中させたことで大いに注目を集めた。

※53）『My Birthday』（マイ・バースデー）：「愛と占いの情報誌」をキャッチコピーにティーンズ向け占い情報誌として創刊。12星座占いをはじめとする各種の占い、心理テスト、おまじないの他、ファッションやダイエット等のコンテンツを大量に発信し、公称40万部の人気雑誌となった。２００６年に無期休刊となったが、現在は「My Birthday Happy Web」として復活し、さまざまな占いコンテンツを無料で提供している。

第10章

山羊座

♑山羊座（やぎ座）

人生を丁寧に、堅実に送る山羊座。図形で表すなら、正方形がぴったりです。

山羊座の宿命

自分の欲求を押さえてまで、人が求めることを提供しようとがんばる誠実さは、他の星座の人はなかなか持ち合わせていません。そして、このような生き方は年長者から大変好まれますから、生涯を通じて年上の人と接する機会がとても多いでしょう。何かと手助けしてくれるような年長者が、一人二人いる山羊座の人は多いと思います。そのような年上のサポーターに対して、若いうちからきちんと誠意ある行動や気遣いができるのも山羊座ならではですね。

また、山羊座は古いものとの縁が深いようです。海外の古い文化にも興味を持つでしょうが、特に日本の伝統や格式への興味は人一倍です。

和装が好きだったり、日本舞踊に興味を持ったり、老舗の名店に詳しかったりするでしょう。日本史とともに寺社仏閣にも詳しい山羊座は多そうです。

このような興味が高じて、日本の伝統文化を継承する役割を担うこともあります。山羊座になら、世界に恥じない日本の代表となってもらえるでしょう。

そんなふうに年長者や伝統を重んじ、尊重する山羊座ですが、逆に新しいものには弱いかもしれません。

人間関係については「社交運」の項目で詳しく述べますので、物や文化についての例を挙げて見ましょう。たとえば電子機器。スマホ全盛の時代にガラケー（ガラパゴス携帯）をかたくなに使い続ける山羊座は多いでしょう。テレビも地デジ化ギリギリまでブラウン管式のものを使っていたかもしれません。これは、古いもののよいところを尊重したいという気持ちと物は大切にするべきだという道徳観の表れでしょう。さらに、習慣を変えることを好まない性格傾向と、元を取りたいという倹約志向の表れでもあるでしょう。これらが相まって、使えるものは使える限り使い倒すことになるのです。

ちなみに、機械が故障した場合、すぐに買い替えるのではなく、まずは修理見積もりを取って、買い替えと修理、どちらが得かを計算するのも、山羊座の感覚だと思います。とはいえ、新しい電子機器を持つことになるタイミングは、山羊座であろうと定期的に訪れることです。その際、最新モデルには飛びつかず、少し古いモデルでユーザーの情報が多いもの、改良されてより安定されたものを選択する傾向もあります。これは、情報や証拠を集めないとなかなか新しいもののよさを受け入れられない慎重さからくる行動でしょう。

また、機器の操作は「まず触ってみる」のではなく、「まずマニュアルを読む」というスタイルのほうを好むでしょう。マニュアルはしっかり読み込むタイプですから、新しいものでも少し時間が経てば完璧に使えるようになるので、適応力がないのとは少し違いますね。

さて、その他、山羊座の人生にはどのような運命が待ち構えているでしょうか？　山羊座はよく「苦労性」といわれます。とにかく何事にも手を抜かず一生懸命取り組みます。途中で投げ出すことは絶対といってよいほどしないでしょう。はたから見たら、すでにがんばりすぎるほどがんばっているのに、本人は「まだまだ努力が足りない」と思っていることもよくあるでしょう。

山羊座の努力耐性はとても強く、人より長時間、長期間がんばり続けることができてしまうのですが、やはり人間ですから限界があります。がんばっている山羊座を見かけた他の星座の人は、無理やりにでも山羊座の役割を少し背負ってあげてください。そうしないと、燃え尽き症候群のように、急に何もかもイヤになって投げ出してしまうことがあるからです。そして山羊座の人は、日ごろから自分ですべてやろうとせず人に頼る、任せる、ということを意識しておけば、もう少しラクに一生を送ることができるでしょう。まだまだがんばりが足りないと感じていても、おそらく人並み以上にがんばっていると思います。

人に迷惑をかけたくない、という思いやりの深いところが山羊座の最大の魅力であり長所ですが、休息は大事です。山羊座にしてもらったことに感謝して、たまにはもっとゆっくりして欲しいと思ってくれている人は多いことを知ってくださいね。

山羊座の金運

堅実な性格に準じて、山羊座の金運もとても堅実です。生涯を通じて、平均的な収入と支出を安定して繰り返していくでしょう。お金の苦労を感じることはあっても、借金（ローン以外）をするような状況に陥ることはまずありません。苦労と感じていても、実は人よりお金を持っていたりするのも山羊座の特徴です。

支出に対して敏感になりすぎて、収入があっても「いつかなくなってしまうのではないか」と恐れを抱きがちでしょう。ですから、お金を貯めるのが上手です。いざというときへの備えは若いうちからしっかりできているでしょう。

そんななかで、住宅購入のような大きな買い物をすることが一生のうち一度や二度はあるでしょうが、現金で一括購入することはまずないと思います。

損することに敏感ですから、現金を貯めてローンを組まないという選択肢も頭をよぎっても、ローンを組むことのメリットのほうが山羊座の慎重さには合っているので、最終的にはおそらく固定金利のローンを組むのではないかと想像できます。これは収入や単独で購入するのか、配偶者など共同名義なのかによって変わってくると思いますが、一番安全な方法での購入を選ぶ傾向が強いということです。

また、住宅の他、車や学資などのローンは、望んだ額を問題なく組むことができるのも、山羊座の日ごろの誠実な生活と持って生まれた金運のよさだといえるでしょう。

将来転売することになる可能性を踏まえて、資産価値にも強くこだわるでしょう。ですが、住宅を転売する機会に遭遇する山羊座はとても少ないでしょうから、自分と家族の意志や住みやすさのほうを重視しても失敗は少ないと思います。

山羊座の人で、もしもっとお金が欲しいと感じているなら、保守的な生活スタイルを少し変える必要があるかもしれません。軍資金がある山羊座ですから、増やすために使うという考えも、試しに少し取り入れてみると生まれ持った以上の金運に恵まれるかもしれません。

山羊座の勉強運

人一倍の勉強家なのに、努力している姿を決して見せないのが山羊座の特徴です。もちろん学生時代にはよい成績を残せますから、友達からは、「勉強しなくてももともと頭がいいからうらやましい」といわれるかもしれません。ですが、山羊座の好成績は努力のたまものなのです。言い換えれば、「努力する才能がある」ということでしょう。

また、理論を飲み込むのは得意ですが、暗記のスピードは決して速くないでしょう。ですから、人より多く反復しないと覚えられないため、習得まで時間がかかります。たとえば英語なら、文法を理解するのは早いですが、単語を覚えるのに時間がかかります。テストで、文法を並び替える問題ならそれほど特別な勉強をしなくてもよい点数が取れますが、単語だけは特別なテスト対策をしておかないと点数が取れないのです。こんな姿もクラスメイトはまったく想像していないかもしれませんね。

山羊座には的確な質問をする力があります。わからないことがあったとき、自分で何がわからないのかも、わからなくなってしまうことは多いもの。ですが、山羊座はそれを的確に分析し、自分がどこまで理解できていて、どこから理解できていないのか、ということがわかっています。先生や講師に上手に質問することができるので、相手も山羊座が求めていることを的確に回答することができるのです。

こうして、足りない知識をどんどん補っていくため、山羊座の成績は上がっていきます。これは社会人になっても同じです。資格取得のためのスクールなどでもこの力は発揮されるでしょう。ただし、山羊座が質問するのは専門家に対してだけです。いくら成績優秀な友達がいても、勉強を教えてもらうことはほとんどないでしょう。ここにも山羊座の基本性格にある、慎重さが現れるからです。

このように、山羊座はコツコツ時間をかけて勉強していますから、テスト前の一夜漬けはほとんどないでしょう。山羊座から友達に質問をすることはありませんが、山羊座の友達がいるなら質問してみましょう。教えることは苦ではなく、実はうれしいことのようです。

山羊座の家庭運

家族の在り方の模範のような家庭に生まれる傾向がある山羊座。親のしつけはとても厳しかったかもしれません。世間体をとても大切にする家庭で、人の迷惑になることは固く禁じられ、人助けの心もたくさん教えてもらったのではないかと思います。放任主義ではありませんが、子供がやりたいといったことが、将来の役に立ちそうなら、習い事でも遊びでも親は協力してくれたでしょう。

ただし、親の倫理・道徳に反したことは、絶対に許してもらえなかったかもしれません。たとえば、学生時代。寮生活は認めても、一人暮らしは認めない。社会人になっても、結婚を前提としていない同棲などもってのほか、という経験がある山羊座は多いのではないでしょうか。これは、家族は一緒に暮らすことが前提、家族でない人と暮らすのはタブー（教育を受けるために必要なことは除く）という、生家の考えがあったからだと思います。

おかげで窮屈な思いをすることも多かったかもしれませんが、自分で家庭を持つと、そうあるべきことが正しいという気持ちになるようです。子供を持ったなら、自分が子供だったときの感情はすっかり忘れ、同じような教育方針を持って育てていくのではないかと思います。

山羊座は家庭が円満に行くためなら自分一人が我慢すればよいという思いがとても強いようです。女性の場合、共働きにもかかわらず家事は全部自分でこなそうとすることも多いでしょう。男性なら、本当は買いたいものやおつき合いがあっても、お小遣いアップの交渉を我慢するかもしれません。

我慢と感じていないことも、実は我慢かもしれません。たまには家族同士で本音を言い合う時間を作ることも、山羊座がいる家庭には必要でしょう。山羊座以外の家族の人は、山羊座の我慢の奥にある本音をぜひ引き出してあげられるといいですね。

このように、家庭のためにがんばったり、我慢したりすることが多いかもしれませんが、それが山羊座にとっては幸せなことでもあるのでしょう。がんばりすぎず、適度ながんばりで楽しい家庭生活を送ってくださいね。

山羊座の恋愛運

お世辞にも恋愛上手とはいえませんが、恋愛は山羊座の人生を驚くほど潤してくれるものです。たとえば、恋人がいないときには仕事第一の生活でも、恋人ができると仕事より恋愛が優先になります。社会ではいつも真面目な山羊座が、恋愛が盛り上がるほど、仕事も世間体も二の次になってしまうでしょう。ですから、周囲の人にも「あ、恋人ができたな」とすぐバレてしまうようです。

お決まりの慎重さから、恋に落ちるまでは時間がかかるので、生涯に恋をする回数は他の星座より少ないかもしれません。ですが、時間をかけて好きになった相手ですから、すぐに冷めてしまうことはありません。それどころか、相手にフラれない限り、その恋心は決して冷めないでしょう。そのため山羊座の恋愛はフラれてしまうことのほうが多いでしょう。本人にとっては辛いことですが、山羊座の相手を選んだ人は、逆にフラれる心配がなくてラッキーかもしれません。上手くいけば、初めてつき合った人と結婚にいたりやすいのも、山羊座の恋愛運のよいところです。

また、浮気、不倫は絶対反対派です。恋愛観にも真面目さがにじみ出てしまいます。ですが、たまに気をつけなければならない場面があります。それは、山羊座が押しに弱いということです。恋人や配偶者がいるのに別の相手からグイグイ押されると、つい断れなくなって……という状況に陥ってしまうことがあるのです。これは山羊座の真面目さが、パートナーより目の前にいる自分に対して好意を抱いてくれる相手に出てしまうのです。「断ったら悪いな」と思ってしまうと、パートナーのことが一瞬頭から消えてしまい、過ちを起こしてしまうのです。ただし、浮気相手に本気になることはないでしょう。ふっと我に返った瞬間に、自分の行動を深く反省します。罪悪感にさいなまれ、本命の相手との別れを決断してしまう場合もあるかもしれません。

このように浮気してしまった罪悪感から別れを決意する場合もありますが、浮気していなくてもパートナーに対して悪いことをしてしまったと強く感じたときにも、別れを切り出すことがよくあります。これは誠実なようでいて、自分が苦しさから逃れたいだけではないのか、山羊座の人は早まる前にもう一度考えてみたほうがよいでしょう。

山羊座の健康運

「毎日、無条件で元気！」というわけにはいきませんが、健康管理にはとても気を使うのでそれなりに健康を維持しているのが山羊座です。

占星術では、山羊座は身体のなかで、「骨」をつかさどるといわれているくらいですから、身体の土台は誰よりもしっかりしているとも取れるかもしれません。ですから基本的に健康運は良好ですし、健康管理もざっくりではなく習慣化したり、状態を数値化して厳密に行ったりしているでしょうから、大きく体調を崩すことは滅多にないでしょう。

ですが、山羊座はどこか身体に不調を感じてないと落ち着かないようです。また、健康管理をしながらも、「予防しているから大丈夫」という気持ちではなく、「いつか病気になるときに備えて」というマイナス思考をしがちなようです。こうして、本来は健康なはずなのに、無理やり自己診断で病名を邪推して落ち込んだりすることもありそうです。「病は気から」という言葉は、昔の人が山羊座の人のこのような行いを見て、作ったのかもしれませんね。

自分で「この病気に違いない」と思ったら、証拠を見つけるべく病院にかかるでしょう。ここで、何でもないという診断が下ることが多いですが、もし推測が当たっていたとしても、自分が思うより症状が軽いということがほとんどなのではないかと思います。そして、自己診断はするものの、自己治療は決してしない慎重さがありますから、回復はおのずと早くなるでしょう。

健康法について情報を集めることが好きなのも、山羊座が自分の健康に興味がある証拠です。そのなかでも結局、新しい方法より、わりと古典的な方法を好むようですから、最新情報の収集は無駄になってしまうかもしれません。ですが、情報を集めることで安心感を得られるようなので、それも気づかないうちに健康法の一つになっているのかもしれません。

最後に、病気についてではありませんが、山羊座は身体が固い人が多いので、ケガ予防のために運動の前後には必ずストレッチをしておくことをおすすめします。

山羊座の結婚運

山羊座は、一度結婚したら離婚しない星座ナンバー1かもしれません。夫婦間にどんな困難があっても、添い遂げる絶対的な覚悟がありますし、山羊座にしては珍しく自信もあるようです。このような山羊座の考えに近い考えを持っている星座の人となら、支え合って末永く安定した結婚生活を送ることができるでしょう。

ですが、「嫌になったら離婚すればいい」とか、「結婚したからといって一緒に住む必要はない」という、楽観的な考えの人と結婚してしまった場合、長く自分だけが苦しむことになりかねません。もし結婚した相手が、年々楽観的になってきて苦しいのであれば、「一生添い遂げられなくても自分は悪くない」という考えを同じように取り入れたほうが、案外、波長が合って上手くいくのではないかと思います。

また、中途半端に楽観的だったり、結婚生活に自分だけ自由を求めたりする人よりも、山羊座とまったく真逆の、もはや一切共感できないくらいの自由人と結婚したほうが上手くいくこともあります。これまで山羊座が持っていた、「結婚とはこういうもの」や「結婚生活とはこうあるべき」という概念を、根こそぎひっくり返すような人なら、イライラせずむしろ尊敬のまなざしで接することができるかもしれません。とはいえ、多くの山羊座の人は自分と似た保守的な結婚観を持っている人と結ばれるでしょう。

結婚の常識にこだわる山羊座ですから、一般的にいわれる結婚適齢期の年齢に結婚するのが「常識」だと思っているでしょう。ですが、山羊座は晩婚な星座だといわれています。慎重さゆえ、相手を決めかねてしまう場合も多いからでしょう。常識度のハードルも高いので、一般的に理想が高いともいわれるかもしれません。適齢期に結婚できなかったことがコンプレックスになる場合も多いですが、そこは底力を持つ山羊座。1年でも早く結婚できるように努力します。そのため、お見合い結婚で幸せになる縁も持っています。

恋人がなかなか結婚に踏み切ってくれない山羊座の人がいたら、親や目上の人が勧めるお見合いをしてみると別の幸せに出会えるかもしれませんね。

山羊座の相続運

地道に生きる山羊座への最大のご褒美は、相続運のよさを持って生まれてきたということかもしれません。

まず、子供のころから学校や習い事にお金をかけてもらえるでしょう。親だけでなく、祖父母、親類からの援助が大きくあるからです。教育だけでなく、たくさんのおもちゃを買ってもらったり、旅行やレジャーに連れていってくれたりする大人がたくさんいます。周囲の大人たちが、自分が子供のころに得られなかった豊かな教育と、思う存分の娯楽のどちらをも山羊座に相続してくれるのです。

このような山羊座本人の記憶にあることだけでなく、もっと多くのものをもらっていることもあります。たとえば、自分の出産祝いや入学、卒業祝いは、驚くほどの額だったかもしれません。これは親の方針により、全額親が育児に使うかもしれませんが、大人になったときのために貯金しておいてくれるかもしれません。山羊座の人は、一度両親に子供のころのお祝い金の使い道を聞いてみると、見知らぬ通帳が出てくるかもしれませんよ。

墓守としての役割は回ってこないかもしれませんが、ご先祖様からかわいがられる運を持っています。毎年お墓参りしている兄弟にはないご加護が、数年に一度しかお墓参りをしない山羊座の方に巡ってくることもあるくらいです。とはいえ、これは兄弟の徳が巡ってきていることでもあるので、ご先祖様だけでなく兄弟への感謝も忘れないでください。

それから、山羊座は兄弟や親類からの「お下がり」に縁があります。洋服から勉強机などの家具、自転車など高額なものをもらえるかもしれません。ただし、お下がりですから使用済み、古い型のものになります。物を大切にする山羊座ですから、もったいないと素直に受け継ぐかもしれませんが、前の使用者が大切にしていなかった物の波動を読み取る不思議な力があるので、イヤな感じがしたものは引き取らないか、引き取ってから処分するようにしたほうがよいでしょう。

お子さんが山羊座ならば、そのあたりを察知してあげて、机やランドセル、制服など毎日使うものは必ず新品を用意してあげてください。お子さんの生涯の運を安定させてあげるためには必須条件です。

山羊座の国際運

占星術の古い解釈では、山羊座は鎖国的傾向があるととらえられることがしばしばあるかしれません。しかし、現代の日本は世界のほとんどの国と自由に交流を図ることができます。昭和初期と違い、為替レートも固定から変動になっており、一般家庭でも家族で海外旅行に行くことも珍しくない時代です。こんな時代背景から、やや国際交流に緊張感を持っている山羊座でも、ある程度の国際感覚を身につけている人がほとんどでしょう。

そして、海外移住する運命傾向はありませんが、仕事で海外と関わる縁はあります。昔の山羊座だったら、そんな仕事は苦痛だったかもしれませんが、勉強運の項目で述べたようにしっかり勉強してきた山羊座は、語学にも長けている場合が多いので、ストレスなく携わることができるでしょう。

さらに、日本の文化伝統を重んじる山羊座は、取引先が海外の場合、日本を代表しているという使命感から、とてもよい働きをするでしょう。そして、海外の人が日本人に持つ「勤勉」や「几帳面」というイメージにピッタリ合致した性格ですから、厚い信頼が得られ、取引は概ね上手くいくのではないかと思います。

ただ、西洋人のようなフランクさが苦手で苦労することはあるかもしれませんが、そこも一生懸命馴染もうとがんばるでしょう。そして場を繰り返すうちに、山羊座らしからぬフランクさを出せるようになるのです。

仕事の場面では盛んな国際交流の縁がある山羊座ですが、プライベートではあまり外国人との交流の縁はないようです。

ただし、インターネットのおかげで、昔の山羊座の人より現代の山羊座の人のほうが、少しは交流の平均値は増えているでしょう。そのなかで、海外の知人との交流にも山羊座の律儀さが見え隠れします。英語（または他の外国語）でのメッセージの交換の際も、翻訳ソフトを駆使したり、単語を慎重に選んだり丁寧な文章を心がけるでしょう。そのせいで、返信に数日を要してしまうこともあるかもしれませんが、山羊座らしくてよい国際交流のスタイルだと思います。

山羊座の仕事運

山羊座にとって、社会から求められること、認められることが人生の要となるでしょう。そのなかで、もちろん仕事での活躍は欠かせない存在となります。経済的に不自由してない専業主婦の山羊座でも、「いつかは仕事をしたい」と思っている割合はとても多いと思います。

そんな山羊座にとってのアイデンティティーの象徴ともいえる仕事ですから、もちろんよい運を持っています。働くために生まれてきたようなものですから、自分の納得のいく仕事をしたいですよね。山羊座ならそれがかなえられますから、どうぞ自信を持ってください。

では、実際どんな職業に就くのでしょうか？

まず、自ら志願するのは税理士や会計士など国家資格が必要、かつ緻密な作業を要する職業が一つ。そして、国や地域の顔ともなるべく公務員を目指す人も多いでしょう。公務員のなかでも、警察官や消防士など体力を要する職種ではなく、役所勤務や志高い場合は官僚を目指す人も少なくないでしょう。とはいえ、これは自分で固定してしまった「自分に向いていること」という基準で選んだ結果かもしれません。

山羊座には実は、人の力を借りないと引き出されない才能も隠れています。特に仕事の場面では、自分の実力の2倍も3倍も高いステージと縁がありますから、制限を作らず、人から向いているといわれた分野にも思い切ってチャレンジしてみてください。

こうして、一度は国家資格を取ったり、公務員になったりするかもしれませんが、山羊座にとってそこは仕事の最終地点ではないかもしれません。

一つの職場で定年まで勤め上げる運を持っていることもあるので、第二ステージは定年後や一度専業主婦を経た後に待っている可能性が高いので、来たりし日のために自分では知らない別の才能を引き出してくれる人脈を作っておくことをおすすめします。

「で、いったい最後は何の仕事をするの？」と思われた方もいるかもしれませんが、それは山羊座がまったくイメージできない分野ですから、あえて提示しないでおきますね。

山羊座の社交運

「シャイなところが山羊座の萌えポイント」、と最近の言葉を使うなら、そう表現できるでしょう。

できることなら、相手から話しかけてほしい……本当は人見知りなのに、初対面の人でも失礼な態度を取ってはいけないという気持ちから、一生懸命会話の糸口を見つけようとします。この誰に対しても、とても誠実で丁寧な態度は、ビジネスの場面ではいつでも高評価を受けるでしょう。

ところがプライベートな場面ではときに、「真面目すぎておもしろくない」といわれてしまうことがあるかもしれません。この使い分けができないところも、山羊座らしさなので仕方ありませんね。

とはいえ、年上の人たちにはそんな真面目でぎこちない態度が、逆にかわいいと人気だったりするのはあまり知られていないかもしれません。

そしてこのような経緯がありますから、公私ともに山羊座の人も年上の人と多く接するようになり、年下や同世代との交流が狭まる傾向にあります。たとえば職場なら、上司と飲みに行くのにはまったく抵抗がないのに、後輩を誘うのはとても苦手でしょう。プライベートなら、自分より年上の人しかやっていなそうな趣味を持って、限られた年代との交流を図ることもあるでしょう。

少し偏りのある人間関係かもしれませんが、山羊座にとって軽い人つき合いほど苦痛なものはありません。初対面の人にいわゆるタメ口を使われるのはもってのほかですから、そんな失礼な態度は決して自分も取るべきではないという気持ちから、つい堅苦しい言葉遣いになってしまうのです。

ですが、それを理解してくれる人と時間をかけて打ち解けていくことが山羊座には合っています。

友達の数は少なかったとしても、友達全員と深い信頼関係を保てているのは、山羊座の人徳、社交運のよさといえるのではないでしょうか。山羊座の人は、ぜひここに自信を持っていただきたいです。

山羊座のスピリチュアル運

山羊座は誠実で、お世話になった人や身内をとても大切にしますから、もちろん先祖代々の人への感謝も忘れません。霊が見えるとか、第六感が発達しているとか、人々がいわゆるスピリチュアルと認識している能力はあまりないかもしれません。本人も目に見えないことはあまり信じないほうでしょう。ですが、お墓や位牌といった目に見える「その人がこの世を生きた証」がある場合は、すでにこの世に肉体のない人の魂の存在を信じて大切にします。

これは一見矛盾しているように見えますが、生まれ変わり（輪廻転生）については肯定的ではないけれど、生まれ変わらないけれど魂はあの世に行くという考えは持っているようです。このような人へのやさしい想い、精神は先祖代々の人から選ばれて授かった資質であり、運命なのかもしれませんね。

また、日本古来の神様も大切にするでしょう。氏神様への初詣は欠かさないし、子供のお宮参りや七五三といった行事も大切にするでしょう。

もともと、山羊座は何事にも理由や説明を求める性格傾向がありますが、伝統や格式を重んじる性格傾向も併せ持っているので、「古くから決まっている行事」は積極的に行うのです。

ただ、この様を自分ではスピリチュアルなことだとは認識していないでしょう。最近では多い、古くからの風習を簡易化、風化させてしまう人から見たら、山羊座の行動はかなりスピリチュアルに見えているのに、です。UFOやUMAなど、証拠が薄い、説明がつかない事象は信じないかもしれませんが、自分にも目に見えないことを信じ、重んじているということをもっと認識すると、山羊座の現世でのスピリチュアルな役割が見えてくるかもしれません。

では、その役割とは何か？

それは、日本人の考える死後の世界や、神仏についての崇拝の意義を世の中の人に伝える役割なのです。そしてそのことに、50代半ばから60代のうちに気がつくことができるのではないかと思います。

COLUMN 10

12星座のキャラクターは どこから来たのか？　その1

本来は惑星や恒星の位置を示す座標として考えだされた12星座《サイン》でしたが、紀元前後から「霊魂の宿った知的な存在」として認識されはじめ、「牡羊座は勇敢」や「山羊座は粘り強い」といったように、それぞれに固有のキャラクターが見いだされるようになりました。

それらの性格描写は時代や文化圏によってある程度の変遷があるものの、決して気まぐれの産物などではなく、大自然の観察から導かれた古代人の哲学が根拠となっています。

季節の変化から類推された三つのモード

12星座の性格づけの根拠となった最も古い概念の一つは、各星座を太陽が通過する時期の気象であったと考えられます。

「モード」と呼ばれるその概念は、【図5】のように、黄道上で十字形を形成する四つの星座で構成された三つのグループに分類するもので、各モードは基軸星座《カーディナル・サイン》、不動星座《フィクスド・サイン》、そして変動星座《ミュータブル・サイン》という名称があります。

同じモードに属する四つの星座の間には、一見すると何の関連性もないように思われますが、そこには四季の変化から類推された共通の性質があるのです。

【図5】三つのモードによる星座の分類

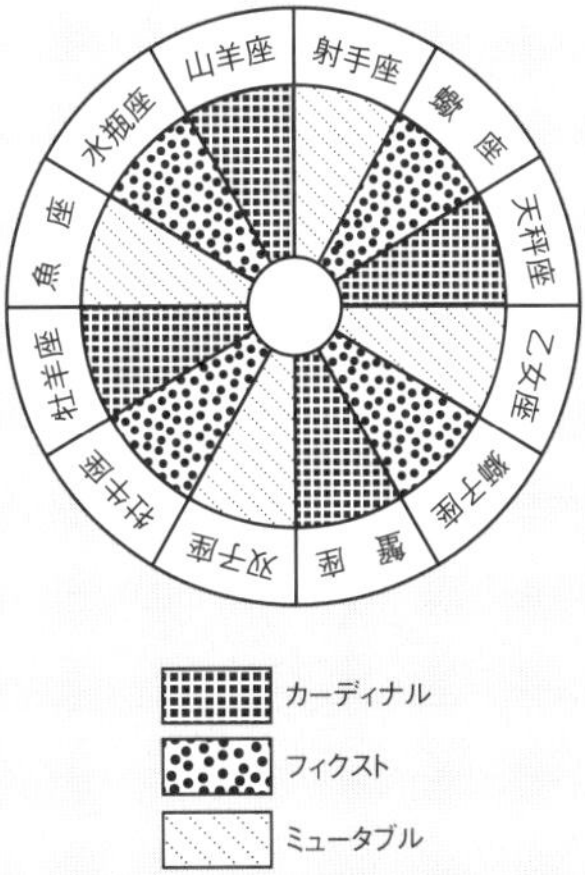

第1モードの基軸星座《カーディナル・サイン》は、春夏秋冬の各季節の「始まり」に太陽が通過する星座のグループで、牡羊座が春の、蟹座が夏の、天秤座が秋の、山羊座が冬のスタートにそれぞれ同期しています。そこから古代の哲学者は、基軸星座《カーディナル・サイン》の影響下に生まれた人物には、自ら積極的に行動を起こし、周囲の人々をリードする傾向があると考えたのです。

基軸星座《カーディナル・サイン》は伝統的な文献では活動星座《ムーヴァブル・サイン》とも呼ばれ、純粋で社交的、あるいは知的な探究心が強いといった性質があるとも記されています。

不動星座《フィクスド・サイン》は基軸星座《カーディナル・サイン》の次に来る第2モードで、各季節の「盛り」に相当します。それらの星座を太陽が通過する時期は気温や湿度の変化がほとんどなくなり、その季節らしい天候が日々続くことから、性格的には穏やかで安定して、物事に根気よく当たる人間を作るとされました。

11世紀のアラビアの占星学者アル＝ビールーニは、不動星座《フィクスド・サイン》の影響を受けた人々は正義感が強く、よく議論や訴訟を起こすと述べていますが、これは彼らに揺るぎない価値観があり、他人に意見を譲れないことが原因なのでしょう。

第3モードの変動星座《ミュータブル・サイン》は季節の「終わり」にあたり、太陽がこのグループの星座を移動する時期になると、前後に位置する二つの季節の特徴が入り混じった不安定な天候が続きます。そのため、これらの星座の下に生まれた人々には、どんな環境にも適応できるフレキシブルな性質があると考えられるようになりました。

兄弟（双子座）、有翼の女神（乙女座）、半人半馬（射手座）、そしてリボンで結ばれた2匹の魚（魚座）といったように、変動星座《ミュータブル・サイン》の図像のすべてが「二重体《ダブル・ボディー》」となっているのも、それらのキャラクターをわかりやすく示すためなのです。古典的な文献では共通星座《コモン・サイン》とも呼ばれ、陽気で遊び心がある一方で、気まぐれな思いつきで行動する衝動的な傾向もあり、ときとして「二枚舌」を使うといった記述も見られます。

古代医学とリンクする四つのエレメント

バビロニアで発祥した古代占星術は、ヘレニズム時代にギリシアの哲学的な宇宙論と融合し、その過程では12星座《サイン》のキャラクターにもより深みが与えられていきました。

すでにコラム②でも触れたように、アリストテレスの四元素説が占星術に導入され、同じエレメント（元素）に属する三つの星座【図6】の間にも共通した性格があると考えられるようになったのです。

【図6】四つの元素による星座の分類

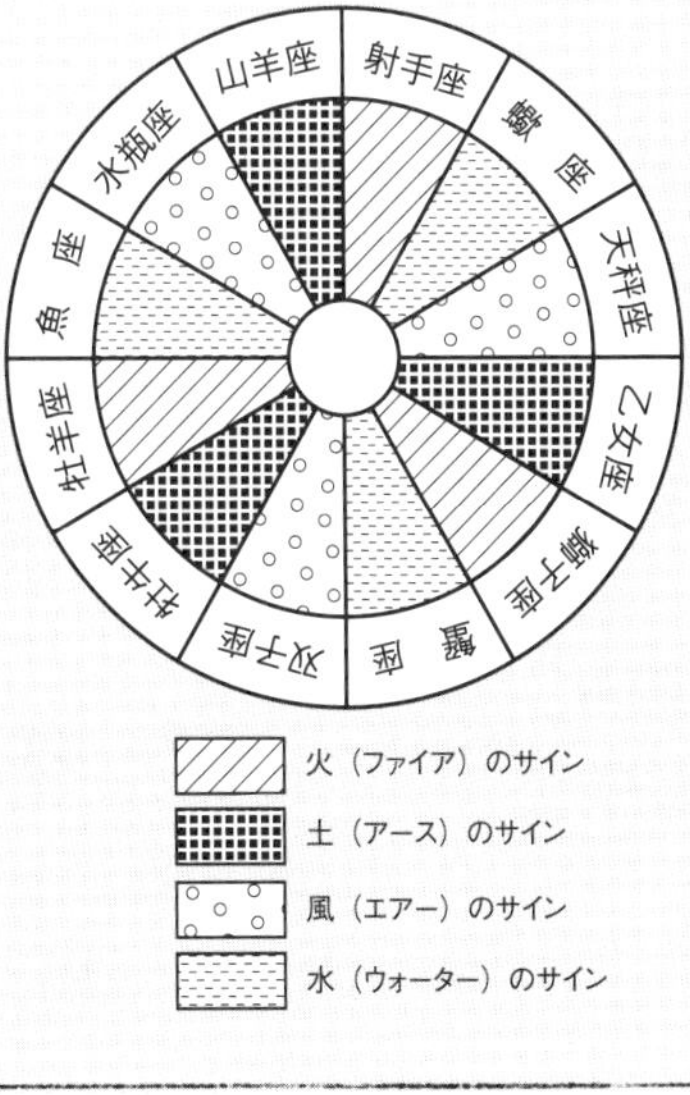

12星座が火・土・空気・水の四つのグループに別れるというこの理論は、ヒポクラテス（※54）を祖とする古代ギリシア医学の「四体液説」とも密接にリンクすることになります。

四体液説とは、人間の身体には四元素に由来する四種類の体液、血液（火）・粘液（水）・黄胆汁（空気）・黒胆汁（土）が流れており、人間の性格や体質はそれらのバランスによって決定され、心身の病も体液の偏りが極端化したときに引き起こされるとする学説です。

古代ギリシアやローマ、そしてアラビアの医師たちは占星術にも通じており、患者の誕生ホロスコープから体液のバランスを計算し、その偏りを回復させるハーブを与えて、生活習慣の改善を促していたのです。

たとえば、水の元素に属する蟹座や蠍座、魚座等に多くの惑星を持つ人物は、水のエレメントから転化した粘液を身体に多く含んでおり、その肉質は柔らかで肌はしっとりとしており、鼻風邪やカタル（※55）を患いやすく、性格的には穏やかで公平であるものの、優柔不断で怠惰な面もある、などと診断し、治療の参考にされました。

後世で語られる12星座《サイン》のキャラクター類型が、この四体液説を大きな拠り所として形成されていったことはいうまでもありません【表4】。

【表4】 四大元素と四体液質、その性格的特徴

元素	体液	性質	星座	性格的な特徴
火	黄胆汁	熱・乾	牡羊座 獅子座 射手座	(＋)元気、積極的 (－)短気、衝動的
土	黒胆汁	冷	牡牛座 乙女座 山羊座	(＋)慎重、細かい (－)頑固、悲観的
空気	血液	熱・湿	双子座 天秤座 水瓶座	(＋)楽観的、社交的 (－)軽薄、飽きっぽい
水	粘液	冷・湿	蟹座 蠍座 魚座	(＋)優しい、穏やか (－)無気力、怠惰

星座のジェンダー

さらに12星座は男性星座《マスキュリン・サイン》と女性星座《フェミニン・サイン》という2種類の性《ジェンダー》にも分類されます。

【図7】の通り、牡羊座を第1番目の星座として11番目の水瓶座までの奇数番の星座《サイン》はすべて男性、牡牛座を2番目として12番目の魚座までの偶数の

星座《サイン》はすべて女性とされ、男女の星座《サイン》が交互に位置する構図となっているのです。

　伝統的な占星術では、男性星座《マスキュリン・サイン》は文字通りに男性らしく、快活で勇敢な性格を持っており、女性星座《フェミニン・サイン》は女性らしく、消極的で大人しいとされてきました（※56）。

　すでにお気づきの通り、この星座の性《ジェンダー》は、もともと古代医学の四体液説のなかに含まれる概念であり、ともに「熱い」性質を持つ火と空気の星座を男性として、「冷たい」性質を持つ水と土の星座を女性として分類したものなのです。

【図7】ジェンダーによる星座の分類

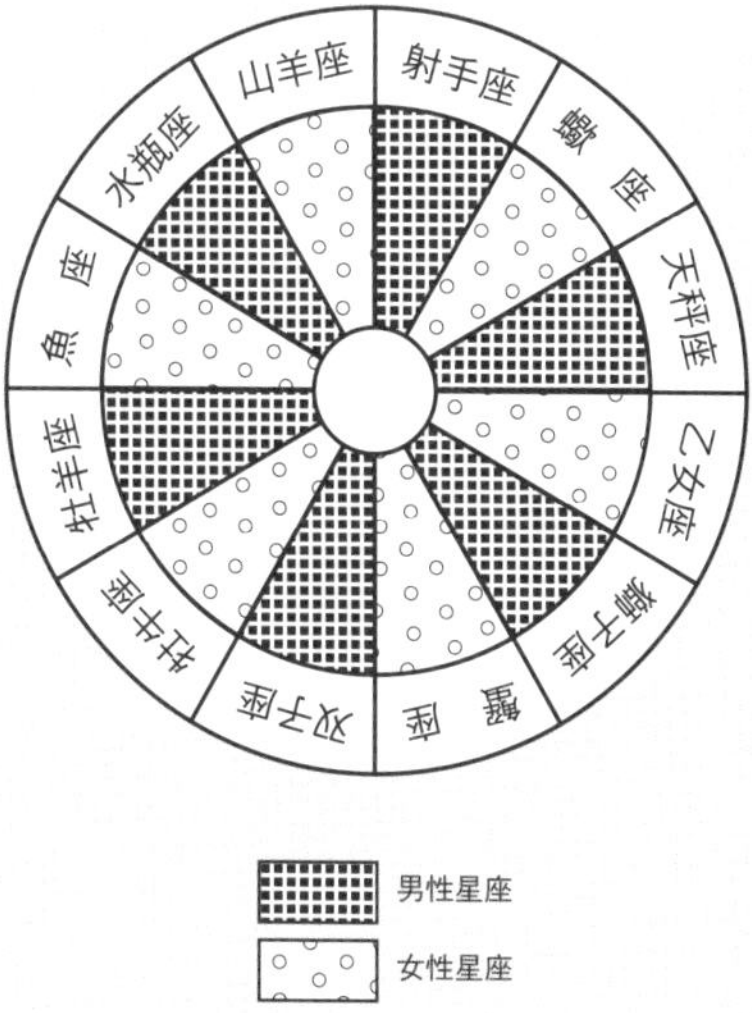

　12星座占いの文献では、「蟹座のあなたと魚座の彼は上手くいきやすい」や「獅子座のあなたと蠍座の彼は難しい」といったように、星座同士の相性を占っていることがありますが、それらは星座の性《ジェンダー》を基本に判断されています。

同じ男性星座同士、あるいは女性星座同士なら、価値観や行動パターンに共通点が多いので、お互いの気持ちを理解しやすく、よい関係を作りやすいというわけです。

ただ、蟹座と山羊座（女性同士）、獅子座と水瓶座（男性同士）のように、黄道上で正反対の位置にある星座同士は、どちらも同じ性を持っているにもかかわらず、よい相性であるとはいわれません。向かい合う二つの星座は季節的に逆転していることから、同性であっても相いれない性格だというわけです。しかし、近年の占星術家の間では、性格が真逆であるからこそ惹かれ合い、互いに弱点を補い合える関係であるとも解釈されています。

コラム10脚注

※54）ヒポクラテス（Hippocrates、前460年～前370年）：古代ギリシアの医師。イオニア地方南端のコス島に生まれ、ギリシア各地を遍歴しながら医学を学んだと伝えられるが、その生涯は詳しくわかっていない。医学を原始的な迷信や呪術から切り離し、臨床と観察を重んじる経験科学へと発展させたことから「医学の父」、「医聖」などと呼ばれる。

※55）カタル：鼻や咽喉の気道の炎症の旧称。

※56）『現代の心理学的な占星術では、男性星座《マスキュリン・サイン》と女性星座《フェミニン・サイン》は、外向星座と内向性座、あるいは能動星座と受動星座のように表現されている。

第11章

水瓶座

♒ 水瓶座（みずがめ座）

水瓶座の宿命

世間の常識や建前を気にすることなく、自由に生きる本能を身につけて生まれてくる水瓶座。特に集団生活を体験する以前の子供時代は、やんちゃで他の子供たち以上に親の予想に反した行動をたくさん取る傾向があります。この本能は大人になってからも変わらないのですが、集団生活のなかでは抑圧されてしまうことが多いでしょう。

水瓶座には、「なぜ、これをやってはいけないのか？」とか「なぜ、みんなと同じことをしなければならないのか？」ということは、一生かけても理解できないかもしれません。「そう決まっているからだよ」という回答に納得がいくはずもなく、窮屈な思いをしている水瓶座は多いはずです。

そんな水瓶座は、とても生き辛さを感じているのではないかと推測できますが、どんなにしかられても、抑圧されてもまったくめげないのが、尊敬すべき性格傾向です。自分は何も悪いことをしているつもりはないので、しかられても響かないのでしょう。反発した意見をいうことはあっても、相手に対して怒りを感じることは少ないようです。抑圧されていることにも気がつかないことが多く、ストレスも少ないでしょう。このような態度に、周囲の怒りがヒートアップすることはあっても、本人はまったくヒートアップしませんから、次第に周囲も水瓶座のペースを受け入れてくれるようになるのです。

そして、学校を卒業すると自分の好きな仕事を選べますから、ここから一気に人生は輝きを増すでしょう。規律の厳しい職場だと、本能のままに行動する姿に文句をいう人も出てくるでしょうが、そうなったら辞めて次の仕事を探せばよいだけです。水瓶座は現状とはいつまでも続くものではないし、続けるべきではないという、向上心、開拓心があります。変化のない人生など生きていないも同然と感じるようですから、人がうらやむような環境にいたとしても、飽きてしまったら地位も名誉も、収入でさえ迷うことなく捨て、次の道を探すでしょう。こんな覚悟があるから、周囲の目を気にすることなく自由に生きていかれるのです。

　このような性格傾向がありますから、水瓶座はどこへ行っても「ユニークな人」といわれることが多いでしょう。個性的、変わっている、破天荒などと表現されることもあるかもしれません。いった本人は、ちょっと皮肉を込めているかもしれませんが、水瓶座にとってこれらの言葉は、自分が唯一無二の存在だと認められた証に感じられるでしょう。そして、それが水瓶座の生きるパワーにつながるのです。

　他の星座の人の多くは「水瓶座の考えって、まったく理解できない」と感じるかもしれません。ですが、大丈夫です。水瓶座の人もあなたのことを「まったく理解できない」と考えているからお互い様なのです。とはいえ、水瓶座のこれは敵対心ではなく、相手を認めているということです。理解できてしまう相手のことは、つまらなく感じてしまうでしょうから、たとえレールに乗った人生を送っている人を見ても自分にはない価値観を持っていると感じ、尊重するでしょう。ただ、自分が同じような生き方をしたいわけではありません。常に人と違うライフスタイルを求めているのですから。

　さて、ここからは自らの意志だけではコントロールすることが難しい運命についてお話ししていきます。まず、水瓶座の人生は波乱万丈といわれます。性格上、同じ状況に飽きっぽいということもありますが、それだけではないにかわかに信じ難い驚きの体験や、人と大きく違う体験をすることが多いのです。たとえば、海外で生まれ育つとか、日本にいながらインターナショナルスクールに入るとか、有名人の子供として生まれるとか。生い立ちからして、特殊な環境であることもあるでしょう。あるいは、予測できなかった災害や事故に見舞われる人もいるでしょう。ありえないくらいもつれた人間関係に巻き込まれてしまうこともあるかもしれません。上の階から水漏れしてきた、人通りが多い公園のベンチに座っていたらカラスの集団が襲いかかってくる、祖父が自分の元恋人と再婚した、など。大変なことがあっても、それを前向きにとらえ克服していくことが、水瓶座の今生の課題なのかもしれませんが、逆にありえないラッキーに遭遇することも人生のなかで何度かあるでしょう。自分に孫ができたとき、孫の元恋人と再婚する……なんて逆の立場になることもありそうです。

水瓶座の金運

お金にあまり執着しない水瓶座は、自分の金運にもあまり興味がないかもしれません。日々、お金は使いたいときに使いたいだけ使って、月末に足りなくなることも多そうですね。でも、いったい何に使ったのか記憶もなければ、レシートも失くしているかもしれません。

こんな状況になったら、他の星座の人はだいたい焦ったり後悔したりするでしょう。でも、水瓶座はビクともしません。「お金はなければ、どこかから降ってくる」そんな常識外れといわれそうな意識でいるからです。

実際、誰かからの援助があったり、どこかから臨時収入があったりでまかなえてしまうことがほとんどのようです。もし、それに期待ができないときは、借金すればよい、ただそれだけ。執着がないだけに、借りることにも抵抗がないようです。

この自転車操業のような水瓶座の金運状況ですが、水瓶座はお金を汚いものだと思ったり、お金がないことに苦労を覚えることはありません。第三者からはお金に困っているように見えても、本人はまったく困っている気はしていないのです。

そんな水瓶座を見て、ついお金を貸してあげたくなる人も多いようですが、返してもらえる可能性は薄いでしょう。なぜなら、借りたことを忘れてしまうからです。

返す気がないわけではありませんから、貸した方は遠慮せず取り立てにいってください。先月はお金がなかったのに今月はなぜかたっぷり持っている……という不思議なサイクルでお金が巡る運を持っているのが水瓶座だからです。

逆のパターンにも水瓶座のお金への執着のなさは現れます。誰かに頼まれたらポンっとお金を貸す太っ腹で、さらに貸したことをすっかり忘れてしまいます。この性格を悪用することは避けて欲しいですが、どうしても困ったときは水瓶座に相談するとよいかもしれません。自分がお金を持っていなくても、誰かから借りて来てくれるかもしれないからです。

このように、借金総額が膨れ上がりそうな気配がありますが、そうなっても最後は誰にも迷惑をかけずに返済することができることになりますから、水瓶座の金運は実は最強なのかもしれません。

水瓶座の勉強運

水瓶座が持つ勉強のイメージは「楽勝！」というものではないかと思います。理解力が高いので、学校の授業など二度聞けばだいたい理解できてしまうようです。ですから、特別に「勉強している」という感覚も薄いのかもしれません。

ただ、興味があることにしか集中力を発揮できない傾向があるので、科目ごとに成績には大きなバラつきがあるでしょう。極端にいえば、国語は0点なのに数学は100点、理科は5なのに英語は1（落第）なんていうことにもなりかねません。もちろん、水瓶座のなかで「勉強ブーム」が来ることもあり、その時期にはどの科目も高得点が取れたりします。

水瓶座のお子さんを持つ親御さんは、できれば受験期に「勉強ブーム」が来てくれるといいと思われるかもしれませんね。

さて、ここまでは学校という枠のなかでの水瓶座の勉強運を中心にお話ししてきましたが、この枠を超えたところでの勉強運はどんなものなのでしょうか？

まず、そもそも「枠」を好まない水瓶座ですから、学校を卒業してからのほうが進んで勉強するようになると思います。もともと吸収が早いですから、自分の好きな勉強ならなおさら驚くべきスピードで習得していくことでしょう。

学生時代は親に「勉強しなさい」といわれるほど、やらなくなるタイプですが、「しなくていい」環境になると急にやる気が出てくるようです。ですから、社会人になってから突然、大学や専門学校に入り直したいと言い出すかもしれません。水瓶座なら仕事との両立も器用にできるでしょうから、周囲は応援してあげてください。

ただ、おそらく学校に行くなら仕事は辞めるでしょう。そのときはそのときで、温かい目で見守ってあげてください。やはり、自分の好きな勉強なら、勉強という意識がなく心の向くままに学んでいくのは、水瓶座の持つ最強の勉強運ですね。

水瓶座のこの大胆さ、真似したくてもなかなかできるものではないですが、やりたいことに飛び込む勇気がない人への後押しになるのではないかと思います。

水瓶座の家庭運

ときに家族より自分を優先することもありますが、基本的に家族が大好きな水瓶座。水瓶座なりの理想の家庭を作るべく、マイペースですが家族のためにがんばるでしょう。

ただ、そのマイペースさに家族は「また振り回されちゃった」と思っていることがあるかもしれません。たとえば子供がいたとすると「今日は天気がいいから学校も会社も休んで、テーマパークに行こう!」と言い出したりするからです。子供が小さいうちは大喜びでついてきてくれると思いますが、子供にも学校という社会生活がありますから、「今日は好きな体育の授業があるから休みたくないな」とか「勉強遅れたらどうしよう」と高学年になるにつれ、微妙な気持ちになっているかもしれません。水瓶座らしい家族への思いやりですが、家族が何を求めているか先に聞いてあげるようにすると、さらに円満になるのではないでしょうか?

さて、そんな水瓶座の家庭観はどのように生まれたのでしょうか?

持って生まれた資質もありますが、生まれ育った環境がわりと「何でもあり! 自分の好きなことをやりなさい」という、自由度の高いものだった水瓶座は多いでしょう。

親のどちらかが、仲が悪いわけではないのに別居していたり、世帯を別にしている祖父母が、こちらの都合かまわずしょっちゅう自宅に遊びに来ていた、など家族の自由さを目の当たりにして育ったため、一般的な家庭のイメージとは違う理想が出来上がってきたのだと思います。

また、水瓶座は家族にかけるお金を惜しみません。家族が欲しいものは何でも買ってあげたり、したいことには高額でもお金を出してあげるでしょう。

ただし、家族にかけるお金と同様、自分にもお金を使うので、家族の対応は、「ならば、自分も遠慮なくお金を出してもらおう」と思う場合と、逆に「自分までお金を使いすぎたら家計が苦しくなってしまう」と我慢して受け取らない場合の両極に分かれそうです。

水瓶座の方は、この辺りも少し気にかけてあげられるといいですね。

水瓶座の恋愛運

「熱しやすく冷めやすいタイプですね」

水瓶座の人なら、誰でも一度は占いでいわれたことがあるのではないかと思います。これは恋愛以外の場面でも持っている性格傾向で、恋愛の場面でも当てはまる気がします。

ただ、恋愛の場合、熱しやすくはありますが、その沸点はそんなに高くありません。一目ぼれも多いのですが、「やばい、好きになっちゃった、キュン」という本命的な思い入れではなく、「ちょっとカッコイイ（カワイイ）かもー」という、軽いノリのことが多いでしょう。ですから、こちらから熱狂的に相手を追いかけることはしません。相手からアプローチしてくれれば、こちらもまあ気に入っているからいいかな、という流れでOKすることが多いのです。

何とも上から目線な態度にとられかねませんが、ここが水瓶座の最大の魅力、モテる要因なのです。「この人、私に気があるのかな?」と思わせて相手に自分を意識させるものの、自分からはアプローチしない……この作戦に他の星座はついハマってしまうのです。

また、最近では定番化した「ツンデレ」という行動は、まさに水瓶座の恋愛傾向に合致します。

「気があるそぶりを見せる」＝「デレ」

「でも、アプローチはしてこない」＝「ツン」

「こちらからアプローチすると、よろこんでノってくる」＝「デレ」

というパターンが水瓶座の王道なので、厳密には「デレツンデレ」とでも名づけておきましょうか。このように努力することなく気に入った相手とつき合うことができるので、相手に対する執着心が薄いのも水瓶座の恋愛観です。

恋人との時間は大切にしますので、恋人が水瓶座の人は安心して大丈夫ですが、やきもちを焼かれないのは少し寂しいかもしれませんね。それから、別れた恋人と何事もなかったように友達に戻れる潔さがあるのは、うらやましいところです。

また、二股はしないタイプですが、それは飽きてしまったらすぐに別れてしまうため、二股になるタイミングがないからです。ただ、昨日と今日では恋人が違う人……ということはよくあるかもしれません。

水瓶座の健康運

水瓶座は、健康には無頓着なほうだと思います。自分の健康には絶対的な自信、確信があるからでしょう。ですから、特別な健康法を生活に取り入れようという気持ちがなかなかわかないのです。

健康に根拠のない自信がありますが、これはあながち間違いではありません。規則正しい生活を送ったとすると、水瓶座は人よりも体力があり健康に生まれてくる運命傾向が強いのです。ですが、「規則正しい生活」を好まないという、もう一つの運命傾向に邪魔されて、しょっちゅう体調を崩す水瓶座も少なくないでしょう。

体調が悪いときには、身体を休める、という鉄則を守れれば問題ないので、水瓶座の方は参考にしてみてください。

また、健康診断や体力測定は大好きでしょう。なぜなら、よい数値が出るのを見るのが楽しいからです。普段へビースモーカーや酒豪だったとしても、健康診断の1か月前から禁煙、禁酒を厳守できたりするのです。健康診断後はすぐに再開してしまうかもしれませんが、なかなか人には出せない根性の持ち主なのです。

また、本当は健康食品などまったく興味がないのに、流行のものは試してみたくなるタイプのようです。青汁、酵素ドリンク、水素水……あらゆるブームにほんの一瞬だけ乗ってきたのではないかと思います。そして部屋には、買って数回しか使わずそのままになっている健康器具がありがちなのも、水瓶座です。大きなボールやカウボーイの馬のようなイス、部屋の片隅に鎮座していませんか？ さすがに今の時代、鉄棒のようなぶら下がる器具はもうないでしょう……か？ 本来、健康飲料や食品、器具も継続使用することで健康になれるように作られていると思いますが、水瓶座は1回でさらなる健康が手に入った気分になってしまうようです。

飽き性とも表現されてしまいますが、本人が納得しているのですから、これでよいのではないかと思います。自分の気持ちに正直に生きることが、水瓶座にとって何よりの健康法なのですから。

水瓶座の結婚運

最強の結婚運を持っている水瓶座。基本的には早い年齢で結婚する運命にありますが、晩婚になった場合は電撃婚に至ることが多いでしょう。

独身で結婚できるか不安だったり、もう諦めたりしている水瓶座の人、あなたが何歳でも電撃婚の可能性は大いにありますよ。いわゆる「授かり婚」といわれる、子供を授かってから結婚するケースも多いような気がします。

そして、子沢山になる場合もよくあるでしょう。独身や子供を持たない家庭でも、子供との縁が深いので、兄弟の子供（甥、姪）と暮らしていたり、家族ぐるみのつき合いをしている家の子供と親密だったり、養子を受け入れることもあるでしょう。

どの星座よりも生涯婚姻率が高そうな水瓶座ですが、実は結婚運と同じくらい、離婚運も持っているのが気にしておくべき運命だと思います。決断力があるので、結婚すると決めてから結婚に至るまでの行動は速いですが、それと同じくらい離婚を決意した水瓶座の行動は速いのです。結婚よりも離婚の方が相手と話し合う事柄が多いですから、すぐにいかないこともあるかもしれませんが、一度決めたら、その決意が揺らぐことは少ないでしょう。

水瓶座の配偶者を持つ方には、少々不安を与えてしまったかもしれませんが、離婚を切り出した水瓶座を説得する方法はあります。それは、子供を作る（養子を取る）こと、ペットを飼うこと（すでに飼っているなら、もう1匹）です。そのどちらも難しい環境なら、恋人感覚を取り戻せるようなことをしてみるとよいでしょう。外で待ち合わせてデートする、しばらく別居はするが、毎日電話で話すなどです。

円満にいっている夫婦も同じくですが、常に結婚生活にドラマを求める水瓶座なので、配偶者がその演出家となってあげることが必要になるのです。

最後に忘れてはならないのが、水瓶座本人が相手に離婚を切り出されることも同じ率であり得るということです。そうなってしまったら、相手の言い分が全部正しいと認識し、とにかく謝ることが回避の唯一の策でしょう。なぜなら、おそらく相手の言い分が世間的に正しい可能性が高いからです。

水瓶座の相続運

何かを受け継ぐことに、反発心を持っている水瓶座の人は多い気がします。ですがもし、そんな気持ちになってしまっても大丈夫です。なぜなら、水瓶座の相続運はそれほど盛んではないからです。特に血縁からの遺産相続にはあまり期待が持てません。生涯生活していくお金に関しては、相続というかたち以外で得られる運を持っていますので、相続運があまりないということに落胆しないでくださいね。もともと、相続することに抵抗があるのですから、希望通り「相続が巡ってこない」という状況になりやすいので、悪いことではないでしょう。

また、水瓶座自身は子供や跡継ぎに、相続できるものを残せるのでしょうか？

答えは「NO」です。相続できなかった代わりに、相続もさせない（させてあげるだけのものが残らない）という運命傾向も、水瓶座の大きな特徴です。ですがこれは、決して意地悪ではありません。「財産は死んだら何の価値もない」という、潔い考えから自分が生きているうちに使えるだけ使ってしまう結果なのです。本人にとってはまったく悔いのない人生となるようですが、少しは残して欲しいと家族は期待しているかもしれませんね。

このように、一代一代でそれぞれが財産を築き、それぞれが使い切るという血筋に生まれた水瓶座の人でも、生前贈与に関しては積極的です。

自分が生きているうちに、一緒に楽しみたい家族、相手にはそれなりのお金を贈与することは多いでしょう。逆に、自分も親や祖父母の生前に娯楽費をたくさんもらう機会に恵まれる水瓶座は多いと思います。

先祖代々のものを引き継ぐ運命ではないということは、墓守や家柄を守っていく役割も回ってきづらいので、プレッシャーの少ない人生となるメリットもあります。もし回ってきても、途中で誰かに交代してもらえる（もしくは、交代させられてしまう）可能性が高いです。結局、人生に自由度を求める水瓶座にとっては、都合のよい相続運の度合いなのかもしれません。

水瓶座の国際運

「世界は一つ、誰もがつながっている」と心の底からそれを信じて疑わないのが水瓶座の世界観でしょう。水瓶座にとって世界との関わりは、生涯を通じて切っても切れないものであり、また、自らの人生に最も重要な要素の一つであることは間違いないでしょう。そんな気持ちを強く持って生まれていますから、もちろん国際交流の機会は人より多くなります。

留学、海外赴任というような社会的立場を介しての交流ももちろんありますが、もっと踏み込んだつき合いができる人との出会いが、海外にあるようです。

自分の人生の目標となり、行きたい場所へ導いてくれるお手伝いをしてくれる人のことを「メンター」と表現したりしますが、水瓶座のメンターは外国人だったり、外国に長く住んでいる日本人だったりすることが多いでしょう。

もし、水瓶座の人がメンターを見つけたいと思ったら、ぜひ海外にまで視野を広げて見てください。元から自由な発想を持った水瓶座ですが、さらに突き抜けた体験をさせてくれる人が世界にはたくさんいるはずです。

また、逆に日本に来ている外国人のメンターになってあげるのも水瓶座の宿命を果たすことになるでしょう。教えることでしか学べないことは多いですから、そのような募集サイトなどを調べてみると奇跡が起こるかもしれません。

少し違いますが、ホームステイ先として外国人留学生を受け入れてあげるのもいいでしょう。これには家族の承諾も必要ですが、ぜひ検討してみると、家族にも素晴らしい経験をさせてあげることができるかもしれません。

また、日本を代表してこれまで交流の少なかった国との縁を取り持つ役割も持っています。国交レベルとまではいかなくても、企業同士のつき合いで外国との初取引を見事成功させることができるなど、歴史を作ることができるかもしれません。

ぜひ、周囲の人のためにもその才能を活かして活躍してください！

水瓶座の仕事運

汗水たらして働いている様子はないのに、きっちり結果を出している人が、あなたの周りにいませんか？　そんな人たちのなかにはたくさんの水瓶座がいるでしょう。「努力」や「根性」という言葉に美徳を感じない水瓶座は、自分ががんばっている姿を人に見せることを嫌います。もともと器用さもあるので、どんな仕事でも涼しい顔でこなすこともできます。ですが、たまには緊急事態にも見舞われることもあるでしょう。そんなとき、人前では焦った様子を見せなくても、誰にも気づかれない場所で血相を変えているかもしれません。

逆境に強い運命も持っているので、最終的には見事ピンチを乗り切って事なきを得ることができるので、結局、誰も水瓶座があくせくしているところを見ることはないのです。

どんな仕事も華麗にこなす水瓶座ですが、特に向いている職業は何でしょうか？

まず、何かを発明したり、既存の物をまったく違うかたちにする研究をしたり、ちょっと理系なものに縁があります。研究職というより、発明家というイメージです。たとえば、カセットテープ全盛期から、MD、CDとディスクに移行する研究の中心チームには水瓶座が多かったのではないかと想像できます。

そしてこの「発明家」的精神は、技術分野だけでなく芸術分野でも活かされることが多いでしょう。洋画に初めて字幕をつけた人から、ドラムを叩きながら初めて歌った人、絵の具を初めて発明した人などです。特許として登録されていなくても、もしかしたら本当に最初にアイディアを出したのは別の水瓶座の人なのではないかと空想してみると楽しいですね。

雇用形態はお察しの通り、会社員、公務員というよりフリーランスのほうが向いているでしょう。会社や店舗を経営するなら、複数同時に運営していくと成功しやすいかもしれません。ただし、水瓶座の社長についていく従業員はその自由度の高さに戸惑ったり、苦労したりするかもしれません。

それでも大きな夢を一緒に見られる刺激や楽しみは他では得られませんので、特に若い方は飛び込んでみるのもいいと思います。

水瓶座の社交運

「ヒッピー」とか、日本では「フーテン」などと、世相に反対を唱えたり、独自の生き方をする人たちには、独特の呼び名がつけられてきました。その呼称の一つに「水瓶座」が入っていても、まったく違和感がありません。それくらい水瓶座は、社会通念を打ち破る力を持っています。そんなタイプですから、水瓶座に対する周囲の気持ちは「大好き」と「大嫌い」の両極端に分かれることが多いです。

頭がよく、人づき合いにも合理性を求めるところがあるので、冷たいと取られてしまえば敬遠されてしまいます。ですが、その話の切れ味やサバサバした態度が、カッコいい、あんなふうになりたい、という尊敬の念を人に抱かせる場合も多いのです。

そして、水瓶座は自分に対しての相手の印象を正確に受け取る力もありますから、自分に興味がない人に媚びたりすることはありません。逆に、自分に敬意を持って近寄ってくる人だけを特別扱いすることもありません。いつでも中立です。ただし、中立ではありますが、そのときの気分で人への対応が変わるので、好いてくれている人にも気分屋な部分はバレているのではないでしょうか？

群れを好まないので、毎週同じ仲間と飲みに行くようなことはせず、そのときどきで自分が会いたい人に会うでしょう。誘われるのを待つのではなく、自分で誘う傾向が強い理由もこれでしょう。人から誘われた場合でも、もちろん自分の興味がありそうなことには参加する柔軟性も持ち合わせています。

そして、水瓶座が興味を持つ人物は、自分と違う世界を歩んでいる人です。これまで知り合った人のなかにはいなかった職業に就いていたり、環境にいたりする人には、水瓶座にしては珍しく、熱く相手に質問したりするでしょう。水瓶座のほうから会話を盛り上げようとしているときは、気に入った証拠なので接するときの参考にしてみてください。

このように、水瓶座は外からは社交的には見えませんが、自分なりに社交を楽しんでいるのです。

水瓶座のスピリチュアル運

どんな場面でもわりとサバサバとしている水瓶座なので、あまりスピリチュアルなことに傾倒しているイメージは持たれ辛いのではないかと思います。

ところが、スピリチュアル分野に携わっている水瓶座は実は多いのです。仕事にする人もいるでしょうし、仕事にしてはいないものの、スピチュルアルな分野を社会に広める活動をしているとか、わりと表だって関わっているのではないかと思います。

スピリチュアルというとどこか胡散臭いけれど、水瓶座のようなリアリスト（に見える人）がいうなら、それは本物だ、真実だ、と信じる人は多いでしょう。「いかにも……」という仰々しい雰囲気のスピリチュアリストばかりでは、本当に大切なことが必要な人に伝わらないままになってしまいます。そうならないために、水瓶座の存在はあるのです。

水瓶座の人は霊視など目に見えないやり方ではなく、占星術をはじめとした「命術」といわれる、古くから蓄積されたデータを解析したり、惑星の動きを計算したりする、根拠が示しやすいやり方を使うことが多いようです。それらをベースにして独自の占術を編み出す人もいるでしょう。ここにも水瓶座の発想力、改革力が発揮されるのです。

話は少し変わりますが、水瓶座は「死への覚悟」が誰よりもできている星座です。生まれてきたときから、自分を含め人間には寿命があるということを心得ているようです。近親者の死に、幼いうち、若いうちに遭遇することもあり、さらに強く意識するようになるでしょう。こうした意識から、生きているうちにしか経験できないことをできる限りしたいと、はたから見たら信じられないような大胆な行動をすることが多いのです。

水瓶座の大胆さは、スピリチュアル運が強く影響しているといえるでしょう。

このように、水瓶座は他人には想像できない姿かもしれませんが、人間の生死やその意味について常に考えています。つまり、誰よりもスピリチュアルな人なのです。

COLUMN 11

12星座のキャラクターはどこから来たのか？　その2

星座《サイン》の支配惑星《ルーラー》の影響

三つのモードや四つのエレメント、二つのジェンダーといった星座の分類法に加え、12星座のキャラクターを形作る要因にはもう一つの重要な概念があります。それは、各星座に「支配惑星《ルーラー》」が存在するという理論です。

古代メソポタミア文明では、肉眼で観察できる「彷徨える星」、つまり太陽・月・水星・金星・火星・木星・土星の七つの惑星を神々として崇拝し、地上のどの国にも統治者としての国王が存在するように、天の12星座もどれか特定の惑星の支配を受けていると考えたのです【図8】。

まず、蟹座と獅子座は夏の始まりと盛り、つまり1年の間で最も明るくなる季節に当たりますから、全天で最も光が強い二つの惑星、月と太陽が支配権を持っています。そこから上に向かって双子座と乙女座は水星が、牡牛座と天秤座は金星が、牡羊座と蠍座は火星が、魚座と射手座は木星が支配し、最後の山羊座と水瓶座は土星の管轄となっています（※57）。

星座《サイン》は12個でも惑星は7個しかありませんから、太陽と月以外の五つの惑星がそれぞれ二つの星座を受け持つシステムです。

【図8】12星座とその支配星

七つの惑星にはそれぞれ固有の性格がありますが、それらは支配権を持つ星座の性格にも影響があるとされます。

強力な光と熱を放つ太陽に支配された獅子座は、強い生命力とユニークな存在感を、月に支配される蟹座は潮の満ち引きのように揺れ動く繊細な感情を与えます【画9】。

天空を素早く往来する水星（※58）に支配された双子座は言葉のやり取りが巧みで、乙女座は細かい作業の繰り返しを得意としています。

宝石のように美しく光る金星の支配を受けた牡牛座は贅沢を好む快楽主義者で、天秤座は人間関係のなかに美と調和を求めます。

焼けた鉄や血液のように赤く光る火星は、牡羊座と蠍座の双方に戦士のような闘争本能をもたらします。

大吉星《グレート・ヴェネフィック》と呼ばれる木星は人間に神の恵みをもたらすとされ、射手座はこの星から真理を極めようとする情熱を、魚座は深い信仰心と慈悲深さを与えられます。

土星は天球の最果てで暗く冷たく光り、その動きは大変ゆっくりしていますが、山羊座の慎重さや忍耐力、水瓶座の理性と深い智慧《ちえ》は、天の老人と呼ばれるこの惑星の影響を受けたものです。

【画9】月の女神アルテミス

16 世紀のドイツの画家 Hans Sebald Beham の版画。月の女神アルテミスの足元に蟹が描かれているのは、月が蟹座の支配惑星であることを暗示している。

新惑星の発見と星座の性格の変遷

七つの惑星が12星座《サイン》を支配するというこの概念は、ヘレニズム時代以来1600年以上守られてきたものの、その美しく調和の取れたシステムは18世紀以降の天文学の発展とともに崩されていきます。

1781年の天王星の発見を皮切りに、1846年には海王星が、1930年には冥王星が発見されたことに伴い、近代の占星術家はそれらをホロスコープのなかに取り入れ、星座《サイン》の支配権まで与えるようになったのです【図9】。

【図9】現代占星術の12星座の支配星

水瓶座は土星から天王星へ、魚座は木星から海王星へ、蠍座は火星から冥王星へ、それぞれ支配星が変更されている。

この新しい星座の支配システムの普及（※59）により、20世紀以降に見られる水瓶座と魚座、そして蠍座のキャラクターには、新惑星の特性が強く反映され、従来の伝統的な星座のキャラクターとは異なる描写も現れ始めます。

特に水瓶座のイメージの変化は大きく、本来は「理性的」な空気の星座《サイン》で「保守的」な不動星座《フィクスド・サイン》であったはずが、現在では「エキセントリック」で「反抗的」といった天王星的な特徴で語られるようになっています。天王星はフランス革命やアメリカの独立戦争といった歴史的事件と同期して発見されたことから、水瓶座にもその劇的な印象が投影されたのです（※60）。

星座の図像からの類推

12星座《サイン》には、その原型となった天文学上の星座《コンステレーション》のイメージが継承されていますが、それらの図像からも各星座《サイン》の性格を類推することができます。

コラム⑪でも紹介した通り、相反する二つの性質を同時に持ち合わせる変動星座《ミュータブル・サイン》が、すべて二重体《ダブルボディー》の姿で描かれていることはその典型です。

また、蟹座・蠍座・魚座の三つの水の星座《ウォータリー・サイン》は、「沈黙星座《ミュート・サイン》」という別名で呼ばれることがあります。なぜなら、蟹や蠍、魚といった生物は、一部の例外を除いてどれも鳴き声を出さないからです。

他の星座の図像は言葉を話す人間、あるいは鳴き声を出す獣の姿で描かれていますから、大なり小なり声を持つ「発声星座《ヴォイス・サイン》」とされており、アル・ビールーニはそれらの声の大きさによって次のようなランクづけを行っています【表5】。

【表5】星座の声の大きさランキング

大声を出す「ラウド・ヴォイス・サイン」	双子座、乙女座、天秤座
適度な声を出す「ハーフ・ヴォイス」	牡羊座、牡牛座、獅子座
声の弱い「ウィーク・ヴォイス」	山羊座、水瓶座
声を出さない「ミュート・サイン」	蟹座、蠍座、魚座

さらに12星座は、人間の姿で描かれた「人象星座《ヒューマン・サイン》」と、動物の姿をした「獣象星座《ベスティアル・サイン》」にも分類されます【表6】。

【表6】人象星座《ヒューマン・サイン》と獣象星座《ベスティアル・サイン》

人象《ヒューマン》	双子座、乙女座、天秤座、射手座の前半、水瓶座
獣象《ベスティアル》	牡羊座、牡牛座、獅子座、射手座の後半、山羊座

伝統的な占星術の文献では、人象星座《ヒューマン・サイン》には人間的な理性や社交性などがある一方で、獣象星座《ベスティアル・サイン》はより動物的、つまり本能によって行動する傾向が強いとされています。

興味深いことに、上半身は人間で下半身は馬の姿をした二重体《ダブルボディー》の射手座に関しては、前半（0度～14度）は人間的で、後半（15度～29度）は動物的であるという説があります。

また、13世紀のイタリアの占星術師グイド・ボナタスは、獅子座は獣象星座《ベスティアル・サイン》のなかでも最も凶暴な野生星座《フィアラル・サイン》であり、牡羊座と牡牛座、射手座の後半（馬）、そして山羊座の4星座は、人間が家畜として飼い慣らしていることから、獣であってもより従順な性格を持っているとも述べています。

【画10】天秤座のイメージ

法の女神アストラエアが秤によって善悪を量っている。

※57）水星→金星→火星→木星→土星の順番は「カルデア配列」と呼ばれるもので、最速の水星から最も動きが遅い土星まで、公転のスピードに基づいて並べられている。

※58）惑星は本来の進行方向とは逆向きに動くように見える「逆行」の時期があるが、水星は年に3回とその頻度が最も多い。

※59）天王星の水瓶座支配説を最初に主張した人物は、英国の水彩画家で占星術家でもあったジョン・ヴァーリイ（John Varley、1778年～1842年）であるといわれる。この説は19世紀末には支持者が増加しはじめたが、英国のザドキエル（Zadokiel、Richard James Morrison、1795年～1874年）ら反対論者も少なくなかった。天王星の支配星座には他にも獅子座説や火の星座説があり、海王星には蠍座説や牡牛座説等も存在した。

※60）新惑星の占星術的なシンボリズムは、発見された時代の歴史的事件や科学技術の発達、あるいは文化的な流行などを基に類推されてきた。海王星は19世紀に始まる共産主義の台頭や石油化学の興隆、人工ドラッグの開発、神秘主義の流行等と関連づけられ、「理想主義」や「溶解」、「陶酔」、「詐欺」、「スピリチュアリズム」といった事象を支配するとされた。冥王星はファシズムの台頭や核兵器の登場があった第1次および第2次世界大戦と関連づけられ、「極限状態」や「暴力」、「死と再生」等の象徴として解釈された。

第12章
魚座

♓魚座（うお座）

魚座の宿命

「あなたの好きなように生きていいですよ」、そんな宿命をもらって生まれてきたのが魚座の人です。12星座の最後に位置する魚座は、限りなく冥界（死後の世界）に近い感覚を持っています。肉体を持って生きる世界と、魂だけで生きる世界との境にいるイメージです。「自分の生きる意味は何か？」や「自分の役割とは何だろう？」そんな問答はとっくに終えて理解した、さらにその先、光に帰る本当に一歩手前の世界にいるのです。ですから、強い幸福感のなかで生きている魚座は多いでしょう。ただし、なかには逆にこの世への未練が強すぎて、強欲になってしまう場合もあります。その両方を日々交互に感じている人もいるでしょう。

このようなことから、魚座は人から「何を考えているかわからない」とか「不思議ちゃん」などといわれてしまうこともあります。ただし、魚座には攻撃的要素が少ないので、こちらから仕かけていかない限り、人との衝突を起こすことは少ないでしょう。

そんな人生の修行をほぼ終えたような状況で生まれてくることが多い魚座だからといって、寿命が短いというわけではありません。たとえば90歳まで生きたとしても、本人の体感的には30年くらいだったりするのではないかと思います。それほどアバウトな時間感覚で生きている、自由な人なのです。遅刻や日程間違いが多いことで、周囲をハラハラ、イライラさせてしまうことも多いかもしれません。魚座の周囲の人は、このことを知っておくと、少しはイライラを解消できるかもしれませんね。

さて、ここまで読んでみると、魚座の人への印象は「浮世離れしすぎている」という一言でまとめられてしまうおそれがあるので、魚座の現実的な運命や性格傾向についてもお話ししておきますね。

まず、魚座には空気を読む力が備わっています。とても気遣いのできる人なのです。どうしても、ぼーっとしているようにみられがちなので、あまり気づかれないかもしれませんが、人の感情の動きを敏感にキャッチしています。

たとえば5人〜6人で会話をしているとき、「なぜそのタイミングでその人に話をふるの？」と皆が思うような状況を作りだすのが魚座です。話をふった魚座と、ふられた当人以外の人は「え？　空気読めない人」と思うかもしれませんが、ふられた人は「自分の今の気持ちをわかってくれてありがとう」と思っているでしょう。みんなは気づいていないかもしれませんが、その人にとって苦痛な話題であり終わって欲しいと思っていたり、自分の話を聞いてもらいたいと思っていたりしたのです。魚座の人は、人の表情や雰囲気だけでそれをキャッチすることができたのです。

それから、魚座は人をリラックスさせる役割を宿命として担っていることが多いです。ギスギスした職場環境や、家庭内でも、魚座の人がいることによって中和されることはよくあるでしょう。その場にいるだけで、空気をやわらかくすることができるのです。最近疲れていたり、怒りっぽい自分を変えたりしたい人は、魚座の人と仲良くしてみてはいかがでしょうか？　わざわざ温泉に行かなくてもリラックスできるかもしれませんよ。こうして、魚座は知らないうちに、行く先々の世界を平和に導いています。これはもちろん、性格だけでなく魚座本人が平和な気持ちを重んじる生き方をしていることも大きく影響しています。

そんな魚座ですから、心をワクワクさせてくれるものが大好きです。音楽や絵画鑑賞、またそれらを自分で創作することもあるでしょう。独特な感性で、汎用的な作品ではないかもしれませんが、抽象的な作品を作らせたら魚座の右に出る人はいないのではないかと思います。

また、服装にもその感性は活かされています。利便性や流行よりも、ファンタジーを貴重としたものを好む傾向が強いので、女性ならフリル、リボンといったかわいらしいもの、ロリータファッションに傾倒する人も多いでしょう。男性でもキャラクタープリントのTシャツを着たり、ピンク色を好んだりする人が多い気がします。

いずれにしても、周囲の目を気にすることなく、自分の好きなことをして、好きなものに囲まれて生きる魚座の人生は、とても充実しています。趣味が高じすぎて「ちょっとオタク？」と思われてしまうこともあるかもしれませんが、世間体を気にしない魚座は、実は誰よりも「リア充」しているのではないかと思います。

魚座の金運

占星術業界では魚座には投資家が多いという噂があります。これには噂ながら根拠があります。

まず、周囲のお金の流れを動かす影響力を持っている魚座が多いということです。どちらかというとポジティブに流れを変えることができます。

たとえば、あなたがなかなか昇給のない会社に勤めているとします。毎年、雀の涙ほどしかお給料が上がらないことに嘆いているのはあなただけでなく、社内全員です。そんななか、今年も新入社員が2人入りました。歓迎会での雑談によると、2人は魚座だそうです。そして全員滞りなく仕事も覚えてくれた1年後、自分たちの給与明細を見た社員一同はびっくり、その金額に思わず二度見をするでしょう。なんと、何年いても数千円と上がらなかったお給料が、1万円も上がっているではありませんか！　これはもちろん社員一同のがんばりのたまものではありますが、引き金となったのは魚座が2人も採用されたおかげかもしれません。

このように、滞った金運をスムーズに流す力があるのです。もちろん、この魚座の新入社員たちのお給料も、予定額より多かったと思います。

このような事例が大規模になると、世界の金融情勢に影響を及ぼすことも多々あるのではないかと推測できます。金融業界で働くというより、個人投資家のイメージです。これによって、魚座は人が想像できないところで、大きなお金を動かしたり、獲得したりしていることがあるようです。

とはいえ、逆にリスクもしっかり背負っています。自分の勘ではなく、人の意見に従ってしまうと、大きくお金を失う可能性があります。投資だけでなく、人から「お金を倍にして返すから1か月だけ貸して欲しい」といわれて貸してしまったら、その後音信不通になってお金は返ってこなかった……なんてことにも見舞われがちなので、魚座の人は気をつけてくださいね。

ですが、魚座の持つ金運は不死身です。たとえ全財産を失ったとしても、何度でも復活できるのは、本人も周囲もとても不思議に感じているのではないでしょうか。

魚座の勉強運

いわゆる学校の成績はあまりかんばしくないかもしれませんが、社会に出て役立つ知識を選別する力に長けているようです。学生時代、あまり勉強ができなかったとしても、就職試験でよい点数が取れる魚座はとても多いと思います。また、学校でも受験に必要な科目以外の成績だけは、トップクラスだったりすることもあるでしょう。

これは頭だけでする論理的な勉強よりも、感覚で学ぶ音楽や美術などのほうが性に合うからです。そして、これらの科目には楽しさを感じますから、知らないうちに専門用語や名称が頭に入っているため、ペーパーテストにも苦労しないのです。

ただし、運動神経には自信がない魚座は多いと思いますので、体育に関してはグレーゾーンです。ダンスなど表現が重視される競技はそこそこできますが、激しい球技、短距離走などはあまり向きません。唯一、長距離走には強いのでマラソン大会では活躍できるかもしれません。

ちなみに、無心になることが得意なので、瞑想しているうちに気づいたらゴールできている……ということがよくあるからです。その間は苦しさをあまり感じませんから、一定のペースで走り通すことができるのです。

こうして社会に出た魚座は、学校で学んだ知識をすぐ仕事に還元することができる運命に、忠実に生きることになります。逆に、仕事に必要な知識は、学生時代まったく興味が持てなかった分野だったとしても、改めて勉強するでしょう。

また、ペースはゆっくりですが、気がついたら社内で一番のエキスパートになっていることもよくあります。「ウサギとカメ」の昔ばなしは有名ですが、そのカメのようなペースです。人から遅い、できないと茶化されたり、叱られたりしても自分のペースを決して崩しませんが、決して止まることはありません。

もしかしたら、学生時代もゆっくり勉強しすぎて、卒業までにゴールにたどり着けずなかなかよい成績を修められなかっただけなのかもしれません。

魚座の家庭運

とても仲のよい家族に恵まれる運を強く持っている魚座。生まれ育った家庭も、そんなほのぼのとした環境だった人は多いと思います。親との関係も、親子というより友達のような雰囲気だったかもしれません。

このような感覚なので、家族の間に「守る」と「守られる」という主従関係のようなものはなく、「助け合うもの」という認識で生きているでしょう。ですから、幼いうちから自分の身の回りのことは自分でするクセがついていたり、親の手伝いをする習慣がついていたりするのではないかと思います。

こうした様子は他の家庭と比べて珍しいので、とてもうらやましい存在に見えていたかもしれませんね。

また、魚座には兄弟がいる確率が高いのではないかと推測できます。一人っ子の場合でも、近所に同世代のいとこが住んでいたり、大型マンションや団地など、すぐ近くに住んでいる友達が多く家族ぐるみのつき合いをしていたりという経験をする人が多いようです。兄弟や、兄弟のような友達に恵まれるということは、子供らしくのびのび生活できる家庭環境に恵まれるということですから、魚座の家庭運はとてもよいといえるでしょう。

そして、魚座が結婚した場合も、同じような恵まれた家庭を築くことができます。

ただし、家庭のなかで自分が子供であるという幸福度が高いため、なかなか自分が夫になる、妻になるというイメージがわかないかもしれません。結婚してからも配偶者に「子供じゃないんだから」とよく叱られている人には、魚座が多いのではないかと思います。この感性は、自分に子供ができてもあまり変わりません。そのとき抱くのは、子供というより、「弟か妹ができてうれしい!」という感覚のほうが近いかもしれません。

とはいえ、家族に捧げる愛情の深さ、やさしさは誰にも負けませんから、魚座なりの幸せな家庭を築いていくことができるでしょう。

魚座の恋愛運

魚座の恋の相手は、常に半径500メートル範囲内にいるのではないかと思います。この数字はたとえではありますが、とにかく惚れっぽく、身近な人をすぐ好きになってしまう傾向があります。

もちろん、人のよいところをすぐ見つけることができるという長所の裏返しなのですが、男女に関してはその即効性が問題になることも多いでしょう。

ただし、自分から堂々とアプローチすることは苦手なので、遠くからこっそり見つめているだけの片想いで終わってしまうことがほとんどのようです。アピールしないので、相手になかなか気づいてもらえないのです。

そんな魚座にも両想いになれるチャンスはそれなりにやって来ます。人間にはいろいろなタイプがいますから、魚座ほど究極の奥手な人を放っておけないお節介な友人というのは、どの環境でも一人や二人は現れるでしょう。そのお節介が功を奏した場合には、晴れて意中の人との恋を成就させることができるのです。

とはいえ、ただのお節介だけで終わってしまう場合もないとはいえませんので、期待しすぎず、人生のなかで自分からがんばってアプローチするという経験もぜひしていただきたいと思います。

また、女性の場合は既婚者からのアプローチに気をつけてください。魚座は押されると断れないタイプだということを嗅ぎわけて近づいてくる人が、残念ながら世の中にはいるのです。「かわいそうだから」と相手にする必要はありません。そんな人を相手にしなくても、生涯を通じてかわいらしさを持つ魚座には、まだまだ他のチャンスが巡ってくるはずです。

男性の場合は、かなり年上の女性から誘われることが多いような気がします。残念ながら、魚座の男性は年下の女性のほうが好きな場合が多いので、カップル成立率は低めですが。

ただし、お酒を飲んでしまうと「誰でもいいか……」となってしまうこともあるようです。逆に魚座の男性を狙っている年下女性は、誘うならまずはお酒の席がよいと思います。

魚座の健康運

何かしらの症状があって、病院で診察してもらっても、「どこも悪くありません」といわれたことがある魚座の人は、かなりいるのではないでしょうか？　痛いとか、腫れているとか、症状があるのですから、そこを治したくて病院に行ったのに、何も処置してもらえなかった……そんなときには、遠慮せずセカンドオピニオンをおすすめします。アレルギー症状のようなものが出ているのに、検査結果には何も反応が出なかったときには特にです。

なぜなら、魚座は症例が少ない疾患との縁があるからです。前例がないので、判定してもらえないだけであって、「痛い」のは事実なのですから。疾患と縁があるという言葉に驚かれてしまったと思いますが、今度はしばらくすると「理由はわからないけれど自然に治った」という状況になることが多いのです。

このように、医学だけでは解明できない健康運を持っている魚座ですから、「病は気から」という言葉に注目する必要がありそうです。もちろん病院にかかることは勧めますが、身体に変調を感じたら、身体の変調を引き起こした原因が、自分の心にないか同時に向き合ってみてください。

毎朝、腹痛が起こるなら「会社を辞めたい」のに「辞められない」ことが原因かもしれません。旦那さんが帰って来る時間が迫ってくると頭痛がするなら、夫婦間で何か話し合わなければならない問題があるのかもしれません。

誰しも心の変調が、身体の変調となって表れることは多いですが、特に魚座はそこが敏感です。ストレスを感じづらいといわれる星座なのですが、感じづらいのではなく、「感じていないことにしている」＝「人一倍我慢している」のだと思います。

ストレスが溜まっても、顔や言動にイライラ感が出づらいので、変わりに身体に不調が出ているかもしれないと、定期的に意識して自分の心と語り合ってみてくださいね。魚座は、遊んでいるだけで身体の不調が治ってしまうこともあるのではないかと思いますので、楽しい毎日を送ることが最大の健康法になるかもしれません。

魚座の結婚運

　適齢期になってもあまり結婚に焦ることがない魚座ですが、実は結婚にとても義務感を抱いているようです。「結婚したい」ではなく、「結婚するべき」だと考えているため、独身時代は結婚していないことに悩んだり、そんな自分を責めたりするかもしれません。ですが、そこまで強い気持ちを持っていますから、タイミングは人によりけりだとしても、いずれ結婚することができるでしょうし、結婚する運を強く持っています。

　ですから、魚座の独身の方が結婚していないことで悩んでいるなら、もう悩まないでください。近い将来結婚するのですから、それまでの間、今しかできないことをやって過ごしていいのです。結婚に対する義務感、責任感は、結婚してからの生活で果たしていけばよいのではないかと思います。

　そんな魚座ですから、結婚したら次は自分の妻として、夫としての振る舞いにも義務感を抱き出すでしょう。十分がんばると思うのですが、魚座のがんばり方は相手に伝わりづらいことが多く、いくらがんばっても、相手に届きません。それならいっそのこと、がんばらない日も作ってみませんか？　がんばっても、がんばっていなくても、「がんばっていない」ように見えるなら、がんばらないほうが得かもしれません。本当は何もしなくても幸せな結婚生活を送ることができる運を持って生まれてきている魚座なのですから。

　女性の場合は、専業主婦が向いているのですが、完璧な主婦を目指して苦しくなるくらいなら、週1回のパートでも何か仕事を持ったほうが、息抜きになるかもしれません。ただ、専業主婦を望む夫との縁が深いので、働きに行かれないなら習い事くらいはさせてもらえるように話し合ってみてはいかがでしょうか。

　男性の場合は、男尊女卑になりやすいので、奥さんへの思いやりを忘れないように意識することで、よりよい夫婦になっていかれると思います。若い奥さんを希望する魚座男性は多いですが、年上女性との結婚のほうが、社会的地位を上げたいならおすすめです。

魚座の相続運

まず、魚座には物欲がほとんどないのでお金や土地など、目に見える物、資産価値のある物を相続したいという欲もあまりわかないでしょう。これは、他人に頼ることなく人生を切り開いていこうと考える野心家のようにも聞こえますが、そういう理由ではありません。死後の世界に持っていかれないものには、あまり価値を感じられないからなのです。

ですが、魚座は大きな財産を相続する運を強く持っています。では物欲がない人が、大きな財産を手に入れたらどうなるのでしょうか?

魚座の人が遺産を現金で相続したとしましょう。おそらく、次の代に残すことなく、自分の代で使い切ってしまうのではないかと思います。これが土地だとしても同じなので、先祖代々守っていかないといけない土地は、魚座以外の人に相続してもらったほうが一族のためにはよい場合があります。

もちろん、法的な相続順位に沿う必要がありますから、簡単にはいかないと思いますので、まずはよく親族で話し合うことをおすすめします。

そんな魚座ですが、考え方や技術、手法など、目には見えないけれど価値として認められているものを相続する運には強い縁があります。現金化できる資産を相続する運もあるのですが、なにせすぐに使い切ってしまいそうで少し心配ですが、無形の財産については後世にきちんと継承してくれることでしょう。

特に、人間が心豊かに、幸せに生きるための考え方、心の持ち方などを、親や目上の人からたっぷりと教えてもらえる環境が得られる魚座は、その教えを人に伝えていく役目を持っているといえます。

これらは必ずしも仕事にするわけではありませんが、生活のなかで積極的に披露します。それに感化された、仲間や弟子のような人たちが周囲に増えていくのも魚座の相続運のよさの表れだと思います。

魚座の国際運

輪廻転生、生まれ変わり、前世論などといわれるものが正しいとしたら、魚座の前世は何度も外国人だったでしょう。まるで過去の記憶を持ったまま現世に生を受けたかのように、どこの国の人とでも仲良くなれてしまうのが魚座です。これはたとえ言葉が通じなかったとしても同じで、気持ちは通じるのです。

このように、まず前提として、国境という思考がないため、必然的に日本人より外国人と友達になる確率が高くなります。日本人同士で交流しているときのシャイな魚座からは、想像できないかもしれませんね。ですが実は、国際人としてのたぐいまれなるセンスを備えているのです。

ただ、魚座にも苦手な分野の外国人がいます。それはハイテンションすぎる人です。日本、外国関係なく、グイグイくるタイプの人には心をすっと閉ざしてしまうところがあります。国民性としての明るさとは違った、胡散臭い明るさを見抜く力が発揮されると同時に、そこに飲み込まれてしまうことを恐れて防衛本能が働くようです。

さて、そんな国際交流との縁が深い魚座ですから、海外に出かける機会にも恵まれるでしょう。特に、観光地として有名な場所ではなく、あまり旅行者がいないマニアックな場所が好みのようです。そして、現地にいてもまったく浮かず、昔からそこにいたように馴染むことができるのも魚座の不思議なところです。

長い休みが取れたら飛行機を何度か乗り継いで、さらに船に乗って秘境に出かけたり、遺跡を見にいったりするのではないかと思います。

さらにそこでも現地の人とのご縁に恵まれます。初めて会った国籍も違う人なのに、初めて会った気がしない人との出会いを体験することでしょう。

また、日本にいても、日本に来ている人数が少ない国の人と知り合いになったりすることも多いでしょう。これは、魚座が外国から来た人の心細い気持ちをわかってあげられる人であり、その雰囲気がにじみ出ているからでしょう。

日本を代表した、おもてなしのリーダーに向いているかもしれませんね。

魚座の仕事運

決まりごとの多い職業は、魚座には向かないでしょう。マニュアル通りの作業や、数字をきっちり合わせなければいけない作業、整理整頓をする作業などを、一生懸命やっているつもりでもなかなか上手くいかずに悩んだことがある魚座は多いでしょう。

やってみて向かないと感じた仕事は、たとえ就いたばかりでも潔く辞めたほうが魚座の将来のためなのですが、なかなか辞めると言い出せずに我慢して続けてしまうのも、魚座の仕事に対するスタンスです。働くことに対しての意識は高いので、与えられたことには常に前向きに取り組みますから、職場での人間としての信頼が厚いこともあり、さらに情も邪魔してしまいます。このように、自分の意志にそぐわない仕事をしている魚座はたくさんいると思います。そのわりには、心のなかには常にやりたいことでいっぱいなのに……魚座が運命的な仕事に就くためには、まず「向いていない仕事、やりたくない仕事」を辞める必要があります。ここが人生の大きな課題なのだと思います。

魚座に向いている職業は、人を癒す仕事、スピリチュアルな仕事、芸術関係です。また、夢を追いかけ続けるだけで、やりたいことがなかなか仕事にならない、という状況が長く続くこともあります。ミュージシャンや俳優、画家など芸術分野を目指すなら、適性がありますから34歳まではチャンスが巡ってくる可能性が高いので続けたほうがよいでしょう。35歳を過ぎてしまった場合は、個人事務所を経営するなど、芸術家の道と並行して事業を行うと、魚座のよさが活かせると思います。

その他、司法試験などの国家資格取得に向けた勉強が何年も上手くいかない場合は、早めに生活できるだけ稼げる仕事を見つけておいたほうがよいでしょう。なぜなら、点数がはっきり出る試験をクリアするという目標は魚座にとってはハードルが高いからです。もっと自由に、点数や知識ではなく、自分の思考が尊重される仕事のほうが向いていますから、生活のためにしていたはずの仕事のほうが本業になる場合が多いのです。そして、そのほうが幸福度の高い場合が多いのです。

魚座の社交運

自分の気持ちを面と向かって人に伝えるのが苦手な魚座ですが、意外と雑談上手だったり、初対面の人との会話を盛り上げるのが上手だったりします。自分から話しかけることは苦手ですが、相手から話しかけてくれた場合は、びっくりするくらい饒舌《じょうぜつ》になることがあります。

初対面の人からいわゆる「天然」タイプと思われやすく、興味を持たれることが多いので、だいたいの場合、相手が会話をリードしてくれます。ツッコミを入れられたり、イジられたりすることが多いのですが、上手にボケたり、返しが見事だったりするので、人気者になれるのです。

このように受け身タイプですから、空気を読まずに場を仕切って煙たがられる心配もありませんし、ほんわかとした雰囲気を醸し出しているので、どこへ行っても敵ができないのも魚座の社交運のよさだといえるでしょう。

また、不思議なことに、魚座は自分が会いたいと思った人と、必ずといってよいほど会える強い引き寄せ力を持っています。具体的に、「芸能人の●●さん」や「スポーツ選手の▲▲さん」と挙げた人との縁がつながることもありますし、漠然と「一流企業に勤めていて、自分の夢をサポートしてくれる人」とか「切れ長の目をしたイケメンの飲み友達」といったイメージをすれば、それにピッタリ当てはまる人と知り合えてしまうのです。

魚座は一度関わった人をとの縁を、長く大切にします。電話帳には10年以上の知り合いのデータがたくさん記録されているのではないかと思います。

そして、何年会っていなくても、まるで昨日も会ったかのようにフレンドリーに接することができる特技もあります。

ただし、過去に恋愛関係があった人との縁もなかなか切れませんから、現在の恋人によからぬ誤解を与えてしまうことがあるかもしれませんので、少し気を配っておいたほうがよいかもしれません。

何より人をあまり嫌いにならないので、どんな人も拒絶しない広い心があるので、良縁の数が増えていくところが最大の要因なのだと思います。

人々が認識しているスピリチュアルよりも、もっと深いところで生きているのが魚座です。大げさにたとえるなら、人間としての容姿は仮の姿で、本当は天国から来た神様で、私たち地球で暮らす人間には認識できないことも、魚座にだけはわかっているのかもしれません。

第六感と呼ばれる人間の五感を超えた感覚を強く持っている可能性が高い魚座ですが、本人にとっては日常的に感じていることなので、他の人には感じ取れないことを感じ取っていたり、見えないものが見えていたりするということに気づいていないことも多いでしょう。大人になるにつれ、自分が見えるものが友達には見えていなくて、聞こえていることも聞こえていないと、少しずつ気がつく場合もありますが、子供のうちは、まったく気がつかなかったかもしれません。

こうした魚座の人の研ぎ澄まされた感覚をスピリチュアルと呼ばずして、何と呼ぶのでしょうか？ 魚座には人間界と冥界（霊界・死後の世界）の橋渡しをする役割がありますす。何かと冥界から、現世に生きている「●●さんに▲▲を伝えて欲しい」というメッセージを預かったりすることも多いと思います。

私は、そのような体験をしたことがないので想像論ではありますが、霊媒師、チャネラーなどを職業にしてなくても、魚座の多くは日常的にこのような体験をしているのではないかと思います。

逆に、魚座のほうからいずれ誰もが帰る冥界に、人間界からの希望を伝えたり、どんなところなのか教えて欲しいと質問したりしているのではないかと思います。

魚座の人でそのような体験の自覚がない人でも、眠っている間にそんなやり取りをしているかもしれません。夢に見た出来事のなかに、そんな場面はありませんでしたか？ それがあったなら、十分に魚座として生まれたスピリチュアルな宿命を果たして生きているということになるのです。

魚座のスピリチュアル運

COLUMN 12

ラッキー・アイテムの起源

「下にあるものは上のあるものに似ており、上にあるものは下にあるものに似ている」ヘルメス『エメラルド・タブレット』(※61)平田寛訳より

天と地の照応

これまでにも随所で触れてきましたが、12星座《サイン》は単純に性格的な特徴を示すだけでなく、地上におけるあらゆる存在や現象と結びつけられてきました。西洋の神秘学の根本原理、「大宇宙《マクロコスモス》と小宇宙《ミクロコスモス》の照応」を根拠として、私たち人間の心身はもちろん、他の動植物や無生物、自然現象に至るまで、すべてが天上の惑星や星座と響き合い、連動していると考えられたのです。

12星座と国家

占星術における天地照応論の最もダイナミックな適用の一つは、地上の国家や都市を天上の星座《サイン》に直接的に対応させる「地表獣帯《アース・ゾディアック》」と呼ばれる概念でしょう。

バビロニアからヘレニズム時代にかけて生まれたその理論は、各地域に住む人々の民族的な特性や自然環境等を観察し、それらにふさわしい星座《サイン》を当てはめるという手法です【図10】。

しかし、地表獣帯《アース・ゾディアック》には複数の権威者による異説が乱立しているのが現状で、統一した見解があるわけではありません。

たとえばエジプト一つをとっても、マニリウス（1世紀）は「牡羊座」であるとする一方で、プトレマイオス（2世紀）は「双子座」を、アル・ビールーニ（10世紀～11世紀）は「天秤座」を当てはめています。

【図10】マニリウスによる国家と星座の対応

出典：ニコラス・キャンピオン『World Horoscope』

また、当時の地理学の水準では仕方のないことですが、バビロニアからヘレニズムの時代の地表獣帯《アース・ゾディアック》では、オリエント地方やヨーロッパ、アフリカの北部のみが考慮され、東アジアや新大陸についてはまったく言及されていません。

もちろん、後代の占星術家も研究を進めましたが、ラファエル（1795年～1832年、英）が日本を示す星座《サイン》として「牡羊座」を挙げる一方で、セファリアル（1846年～1929年、英）が「獅子座」を、カーター（1887年～1968年、米）は「天秤座」説を唱えるなど、相変わらずの混乱ぶりが続いています。

そもそも、一つの国家や民族にも多様な側面がありますから、それらをステレオタイプ的にとらえ、特定の星座《サイン》のみに当てはめるという手法自体に無理があるかもしれません。

12星座と人体

無数に存在する地上の被造物のなかでも、人間の身体は大宇宙《マクロコスモス》の姿を写し取った「完璧なミニチュア」とみなされました。特に、頭部（牡羊座）から足の先

（魚座）に至るまでの人体のパーツを12星座と対応させた「獣帯人間《ゾディアック・マン》」という概念は、ヘレニズム時代からアラビア、中世ヨーロッパにかけて隆盛した占星医学の体系に組み込まれ、長い間治療の指針として用いられてきました【画11】。

【画11】獣帯人間《ゾディアック・マン》

人体の各パーツと、そこに照応する12星座のシンボルが描かれている。
『ベリー公のいとも豪華なる時祷書』（15世紀）より

たとえば、四体液のバランス（コラム⑩を参照）を回復させる手段として瀉血治療（※62）を用いる医師たちに対して、プトレマイオスは「ある身体のパーツを示す星座《サイン》に月が入っている間は、そこに瀉血を施してはならない」と警告しています。月の引力により、その部位から過剰な出血が引き起こされると信じられていたのです。

また、17世紀英国の人気占い師リリーは、木星がアセンダント（※63）にあるときに生まれた人物は、頭部、もしくはその木星が位置する星座《サイン》が示す身体部位に「イボやホクロが見られる」と述べています。

「私は天秤座の25度がアセンダントにあり、そこに木星があるのを見た。すでに述べた通り、そこ［アセンダント］は顔を示す場所である。その相談者は、顔の右側で口のすぐ近くにイボかホクロを持っていた。（中略）また、彼女はウエストから尻の下部［天秤座が対応する部位］にかけてホクロがあることを告白した……」ウイリアム・リリー『クリスチャン・アストロロジー』第2集25章より

星占いの「ラッキー・アイテム」の起源

12星座占いの本や雑誌の記事を読んでいると、「牡羊座のラッキー・カラーは赤」や「双子座のラッキー・ナンバーは5」、「山羊座のラッキー・ストーンはラピスラズリ」といったように、星座と色彩、数、あるいは天然石などを結びつけた不思議な記述を見ることがあります。それらをお守りとして持ち歩いたり、ファッションに取り入れたりすると、読者に幸運がもたらされるという一種のおまじないのようなものですが、このような「ラッキー・アイテム」のルーツもまた、大変古い時代までさかのぼることができます。

中世のヨーロッパで盛んに行われた「占星魔術《アストロロジカル・マジック》（※64）」の文献を紐解くと、そこには天の諸惑星と深い関係を持つハーブや香料、食物、鉱物、あるいは人物等の事物がリスト・アップされ、人々に幸福をもたらすものとして紹介されているのです。

たとえば、15世紀のフィレンツェで活動した哲学者マルシリオ・フィチーノ（※65）は、以下のような太陽的なアイテムを生活に取り入れることで、太陽から生じる強い生命力を心身に換気できると述べています【画12】。

> 「太陽の石や太陽の植物と呼ばれるものがある。なぜなら、それらは太陽が光線を発することを気付かせてくれるからである。黄金に気付かせてくれるものもある。黄金の顔料、黄金色、かんらん石、ざくろ石、芳香性樹脂、香料、コケ、琥珀、バルサム〔芳香性樹脂の一種〕、蜂蜜、芳香性のアシ、クロッカス、ともろこし、シナモン、アロエ、その他の芳香性の植物、ニワトリ、白鳥、ライオン、甲虫、クロコダイル、黄色い肌の人、髪にカールがかかっている人、禿げている人、度量の大きい人などである。」マルシリオ・フィチーノ『生に関する三つの書』より（1489年）

また、フィチーノの影響を受けた魔術師アグリッパ（※66）は、火星の神マルスに願望の成就を祈願するとき、「5本」の「赤い」キャンドルを灯し、「沈香《アロエ・ウッド》」や「没薬《ミルラ》」等の香を焚くことを勧めています。火星と霊的なつながりを持つそれらの事物が、儀式を

【画12】フィチーノ（左）とアグリッパ（右）

より効果的にしてくれると期待していたのです。

　現在の12星座占いに見られるラッキー・アイテムのほとんどは、各星座《サイン》の支配惑星《ルーラー》（コラム⑪を参照）との関係から導かれています。

　たとえば天秤座の幸運の動物《ラッキー・アニマル》として「美しい鳥」が割り当てられているのは、天秤座を支配する金星がこの世のあらゆる「美しいもの」と関連づけられていることに由来します。また、双子座と乙女座の幸運の数字《ラッキー・ナンバー》が「6」とされるのも、それらの星座《サイン》を支配する水星の数を「6」とする説があるからです（※67）。

　しかしこういった惑星の支配権《ルーラーシップ》の難しいところは、異なる視点から複数の意見が成り立ち、必ずしも絶対的な対応が存在するとは限らないという点にあります。

　たとえば「ダイアモンド」を考えるとき、最も希少な「宝石の王」としては太陽を、その白い輝きからは金星を、剛健な工具としては火星を、それぞれ支配惑星《ルーラー》として候補に挙げることができます。

文献により、著者により、ラッキー・アイテムにさまざまなバリエーションがあることは、占星術が非論理的であるというよりも、それが人間の感性に基づく象徴体系《シンボリズム》であることを物語っているのです。

コラム12脚注

※61）『エメラルド・タブレット』（タブラ・スマラグディーナ）：伝説的な神人、ヘルメス・トリスメギストス（三重に偉大なヘルメス）によって創られたとされる錬金術の奥義書。オリジナルは現存せず、10世紀ごろにアラビア語からラテン語訳された写本のみが存在している。寓意や隠喩に満ちた内容は解読が極めて困難だが、後代の錬金術師や魔術師、占星術師、秘密結社等の思想に強い影響を与えた。

※62）瀉血治療：人体の血液を外部に排出させることで症状の改善を求める治療法の一つ。古くはヘレニズム時代から中世ヨーロッパ、さらには近代のヨーロッパやアメリカ合衆国の医師たちによって盛んに用いられたが、現代では科学的な根拠に欠けるとされ、一部の限定的な症状以外には用いられていない。

※63）アセンダント：ホロスコープで東側の地平線と黄道（太陽の軌道）が交わるポイント。伝統的な占星術では人間の頭部を表すと同時に、そこに位置する天体や星座が身体的な特徴や体質・気質に強い影響を与えると考えられてきた。

※64）占星魔術《アストロロジカル・マジック》：恒星や惑星等の天体の持つ力によって願望を叶えようとする魔術。9世紀～10世紀のアラビアで成立したとされる『ピカトリクス（Picatrix）』はその最大の典拠であり、その内容は占星術、錬金術、ヘルメス主義、サビアニズム等の習合した体系となっている。占星術的な計算によって導かれた特定の日時と場所で祈願を行い、天体の力を封じ込めた護符《タリスマン》も作成される。

※65）マルシリオ・フィチーノ（Marsilio Ficino、1433年～1499年）：ルネサンス時代のイタリアの人文主義者。メディチ家をパトロンとし、プラトンをはじめとするギリシア語文献をラテン語に翻訳。芸術、神学、魔術、神秘思想等の多方面に影響を与えた。

※66）ハインリヒ・コルネリウス・アグリッパ（Heinrich Cornelius Agrippa von Nettesheim、1486年～1535年）：ルネサンス期ドイツの隠秘学者。ケルン大学で法律、医学、哲学、各種の外国語を学び、カバラをはじめとする神秘学の研究にも没頭。弱冠24歳にして上梓した『オカルト哲学』は当時の魔術や占術の集大成であり、後世の魔術師に絶大な影響を与えた。

※67）惑星に対応する数《ナンバー》にもさまざまなバリエーションが見られる。アグリッパは各惑星に魔法陣を当てはめ、そのマス目の数を惑星の数としている。つまり土星＝3、木星＝4、火星＝5、太陽＝6、金星＝7、水星＝8、月＝9である。近代でも複数の神秘家から新しい数の対応が発表されているが、占星術師から広く受け入れられているのはセファリアル（英）の太陽＝1・4、月＝2・7、水星＝5、金星＝6、火星＝9、木星＝3、土星＝8という説である。

第13章

12星座占い応用編

12星座運勢読み

(12星座×12か月)

12星座別1年間のバイオリズム

「毎年、夏になると自分を変えたい気持ちになるな」
「春は何だかいつも恋愛が上手くいかない気がする」

そんな人生のサイクルを感じたことはありませんか？

これは実は偶然ではなく、星座ごとに毎年同じタイミングで物事が巡る法則があるからなのです。

その法則については次の第14章でくわしくお伝えしますが、その前にこちらの章では、その法則に基づき、毎年変わらないベースとなる運勢を12星座別に私の言葉でまとめました。1年間の計画を立てるときの参考にしたり、毎年克服できなかったことの対処法を導き出したりすることにお役立てください。

ただし、これはあくまでベースであり、もちろん運の強弱は年ごとに違ってきますし、イレギュラー事項が発生しやすい年もありますが、まずは運気の波に乗る練習として毎月このベースの運勢を意識して過ごしてみてください。以前より生きやすくなっている自分に気がつけるかもしれません。

また、星占い上級者、野心家な方は、あえてその月の運勢に逆らう行動をしてみることで、新しい自分が発見できることもあるでしょう。開運行動として試す価値は十分にあると思います。

それでは、四季折々の気候や行事とは違った、あなた個人の暦として読んでみてください。

♈牡羊座の1年間

牡羊座の1月

自分の意思が曖昧になり、決断を人任せにしがちになるでしょう。その選択は今の時期だけは正解です。年始ということで新しいことを始めたくなりますが、何事も本格始動は来月以降にしたほうが無難です。今始めたことは長続きしないからです。自分らしさは出せなくても、静かに過ごしたほうが運気は安定します。

牡羊座の2月

いつもの飽き性な性格は影をひそめ、小さなことをコツコツとがんばりたい気持ちになるでしょう。面倒で後回しにしていたことがあるなら、一気に片づけるチャンスです。そして、努力がしっかりと花開く時期でもあります。人間関係も好調で、展開はゆっくりですが、ちょっと胸がキュンとなるような出会いがあるかもしれません。

牡羊座の3月

刺激はありませんが、問題なく毎日が過ぎていく穏やかな時期です。自分をゆっくり見つめ直すのには最適な時期ではないでしょうか。持ち前の明るさ、元気さも魅力ですが、静かに物思いにふける姿にギャップを感じて興味を持ってくれる人が性別を問わず出てきそうです。公私ともに声をかけてくれる人が現れるでしょう。

牡羊座の4月

生まれてきた喜びを存分に感じられるときです。運気に勢いがつきますから、公私ともにステップアップできるでしょう。自ら高みに挑むことも賛成です。機は熟したのです。多少の無理も利くでしょうから、寝食を忘れてやりたいことに取り組んでください。また、強力なサポーターも現れるでしょうから、迷わず進みましょう。

牡羊座の5月

人から頼られることが多く、自分のペースを乱されがちになりそうです。イレギュラー事項に頭を抱えることばかりかもしれませんが、イライラするほど事態は複雑になります。無理なことは遠慮せず人に頼ることが状況回避の唯一の策となるでしょう。疲れやすいですが、食事の栄養バランスと睡眠の取り方を大切にすれば安心です。

牡羊座の6月

誰が見てもわかる、社会活動や職場での評価が得られる時期です。うれしい反面、プレッシャーも増えるでしょう。ですが、いつも通りの自分さえ忘れなければ、すべて上手くいくでしょう。肩の力をいかに抜けるかが、今月の開運ポイントとなります。休日にはスポーツを楽しむなど、身体を動かすこともストレス解消になります。

牡羊座の7月

新しいことが始まるときです。気乗りしないかもしれませんが、運命は優しく背中を押してくれるでしょう。そして、この始まりは有意義な向こう1年を暗示しています。流れに逆らわないことが幸運のカギとなるでしょう。金運もなかなかよいときです。古くなった家具や家電の入れ替えに適した時期なので、思い切って大きく使いましょう。

牡羊座の8月

あまりやる気が出ず、珍しく行動がのんびりになりやすいときです。ですが、日ごろスピーディーなので周囲から見たらこれくらいが丁度よく見えているかもしれませんから、悩まなくて大丈夫です。食欲が増しそうなので、胃腸への負担を考慮した生活を。また、ダイエットには非効率な時期ですから、自然な体重増は気にせずに。

牡羊座の9月

プライベート運が好調なときです。思いがけない休みが取れたり、家族の朗報が舞い込んだり楽しく時間が過ぎるでしょう。人気運も上がっているので、異性からの誘いもいくつかありそうです。ただし、パートナーチェンジにはリスクが伴う時期なので関係を深めるのは少し先延ばしにしておきましょう。フリーの人は進めて吉です。

牡羊座の10月

あれもこれも手を出したくなりますが、なかなか結果が得られずもどかしい思いをするかもしれません。物事の効率化を進めるのには適した時期ですが、焦ることとは違います。焦りはさらに結果を先送りにする要因になりかねません。考え事をしすぎると体調も乱れやすいので、眠るときくらいは頭を空にする心がけが重要です。

牡羊座の11月

基本的にはよいことのほうが多いですが、珍しく小さなトラブルに気をとられがちになりそうです。トラブルを防ぐためには、奇をてらった行動をしないことが一番です。それでも起きてしまったら、いつものように開き直りましょう。思っているほど状況は深刻にはならない時期なのですから。友達が心の癒しになってくれます。

牡羊座の12月

なかなか好調な1年の締めくくりが迎えられるときです。人間関係は特に充実し、何かと気にかけてサポートしてくれる人が多くいるでしょう。特に年上の人からのおもてなしに気分よくしてもらえるでしょう。ただし、調子に乗りすぎないように気をつけておきましょう。また、健康運は安定し、冬のレジャーも楽しめそうです。

♉ 牡牛座の1年間

牡牛座の1月

心穏やかにのんびり過ごせるときです。周囲には「いつまでお正月のつもり?」といわれてしまうこともありそうですが、気にせずマイペースを貫くことがよい1年を過ごす基盤になるでしょう。健康運も上昇中なので、寒い季節も乗り切れそうです。また、年上の人との縁が深まります。よき相談相手になってくれるでしょう。

牡牛座の2月

なかなか決断ができない時期です。無理して答えを出すよりも、代替案を考えたほうが無難です。ただし、人に決断をゆだねるのはトラブルの元になりかねません。自分で悩んで決めたなら、失敗も将来の成功への糧になりますから、今こそがんばりましょう。プライベートは家族の問題も少なくわりと静かに過ごせそうです。

牡牛座の3月

いつも以上にマイペースぶりを周囲に見せることになりますが、急ぎのときこそゆっくり着実に物事を進めることが正解です。急かされても気にしないことが、人のためにもなるでしょう。時間はかかっても、人を納得させられるだけの結果が出せるときなので安心して取り組みましょう。また、気になる人ができるなど恋の予感もあります。

牡牛座の4月

誰にも邪魔されることなく、自分らしい生活ができるときです。単独行動が多くなりますが、今はそれが最適でしょう。珍しく寂しさを感じずに、一人の時間を楽しむことができそうです。また、集中力が落ちてきそうなので、仕事はいまいちはかどりません。約束なども忘れやすくなるので、メモを取るなど対策が必要でしょう。

牡牛座の5月

楽しいことが続いて、毎日充実するでしょう。幸運時期でもありますが、自分の感じ方がいつも以上にポジティブになる時期なのです。今月の感覚を覚えておくと、今後落ち込んだときに役立つでしょう。また、普段より人と早く打ち解けることができ、友達が一気に増えるでしょうから、賑やかな時期ともいえそうです。

牡牛座の6月

普段、あまり頼りがいがあるように見られていませんが、この時期は頼られることが多くなるでしょう。それがうれしくて張り切ってしまいそうですが、息切れするのも早そうです。できることだけやれば、十分、感謝されるのでほどほどに。また、体調はまずまずの時期ですが、不注意からのケガには少し注意が必要になります。

牡牛座の7月

仕事や社会活動に積極的になれるときです。日ごろはいえないことも、遠慮なくいえる勢いがつきますから、長期化している問題があれば一気に話をつけてしまいましょう。普段と違うハキハキした様子に周囲は圧倒され、「NO」とはいえないはずです。プライベートとの切り替えもしっかりでき、メリハリのある毎日になるでしょう。

牡牛座の8月

人の誘いで、あまり興味のないことを始めることになりそうです。しばらくは盛り上がれませんが、急にハマるタイミングが来るはずなので3回は続けてみることをおすすめします。特に流行していること、逆にまだ人があまり知らないことに縁がありそうです。また、金運がよいので、欲しいものは誰に遠慮することなく買いましょう。

牡牛座の9月

本来の自分らしさがなかなか出せないときなので、小休憩したほうがよい時期です。仕事も家事も、誰かに任せられることは任せて、ペースを落とすことで混乱の運気を回避することができます。また、部屋の模様替えをしたくなりそうです。部屋が手狭に感じていても家具を一つ増やすと、しっくりした住環境になりそうです。

牡牛座の10月

懐かしい人との再会がありそうなときです。逆に、会いたい人がいるなら知人を一人介して連絡を取ると縁が復活する可能性が上がります。なぜなら、テンションが上がっている時期なので相手が温度差を感じて引いてしまうかもしれないからです。これは恋愛の場面でも同じで、年に一度の復縁のチャンスともいえるでしょう。

牡牛座の11月

興味の範囲が広がるので、これまでの趣味をスパっとやめて、新しい分野にハマっていくことも多いでしょう。友人関係の入れ替えもあり刺激になります。仕事の面でも同じように、急に転職したくなりそうです。ただ、プライベートと違い、仕事では苦行のスタートになりやすい時期なので、転職準備くらいにしておくのが無難です。

牡牛座の12月

悪い時期ではないですが、仕事の手応えも、プライベートの充実感も、お金も、「あとちょっと足りない」という場面が多くなります。それによって気分も滅入りがちに。今年のうちに片づけたかったことも手つかずになりそうですが、無理にでも身体を動かすことが運気回復の手助けになるので、大掃除くらいはがんばりましょう。

Ⅱ 双子座の1年間

双子座の1月

目的地にたどり着きたい気持ちはあるのに、その道中の険しさを考えると出発する覚悟が決まらないような状態の時期です。そんな気持ちなので、物事をラクに進める方法ばかり探したくなります。でも結局、その方法は見つからず、しぶしぶスタートを切るでしょう。進みは遅いですが進んでいることには間違いないので自信を忘れずに！

双子座の2月

毎日が普通すぎて、少し退屈してしまいそうです。かといって、いつものように行動的にもなれず、休日は自宅か近所だけで過ごす日が増えるでしょう。これは珍しいことですが、たまには自分の足元をしっかり見つめるつもりでのんびり過ごすことが来月からの活力になると思います。行動範囲が狭まる分、お金は貯まりそうです。

双子座の3月

珍しく優柔不断になりそうです。周囲の人も驚くくらいでしょう。ですが、決断を先延ばしにするほどトラブル運が上がってしまいます。どんな問題でも少しでも早く決断すれば悪い方にはいきません。参考にするなら、友達や家族より、専門家の意見がよいでしょう。また、自分を取り戻すためには自然に触れることが一番です。

双子座の4月

もともと頭の回転は速い方ですが、この時期はさらに冴えてくるでしょう。仕事でも家事でも、同じ時間にいつもの倍以上の作業がこなせそうな勢いです。健康運も上昇していますから、やれるだけやってしまいましょう。また、時間がかかるからと先延ばしにしていたことも、今ならスムーズにこなせますからぜひチャレンジを。

双子座の5月

得意分野でのオファーが多く忙しくなりますが、自分のペースは保てるでしょう。意見も通りやすいときなので、思ったことはいつもより少し感情的に伝えても大丈夫です。たまには頭で考えたリスクは無視して、心のままの言動を。それが今月の自分改革テーマです。またプライベートな約束を忘れがちになりそう。予定の再確認は必須です。

双子座の6月

まるで生まれ変わったかのように、新しい自分を感じられます。気持ちの向くままにどんな行動をしても、ワガママだと思われることが少ないのでこれまで以上にアクティブになれるでしょう。新しい出会いも多いので大切にしたいところですが、恋愛の場面では目移りして一人に決められないことでトラブルになる可能性も。

双子座の7月

ただでさえ人から頼られることが多いのに、さらに多くなりそうな時期です。すべてに応えると、珍しく精神的に疲弊してしまう可能性が高いので、割り切って。すべての人にいい顔をしても、それが別の人の反感を買うことにもなりかねません。義理のある人にだけ誠意を見せればそれで十分でしょう。また、虫刺されに要注意。

双子座の8月

開花の時期といいますか、これまで積み重ねてきたことが評価されやすいでしょう。ただし、遠慮していると他の人に手柄を取られやすいので、評価されるためのアピールはぜひ積極的に行ってください。プライベートでも同じくよいことがありそうです。めったに褒めてくれないパートナーに褒められたり、長い片想いが実ったり。

双子座の9月

何か新しい風を、自分のなかに吹き込みたい気持ちになるでしょう。そのため、珍しく人の意見に賛同することが増えそうです。仕事だけでなく遊びも、自分から誘うより、人からの誘いに乗りたくなりそうです。そこから新しい刺激を得ることで、心が満たされます。そうなると自然と思いやりも湧いてくるでしょう。

双子座の10月

いろいろなことが空回りしやすく、イライラが募りそうなときです。こんなときこそ冷静に……といいたいところですが、普段は冷静ですから逆に感情的になってもよいのかもしれません。自然と八つ当たりできる人が自分には何人くらいいるのか、確認するよいきっかけにもなるでしょう。意外と少ないことに驚くかもしれません。

双子座の11月

過去のことをふと思い出しやすいときです。特にネガティブな事柄について回想してしまいがちに。それで落ち込むこともあるかもしれませんが、今から挽回できることはないか探してみましょう。特に、恋愛も含めた人間関係にそれはいえます。縁が途絶えてしまった人とも、不思議と再会の機会が用意されているようです。

双子座の12月

いつも広範囲に張り巡らされている興味のアンテナが、さらに高性能になるようなイメージのときです。携わっていることを、さらに掘り下げたい気持ちになったり、そのようなきっかけが与えられたりするでしょう。人間関係でも似たことが起こります。ちょっとした知り合いが親友になったり、同級生が恋人になったりすることもありそうです。

♋ 蟹 座の1年間

蟹座の1月

いつもより少し能動的、積極的になれるときです。人前での発言、初対面の人との交流など、少し苦手だったことにも挑戦してみようという気持ちになるでしょう。考え方が真逆の人でも、相手のよいところに目を向けられるようになるので、臆することなく対等な関係になれます。海外一人旅などにもぜひ挑戦してみてください。

蟹座の2月

やらなければならないことを先延ばしにしてしまいがちな時期です。さらに、それに対して罪悪感が強く湧いてしまうでしょう。回避する方法は簡単で、一つしかありません。とにかく一歩だけでも「着手する」ことです。自分一人では難しいでしょうから、叱咤《しった》激励してくれるコーチが必要です。それには年下の異性が適任です。

蟹座の3月

特に大きく変わったことが起こりづらいときなので、安心して過ごせるでしょう。あまり刺激を求めるタイプではないと思いますから、退屈とも感じないはずです。本を読んだり、普段より細かいところまで掃除をしたり、日常をゆっくり味わうことで、来月以降にも運を貯金できるでしょう。また、運と一緒にお金も貯まりそうです。

蟹座の4月

いつも以上に自分の殻にこもりがちになりそうです。特にプライベートでその傾向は強くなり、日々の家族や親友からのアドバイスは、小言にしか聞こえなくなりそうです。そのため、衝突が絶えないかもしれません。自分から謝る気になれなくても、相手が先に謝ってくれたなら素直に受け入れることが運気を安定させるカギです。

蟹座の5月

頭のよさが発揮できるチャンスです。物事を説明する役割が回ってくるでしょう。自信がなくても、準備をしっかりすれば任務は無事遂行できます。人から頼られることの喜びも感じられるでしょう。健康運も好調なので、ジョギングやサイクリングなど体を動かしたい気持ちにもなりそうです。道具から揃えるのもいいですね。

蟹座の6月

常識的な考えから諦めている夢や目標はありませんか？　今なら自分の常識の壁を越えてチャレンジできるでしょう。リスクがあっても、それを受け入れる勇気が持てるときです。心の柔軟性でしか解決できないこともあると知ることができるチャンスなのです。また、約束をわざと破るのも価値観を変えるきっかけになるでしょう。

蟹座の7月

どんな自分も受け入れられる覚悟が芽生えるときです。背伸びせず、今の自分をしっかり生きていることにとても満足できるでしょう。また、家族やパートナーから愛されていることが再確認できる、うれしい出来事も舞い込みそうです。また、ちょっとしたモテ期がやってきます。一人に決めず楽しんでみてはいかがですか？

蟹座の8月

自発的な人助けは好きなのに、人から頼られることは苦手。なのに、今月はたくさん頼られてしまい、憂鬱な気分になりそうです。もともと向いていないことをするのは身体にもよくありません。断るのも憂鬱なら、無視してもよいのです。それを自分に許せるかどうかが課題になりそうです。それで離れる人ならそれまでなのです。

蟹座の9月

地道な努力に気づいてくれる人が現れやすいときです。手助けの申し出や、賛同を素直に受け入れれば、これから強力なサポートをしてもらえるでしょう。ただし、そこで遠慮してしまうとそれまでです。努力が実るか、苦労で終わるか結果はキッパリどちらかしかありません。世渡りの上手い友達が参考になるでしょう。

蟹座の10月

珍しく、生活を少し変えたい気持ちが芽生えそうです。ヘアスタイルやファッション、部屋のインテリアなど、手軽にできることから始めましょう。そうすることで、引っ越しや転職など大きな変化を経験したくなる人もいるでしょう。もちろん、勇気が持てればそれもOKです。この時期は変わらないでいるほうが辛いかもしれません。

蟹座の11月

人から意見されたり、叱られたりすることが多くなりそうです。さすがに気持ちが落ち込むでしょうから、我慢せずにたまには泣いてみてください。一人でもいいですが、できれば誰かの前で感情を爆発させましょう。世の中は味方のほうが多いということがわかるでしょう。泣いた後にはおなかいっぱい食べることも開運アクションです。

蟹座の12月

季節がらだけでなく、何となく近い過去を振り返る時間が増えるでしょう。後悔もあるかもしれませんが、今ならネガティブな気持ちを払拭できます。同じ気持ちの人と慰めあっても前に進めませんので、笑い話として話せる相手に聞いてもらうのが一番です。その過去を知らない、わりと新しい友達が頼りになるでしょう。

♌ 獅子座の1年間

獅子座の1月

直感が的中しやすくなります。ふと思ったことは忘れないうちに実行すると、後悔なく過ごせるでしょう。また、古い仲間との再会がありそうです。その会話からすっかり忘れていた過去の自分の気持ちを思い出すことができます。新年の抱負に加えると、充実した1年を過ごせそうです。大声で笑うことが開運アクションです。

獅子座の2月

本来のエネルギッシュな性格に、さらに磨きがかかります。初対面の人には「熱すぎてウザい」なんていう印象を持たれがちですが、逆に「パワフルでいいね」とファンになってくれる人もたくさんいるでしょう。同調してくれる人にサポートしてもらい、さらに高みを目指しましょう。また、常夏または今が夏の国と縁があります。

獅子座の3月

やりたいことと、やらなければならないことに邪魔されがちになりそうですが、両方やるという選択肢もあるということを忘れずに。面倒事は先延ばしにするとさらに煩雑化しやすい時期です。また、上司や習い事の先生など目上の人との交流が盛んになりそうです。質問するばかりでなく、提案することで有意義な時間になるでしょう。

獅子座の4月

毎日はいたって普通に過ぎていき、物足りなさを感じるかもしれません。無理に新しいことを始めても長続きしづらい時期なので、流れに身を任せてたまにはのんびりとした行動をする時間を過ごしましょう。そして、日ごろあまり感じることがない「ほっとする」という感覚がつかめたら、今月の課題はクリアだと思ってください。

獅子座の5月

自己主張できるところが魅力ではありますが、そこがトラブルの種になりそうです。積極的な意見交換には適さない時期ですから、対人面では徹底的に相手を立てる気持ちでいてください。それだけで気持ちは伝わります。これは親しい間柄でも同じです。家族や恋人の気持ちを理解する努力がゆるぎない円満さを生み出すでしょう。

獅子座の6月

人の上に立てるチャンスが多くあります。もともと適性がありますから、驚くような場面でも自信を持ってください。チームワークの形成が課題となりますから、おごらず下の立場の人たちへのねぎらいの言葉を忘れないようにしましょう。信頼度が増して、ますます人がついてきてくれるでしょう。ただし、設備投資はほどほどに。

獅子座の7月

本当はできるのに、やらないでいることはありませんか? 自発的でなく外的要因によってスタートさせられるときです。準備不足でも心配せず、運命の流れにおとなしく乗りましょう。また、考え方が頭でっかちになりやすいので、感情的な人の言動にイライラさせられそうですが、自分に足りない部分を見せてくれているのです。

獅子座の8月

大きな心境の変化が訪れそうです。普段の自分と比べるとかなり保守的になりそうですが、それによって知らなかった世界が見えてくるでしょう。外へ出て行くより、周囲を固めるイメージですから、人間関係も新しい出会いを求めるより、身近にいる人と関係を深めることに適した時期です。恋の相手も近くにいるかもしれません。

獅子座の9月

人のサポートは苦手なのに、その役が回ってきやすい時期です。チャレンジすることで得られるものは大きいでしょうが、無理に引き受けなくても大丈夫です。なぜなら、一度始めたことが中断されやすい運気でもあるからです。引き受けて途中で投げ出すことで不評が立つより、最初から断るほうが今後のためかもしれません。

獅子座の10月

何かしらの結果が出やすいときです。仕事でも家族との関わりでも、結果を求めていることがあるなら、少しの働きかけで一気に事が動くでしょう。ただし、第三者を巻き込むと流れが滞ります。今は人には相談せず、自分で決断することに重きを置くのがよいでしょう。また、金運がなかなか好調で、値引き交渉も有効です。

獅子座の11月

引っ越しや転職など、環境の変化が訪れやすいときです。それらを望まない場合は、少し遠い場所への旅行や、部屋の模様替えをすると変化を止めることができるかもしれません。人間関係は距離が離れても継続しそうなので、友人や恋人と離れたくないため変化を躊躇しているなら、心配無用です。逆に仲が深まるきっかけになるでしょう。

獅子座の12月

気持ちが落ちつかず、イライラすることが増えそうな時期です。つい人を強く叱ってしまったり、八つ当たりしてしまったり……。後悔しても遅いこともありますから、人と話す前には一呼吸おいて冷静に。また、逆に人から強い当たりを受けることも。珍しくシュンとしてしまうかもしれませんが、そこでやっと人の気持ちがわかるでしょう。

♍ 乙女座の1年間

乙女座の1月

珍しく感情の赴くままに行動ができそうな時です。思い立ったら海外旅行でも、習い事でも、予算を考えずやってみるといいでしょう。先延ばしにすると、いつまでもできなくなります。いい意味で慎重さに欠けるので、普段では考えられないような経験ができるかもしれません。ただし、言葉遣いはいつも通りの丁寧さを心がけましょう。

乙女座の2月

活力が上がってくる時期です。この勢いに乗って新しいことにもチャレンジしたいところです。また、自分のことだけでなく、人の手助けをする余力もありますから交友関係も自然と広がるでしょう。ただ、古くからの知り合いには、急にテンションの上がった姿を心配されるかもしれません。気持ちのボリューム調整は必要でしょう。

乙女座の3月

日常の細々した用事に追われやすいときです。やるべきことを見失わないように自分をしっかり持ちましょう。金運もやや心配な時期ではありますが、忙殺されて体調を崩して医療費をかけるくらいなら、初めから専門家に任せられそうなことは、お金にいとわずお願いしたほうがよいでしょう。お金を先に使うことが厄落としにもなるのです。

乙女座の4月

物事がスムーズに運んでいくときです。大きな悩みもなく、平穏な暮らしができるでしょう。おかげで草花の美しさや温かい食事のおいしさなど、小さなことに大きく幸せを感じられるでしょう。金運は収入が増えるときではありませんが、使いたい気持ちが押さえられるので、結果的にいつもより余裕ができそうです。

乙女座の5月

人づき合いに少し疲れてしまいそうなときです。特に一対一での関係にちょっとしたトラブルが起こりやすいので注意が必要です。回避のためには、正論をそのまま伝えないこと。威圧感が増してしまうときでもあるので、特にプライベートでは気をつけましょう。また、仕事などでは、なるべく3人以上で行動のするのも手です。

乙女座の6月

人に何かを教える役が回ってきそうです。もともと適性があるので、引き受ければ好評を博すことができるでしょう。また、年下の人との交流が増えそうです。なかなか意見には同調できないかもしれませんが、自分と違った考えを取り入れることで開運する流れにあります。食事会などでの支払い担当は、出費ではなく先行投資になるでしょう。

乙女座の7月

珍しく計画性を欠いてしまいそうなときです。段取り通りにいかないことは一番のストレスですが、柔軟性を学ぶ機会だと思って焦らないようにしましょう。また、思いがけず慣れない役目が回ってくることもありますが、やってみると意外と性に合っていることがわかりそうです。固定観念を捨てざるを得ない月になるでしょう。

乙女座の8月

運気の換気時期といいますか、いろいろなことが少しずつ入れ替わっていくでしょう。特に人間関係はわかりやすく変わります。同僚の異動、ご近所さんの引っ越しなど、自分の生活軸は変わらなくても、ちょっとした変化に感傷的になるかもしれません。ですが、同時に新しい出会いの始まりでもあることにも気づくでしょう。

乙女座の9月

人の夢や目標に刺激され、自分も何かやってみたいという熱意が湧きそうです。ただ、すぐには上手くいかず、先を走る人が妬ましく感じてしまうこともありそうです。そう思うなら、まずはその人のサポートをさせてもらうと本質が見えるでしょう。その上で、まだやりたいと思えたなら、かけがえのないものになるでしょう。

乙女座の10月

努力が大きく評価されるときがきました。自分が正しいと思って続けてきたことに明確な結果が出るでしょう。それは昇進・昇給だったり、恋愛成就だったり、とにかく花開く日を信じて地道に向き合ってきたことのはずです。その後を応援してくれる人も現れ、前途洋洋です。また、金運、健康運などもまんべんなく安定しています。

乙女座の11月

何か大きな変化を自ら起こすときです。人と自分を比べがちになるので、誰かが転職するとか、引っ越しするとかいう話を聞いて感化されての行動でしょう。自発的でありながら動機がやや曖昧なので、動いた後に「こんなはずじゃなかった……」と後悔することのないように。いつもの慎重さがよいブレーキになってくれるでしょう。

乙女座の12月

気持ちが焦りがちで、ついヒステリックになってしまいそうです。季節がら周囲もせわしなく、八つ当たりしても相手にされずさらにイライラしてしまうこともありそうです。それを抑えるには人との交流をなるべく希薄にし、来年に回せることまでやろうとしないことです。自分のキャパシティを再確認するときでもありますね。

♎ 天秤座の1年間

天秤座の1月

いろいろな場面で自分の限界を越えてしまい、珍しく取り乱してしまいがちです。これは、普段ならNOといえることも、なぜか意地を張って断れないことが原因のようです。たとえば、仕事を請け負いすぎるとか、家事も育児も一人で抱えて夫に相談できないなどです。心当たりがあったら、素直に人を頼りましょう。

天秤座の2月

ひらめきが冴えるときです。普段は直感と現実性のバランスを取った上で行動していても、今は直感だけに従ったほうが正解にたどり着けるようです。また、人からアドバイスを頼まれることも増えそうです。その際も一般論を考慮した答えではなく、思い浮かんだことをそのまま伝えてあげたほうが感謝されるでしょう。

天秤座の3月

状況好転のタイミングです。滞っていた物事は流れだし、活力もみなぎるでしょう。幸運の追い風が吹いていますから、あとはそれに乗るだけです。ただし、そこで躊躇してしまうと一気に状況が暗転する、不安定さも背中合わせの時期です。いかに自分を信じられるかどうかが試されるときともいえるでしょう。

天秤座の4月

うっかりミスが増えそうなときです。いちいち気にしていたら、何もできなくなりそうなので、ある程度開き直ってしまいましょう。また、家族の予定や用事に振り回されることも多くなりそうです。余力のない月になりそうなので、自分の個人的な楽しみは来月にとっておこうと考えないと、がっかりばかりの月になりかねません。

天秤座の5月

あまり悩まなくなるでしょう。問題が発生しないわけではありませんが、解決策がすぐに見つかる時期だからです。いつも以上に割り切りがよくなりますから、決断事は今月すると後悔がないでしょう。また対人運がよく、人のやさしさが身に染みる出来事に合えそうです。最大のお礼は、自分も他人にやさしくすることでしょう。

天秤座の6月

人生の小休止期間に入ります。無理にテンションを上げようとしても、なかなか難しいでしょう。そこに労力を注ぐより、じっとパワーを充電するべきときなのです。ただ、人と会わずにいることが一番なのですが、なぜか誘いの連絡が多くなります。ここでも無理して会うより、断ることのほうが少ない労力で済むでしょう。

天秤座の7月

何かを学ぶことに積極的になりやすいときです。独学より、人から教わるほうが今は効果が上がるでしょう。今の時期に始めたことは、将来、自分が教える立場になる可能性があります。そのなかには、年下との楽しい交流もありそうです。金運はまずまずですから、資金がない場合は誰かに頼むと援助してもらえるかもしれません。

天秤座の8月

公私ともにイレギュラーな事態が発生しやすいときです。予定通りに進むことは、まずないと思っておきましょう。すっかり疲れてしまいそうですが、めげないでください。すべてが落ち着いたとき、大きな達成感と充実感が待っているからです。その際には、人間的に一回り大きくなって、周囲からの信頼度が増しているでしょう。

天秤座の9月

社会的立場に変化がありそうなときです。仕事では部署が変わったり、主婦だった人が仕事に出たりすることもあるでしょう。結婚や出産のタイミングでもあります。ストレスがなく新しい環境に挑めるときです。逆に何か状況を変えたいなら今の運気を使いましょう。行動に出ることで、さらに運の巡りはスピード感を増すでしょう。

天秤座の10月

心から人生を楽しめるときでしょう。夢や目標のサポートも多く、ワンランク上に引き上げてくれる人との出会いもありそうです。プライベート運も上昇しますから、まとまった休みを取って旅行する、ペットを飼うなどやりたかったことを試してみてください。また、人から慕われることが多く、よい気分を味わえるでしょう。

天秤座の11月

自分ではそれほど努力した意識はなくても、社会的なわかりやすい評価が得られそうなときです。みんなの前で上司に褒められたり、何かで表彰されたり。とまどうかもしれませんが、ありがたく頂いておきましょう。また、対人関係が好調です。恋愛や夫婦感の愛情問題は簡単に解決するでしょう。躊躇せずに話し合ってみてください。

天秤座の12月

運気は人生に大きな変化をもたらすでしょう。小さな変化に順応するのは得意なタイプですが、さすがに今月は驚くことがたびたびありそうです。また、予想していた変化はやってこないようですから、準備は無駄になってしまうかもしれません。今は、これから訪れる未知の世界に飛び込む覚悟を整えることに力を注ぎましょう。

♏ 蠍座の1年間

蠍座の1月

イメージチェンジしたくなるときです。いつもは自分の個性を前面に出すことを好まないのに、何となく目立ちたくなったりもするでしょう。そのため、出会う人のタイプも大幅に変わります。自己主張の激しい人から学ぶことも多いでしょう。もともと、未知の領域には興味があるでしょうから、楽しく過ごせると思います。

蠍座の2月

知らず知らずのうちに、無理をしてしまいそうなときです。頼まれ事を受けたのに手つかずのことがあるなら、早めに断りましょう。人間関係も許容量を超えているようです。そこで切れてしまう縁なら、むしろラッキーです。人のペースに巻き込まれることは、自分らしさを欠くことだと思い出してください。

蠍座の3月

本能や直感のままに動くことだけに集中しましょう。もともと冴えた感覚を持っていますが、さらにそれが開花するときです。その力を使って、人生相談に乗るなど人助けをしましょう。現実性を欠いた行動を批判する人が出てきても気にする必要はありません。その行動に精神を救われる人のほうが多いからです。超常現象とも縁があります。

蠍座の4月

運気が上がっていることを体感できるでしょう。感覚だけでなく、物理的に得をすることも増えます。これまでセーブしてきた感情や、願望があるなら遠慮なく表に出していくとよい方向に進むはずです。ただし、じっくりと考えてから行動することも必要です。覚悟ができていないうちに動くと、後悔することもあるでしょう。

蠍座の5月

注意力が散漫になりやすいときです。普段では考えられないようなミスをしてしまうかもしれません。そのミスに気を取られたままでいると、さらに大きなミスを呼んでしまいます。ただし、何があっても落ち込みすぎないでください。完璧ではない自分を認めるために事は起こるようです。そこに気がつければ、一気に運気は好転します。

蠍座の6月

徐々に活力が上がってきます。コンディションが整い、悩むことも減りそうです。心身のバランスが取れているので、仕事も人間関係も順調ですから、この流れに乗ってワンステップ上を目指して行動するとよいでしょう。そのお手本になる人が身近にいそうです。特に、年齢の近い異性に注目してみてください。

蠍座の7月

人づき合いが一段落、安定するときです。友人や職場の同僚となら、多くの言葉を交わさなくても意思の疎通がよく取れるでしょう。ただ、恋人や夫婦関係の場合、相手はマンネリと感じているかもしれません。上手くいっているように見えても、たまにはじっくり話したり、遠出をしたり変化をつけることで信頼関係を深めましょう。

蠍座の8月

向上心が高まり、何かを学びたくなるでしょう。新しいことにも興味は湧きますが、過去に少しかじったことや、挫折してしまったことを再度学び直すと、今度こそ長く続けることができるでしょう。また金運が好調です。勉強の道具や教材には思う存分お金をかけることができそうです。ただし、ローンを組むのには適しません。

蠍座の9月

「人生は思い通りにならないことが多い……」珍しくそんなふうにネガティブになりがちです。というのも、人の都合で用事を変更させられることが多く、自分が尊重されていない気持ちになってしまうからなのです。こんなときは得意なことで活躍する機会を持ってください。たくさん褒めてくれる人と会うのもよいでしょう。

蠍座の10月

身分や立場が変わる時期に差しかかっています。プライベートでは、恋人ができる、結婚する、親になるなどの幸せもあるでしょう。仕事も出世などよいことがありますが、その分、責任が大きくなるでしょう。そのプレッシャーに耐えられるかどうか試される出来事も起こりやすいので、メンタルトレーニングが必要かもしれません。

蠍座の11月

しっかりと自分の意志に沿った生き方ができるときです。心からの笑顔を自然に出すことができるので、人気運も上昇します。夢や目標が叶うチャンスが来たら、人には譲らず飛び込んでいきましょう。いつものようにワンテンポ遅れたスタートは後悔の元になります。人を蹴落とすくらいの気持ちでちょうどよいかもしれません。

蠍座の12月

のんびり生活しているだけなのに、社会的に認められたり、褒められたりする機会が訪れます。何の努力もしていないのに……。と罪悪感を覚えるかもしれませんが、これまでの人生で積んだ徳のご褒美なので堂々としていてください。また、美意識が高まるので、ファッションや美容にかかる出費は覚悟しておきましょう。

♐ 射手座の1年間

射手座の1月

比較的のんびりと時間が過ぎていくときです。今月はずっとお正月休み気分で過ごしても差し支えないかもしれません。さらに、棚からぼたもちのことわざのごとく、思いがけない場面でのラッキーもありそうです。日ごろから人よりラッキーを受け取り慣れているかもしれませんが、この時期のラッキーは特大なので期待してください。

射手座の2月

いろいろと身辺に変化が訪れるときです。望まないネガティブな変化ではなく、変えたかったことを人が変えてくれるポジティブなものです。自分で動くより、人に頼んだほうが大きな変化を得られるでしょうから、頼って正解です。また新しい出会いにも期待できますが、これも相手のアプローチによって進展していくでしょう。

射手座の3月

珍しく人のペースに合わせる気持ちになりそうです。ただし、それが積もり積もって知らない間に大きなストレスにもなりやすいときです。自分の技量を知り得るよい機会ではありますが、体調を崩すほどがんばることのないように気をつけましょう。また、お金の貸し借りどちらのトラブルにも注意の時期です。

射手座の4月

いつも以上に自由奔放な生活がしたくなるでしょう。思い立ったら、海外旅行にでもすぐ行ってしまいそうな勢いです。これによって家族や同僚に迷惑をかけることも増えますが、理解者もいるようですからその人を大切に。また、虫の知らせといわれるようなものをキャッチするなど不思議な体験をするかもしれません。

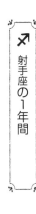

射手座の5月

運気はなだらかながら、着実に上昇しています。臨時収入や欲しかったプレゼントをもらえるなど、わかりやすいラッキーもあるでしょう。自分だけでなく、周囲の人にもその影響を及ぼすことができるので、家族やごく親しい間柄の友達からの朗報を聞くことも多いでしょう。また、決断事は急がないほうがよい時期です。

射手座の6月

日々が何となく惰性で過ぎていくようなときです。頭もぼーっとしていたり、約束の時間を間違えたり、忘れ物をしたりすることも増えそうです。気を引き締めようとしても、今は難しそうなので大事な約束は入れない、高価な物は持ち歩かないなどの対策で乗り切りましょう。とはいえ、気持ち的には沈まないのは救いです。

射手座の7月

いつもより元気が増してくるでしょう。普段なら面倒に感じて避けていたことも「やってみようかな」という気持ちになれそうです。この流れに乗って、連絡を先延ばしにしていた人にも連絡してみましょう。気まずかった相手でも、何事もなかったように仲が復活しそうです。また、鞄やスマホなど持ち物の買い替えも今のうちに。

射手座の8月

幼なじみや同級生など、子供のころからの友達に何かと助けられることがありそうです。大人になってからできた友達も頼りになりますが、今、プライベートな悩みを相談するなら古い友達です。幸い、仕事などの社会活動は好調なので、自分の意志で進んでいきましょう。また、体調が不安定になりやすいので暑くても温かい飲み物を。

射手座の9月

仕事や家事より、趣味に集中できるでしょう。創作意欲が湧いてきて、絵を描いたり、凝った料理を作ったりするかもしれません。自作だけでは物足りないなら、教室に通うなど極めるのにもよい時期です。忙しい日々の息抜きも兼ねて行動してみてはいかがでしょうか。また、そこでの新しい仲間とのつき合いも充実しそうです。

射手座の10月

珍しく人の言動にイライラしてしまいそうです。そこで反論や注意ができたらいいのですが、なかなか勇気が出ないかもしれません。ただ、行き場のない気持ちを家族や恋人にぶつけてしまわないように気をつけましょう。まだ物に当たったほうがいいくらいです。健康運は上々なので、スポーツで発散するのが一番かもしれません。

射手座の11月

プライベート運が上昇中です。家庭や恋愛で喜ばしいことが多いでしょう。ただし、社会的な立場には変化があり、忙しくなりそうです。がんばりどきではありますが、気持ちが追いつかず寂しさを感じてしまうかもしれません。たまには誰も見ていないところでもよいので、思いっきり泣くとプレッシャーも払拭できるでしょう。

射手座の12月

やっと自分のペースで生活できる期間に入りました。よいと思ったことは、誰にも遠慮せず実行してください。意見も通りやすく、考え方に同調してくれる人も多く現れるでしょう。また、ちょっとしたモテ期がやってきます。ウキウキした気分で過ごせますが、異性の褒め言葉はお世辞も多いので勘違いには気をつけましょう。

♑ 山羊座の1年間

山羊座の1月

社会的な地位がアップしたり、人から注目されたりすることが多くなります。プレッシャーは増えますが、そのおかげで自信が倍増し、プライベートも順調でしょう。古い習慣を捨てることでさらに開運できますから、過去は振り返らないように。この時期に始めたことや人間関係は軽く10年は続きますから、慎重に選ぶことが必要でしょう。

山羊座の2月

あまり変化のない毎日かもしれません。ですが、これは運気に左右されずに計画通りに物事が進められるということにもなります。遠くに見える目標も、今月の努力次第で大きく近づきます。近所づき合いに縁があるので、地域行事や子供の学校行事が盛んになりやすいでしょう。また、厳寒の時期ですが、わりと健康に過ごせます。

山羊座の3月

何事も一区切りがつくときです。逆に、自分から一区切りをつけることも可能です。惰性で続けていることや人間関係が円満に終焉《しゅうえん》を迎えるでしょう。かといって、入れ替わりで新しく始めるタイミングではなく、一人で自分を見つめ直すべきチャンスと思ってください。落とし物をしやすいですが、見つかる可能性が高いので諦めずに探しましょう。

山羊座の4月

リーダー的ポジションを得やすいときですが、その分、衝突も増えるでしょう。奇をてらった行動をしたくなりますが、反感を買うだけです。今こそ、いつも通りの社会常識に忠実な行動のほうが高く評価されるのです。せっかくの春ですが新しい出会いは今ではないので、過剰な期待をしなければがっかりもせずに過ごせるでしょう。

山羊座の5月

金運に恵まれます。入るお金も増えますし、貯蓄を始めるのにも適しています。また、人間的に一回り大きくなれるときです。それを試されるかのように頼まれ事が多くなりますので、損得を考えずに聞き入れてあげるとよいでしょう。また、珍しく食に興味が湧いてきます。ダイエットには不向きなときなので来月以降にして、食を楽しみましょう。

山羊座の6月

コミュニケーションのトラブルが起こりやすいときです。うっかり失言しやすいので、発言の前に言葉をよく選びましょう。メールや手紙は、誤字脱字をいつも以上に入念にチェックしたほうがよいでしょう。また、自分への苛立ちが過剰になりやすいので、完璧を目指さず、何事も6割できれば合格と思っておくと平穏に過ごせます。

山羊座の7月

家族など身近な人の予定に振り回されやすくなります。自分のことは後回しにせざるを得ない状況ですから、文句をいわずいさぎよく人に合わせましょう。そうしたほうが、最終的に何事もスムーズに回ります。仕事をしている人は残業や休日出勤が増えそうです。断りたい日は早めの申告を。また、エアコンや扇風機などの故障に注意。

山羊座の8月

プライベートな時間に制限がかかりやすく、また、楽しむことを自分で制限してしまいやすいときでもあります。かといって、仕事や家事に集中できるわけでもなく、気持ちは八方塞がりになりがち。公私ともに行事が多い季節ですが、誘いのすべてに乗る必要はありません。いっそのこと遊びも仕事もすべて休むことが最良の時期なのです。

山羊座の9月

気力、体力ともに大きく湧き上がってくるでしょう。そのおかげで、何をするにも余裕が生まれます。特に仕事での活躍に期待が持てます。一気に評価や職位が上がるわけではありませんが、着実に階段を一歩上ったような手応えが得られるはずです。専業主婦なら、夫にこの現象が現れます。1年のなかでも幸福感が高い時期です。

山羊座の10月

人と素直に向き合うことができなくなります。よってパートナーシップにおける問題が起こりやすくなるでしょう。ケンカになったら、自分の気持ちが落ち着くまで反論はしないこと。また、縁を切りたい人がいるなら、この時期に。円満にはいきませんが、離れることができます。共同事業や新しい契約には不向きな時期です。

山羊座の11月

本来の真面目な性格が少しゆるむ時期なので、のびのびと過ごせるでしょう。「最近、丸くなったね」といわれることも多そうです。相手への印象がいつもと変わりますから、苦手だった人との距離を縮めるチャンスにもなります。長期休暇を取るのにも適していますから、誰にも気兼ねせず旅行するなど、好きなことをしてください。

山羊座の12月

世間は多忙な時期ですが、1年間をほぼ計画通りに過ごしてきているでしょうから、落ち着いた日々になります。日本の伝統を残したお正月の準備を楽しみましょう。それを通じて、日ごろ忙しい家族や親戚とのきずなも深まります。ただ、物をスパっと捨てる気分になれないのは自分でも気がかりでしょうが、無理せず他の機会を待ちましょう。

♒ 水瓶座の1年間

水瓶座の1月

悩みや不安がなく穏やかな毎日が待っています。本を読んだり、映画を観たり、自然と心を豊かにする活動に積極的になっていきそうです。そして、それらの感想を分かち合える仲間との出会いも増える時期です。普段、仕事にばかり夢中になっている人も、ふっと肩の力が抜けるでしょう。人生のよい小休憩に最適な時期なのです。

水瓶座の2月

人生がワンランク上がった手ごたえを感じられるでしょう。自分の感じ方だけでなく、人からの明確な評価もあるでしょうから、変化はわかりやすいでしょう。無理だと感じていたことにもチャレンジしてみてください。見事クリアできるでしょう。そして、過去の縁が復活しやすいときです。会いたい人がいるなら自ら連絡を。

水瓶座の3月

あれこれやりたいことは湧いてくるのに、状況が実行させてくれません。もどかしさを抱える時期ですが、今動いても空回りするだけです。たまには「動かない」ことを体験してください。これまで見えなかったことが見えて、新鮮な驚きが得られるでしょう。金運はほんの少し上がりますから、少し豪華な美味しい食事で癒されてください。

水瓶座の4月

自分らしく生きている時間が得られるでしょう。これで安心して毎日を過ごせます。季節がら入れ替わる対人関係もありますが、衝撃の強い別れを経験するほど、衝撃の強い出会いを経験できると思って楽しみにしておいてください。また、身だしなみにいつもより気を使うことが、出会い運だけでなく健康運アップにもつながります。

水瓶座の5月

実力以上の評価を得やすいときです。謙遜せずに、自己評価よりも他己評価を受け取りましょう。プレッシャーもありますが、成長のチャンスです。もし、嫉妬の対象になっても動じず、いつも通りの振る舞いを心がければトラブルは防げるでしょう。また、季節の割に出会いは少ないですが、古い知人との仲を深めるのには向いているときです。

水瓶座の6月

1年で一番、お金の巡りがよくなるときです。スクラッチくじなどで運試しをしてみるとバロメーターとなり面白いかもしれません。増やすためには、必要な投資をケチらないこと。ただし、借金の申し出はキッパリ断りましょう。貸すと自分の金運が下がってしまいます。逆に、お金以外の方法で助けてあげれば運気は上がります。

水瓶座の7月

まるで思春期かのように、自意識過剰になりがちです。それゆえ、人の目を気にしすぎて、いつも通りの力を出せずに後悔することも多くなります。自分が思うほど、人は自分を見ていないということを忘れないで過ごしましょう。発言も大きくなりがちなので、信頼を失うことのないように慎重に。困ったときは家族が唯一の頼りです。

水瓶座の8月

自分の趣味や仕事にちょっと飽きを感じるときです。他人は日々どんな生活をしているのか珍しく気になり、人のペースに合わせることもできるようになります。また、今月を境に生活のペースが少し変わるので、流れに逆らわず身をゆだねましょう。体調を崩すと長引きやすいので、寝冷えや室内外の温度差対策をしておきましょう。

水瓶座の9月

いろいろなところに出かけたくなるでしょう。ところが、仕事が忙しくなり、時間が制限されやすいときでもあります。スケジュール調整に無駄な力を使いそうですが、上手くいったときの爽快感はいつも以上です。大人数で過ごすより、なるべく単独行動したほうがよいでしょう。大切な人との時間は来月ゆっくり取れば大丈夫です。

水瓶座の10月

人生が上手くいっている感覚が得られるときです。人から褒められることも多く喜びを感じられるでしょう。何事にもやる気も湧いてくるので、人のためにも行動したくなるでしょう。ただし、日ごろあまり慣れていないおせっかいですから、気づかないうちに押しつけになってしまうことも。相手の意向を確認しながら進めましょう。

水瓶座の11月

発想力は無限にあふれ出しますから、仕事は充実するでしょう。ただ、人間関係が少し不安定です。人から注目されていない気がして、ついすねてしまいがちなときです。その気持ちを素直に伝えないと、たとえ家族や親しい人でも気づいてくれないでしょう。特に年下や目下の人に八つ当たりをしないように気をつける必要があります。

水瓶座の12月

思わず笑いが止まらなくなるようなラッキーな出来事が舞い込みやすい時期です。予定通りに進まないことが増えますが、その先にこそラッキーが待っていそうですから、いちいち怒らないこと。特に既婚未婚問わず、恋愛面にその傾向が強く出るでしょう。簡単にいえば、ちょっとしたモテ期なのでウキウキ過ごせそうですね。

♓ 魚　座の1年間

魚座の1月

普段は具体的な計画に忠実な行動は苦手でも、今はそこをがんばるべき時期です。それさえできれば年始から早速、夢や目標が叶うタイミングがやってくるでしょう。人気運が上がり、異性から誘われることも増えそうです。ただし、相手はまだ興味がある程度の恋愛感情未満かもしれないので、早合点した行動は逆効果です。

魚座の2月

日々の流れはとても穏やかです。好きなことに没頭できる時間が多く、明るい気持ちで過ごせるでしょう。ただし、自分の世界に入り込みすぎて、周囲が見えなくなって迷惑をかけているかもしれません。家族や同僚への気遣いを忘れずに。インドアになりがちで肩こりしそうなので、ストレッチなど軽い運動が予防には必須です。

魚座の3月

褒められることが多く、自分の生き方に自信が持てるときです。その勢いで新しいことにもぜひチャレンジしてください。ただ、自分が目指すゴールの、少し手前のことを第一目標にして実行したほうが上手くいくので無理しすぎないように。コーチのような役割をしてくる人との出会いがあるので、指導してもらいながら進めましょう。

魚座の4月

何かと忙しくなる時期です。そんなときに限って、自分勝手な頼み事をする人もいて、イライラさせられることも多くなります。めずらしく人にきつく当たってしまいそうですが、たまにはよいでしょう。そんな自分にクヨクヨせず、苦手なサバサバとした生き方の練習だと思ってください。食事をゆっくりとることが開運のコツです。

魚座の5月

職場や世間で急に注目されるようになり、ちょっと戸惑うかもしれません。期待に応えないといけないプレッシャーから、体調を崩してしまう可能性がありますので、無理は禁物です。断る勇気を持つ必要がありますが、自分の身体を最優先に考えてください。困ったときは親友が一番力になってくれるときですから遠慮せずに話してみましょう。

魚座の6月

自発的に何かを始めたくなるでしょう。珍しく単独行動ではなく、人を誘いたくもなるようです。おかげでこの機会に苦手だった人とのつき合いも、自然にこなせるようになるでしょう。また、住環境を整えることがテーマとなります。寝具や調理器具の新調を積極的に。金運はまずまずなので、予算は確保できるはずです。

魚座の7月

物欲が増すのに比例して、金運も上がってくるときです。大きな買い物をするならこの時期に合わせるとお得にできるでしょう。対人関係はやや乱れ気味で、優柔不断さがトラブルの元になりがちです。いつもは許される態度も、周囲をイラつかせてしまう可能性があるので、決断を早めにする意識を持って乗り越えましょう。

魚座の8月

ちょっとしたモテ期がやってきます。ただし、勘違いもしやすい時期なので、相手からの明確な言葉がない限りは、調子に乗らないほうがよいでしょう。また、家族との交流が増えるときです。まずは自分から甘えてみましょう。わだかまりがあるならそれをきっかけに解消できます。家族旅行の計画を立てるのもよいタイミングです。

魚座の9月

珍しく生活のテンポがアップしそうです。普段、時間がかかってしまうことでも、効率よくスピーディーに進められます。この時期に先延ばしにしていたことをすべて片づけてしまうのがよいでしょう。ただ、体調が乱れやすいときなので、睡眠時間を削るのは厳禁です。テンポは上げても、リズムは崩さない生活を心がけて。

魚座の10月

プライベートは充実、仕事は小さな問題が重なり気ぜわしい、吉凶混合時期です。自分の意識次第で、吉と凶の割合が変わりますので、ポジティブシンキングを選びましょう。遠出すると新しい出会いや、楽しいことがたくさんありそうです。また、パートナーだけでなく、友達とのつき合いも大切にしたい時期です。

魚座の11月

1年のなかでもかなりよい運気のなかにいます。人から優しくされたり、もてなされたりする機会が増え、いつも以上に夢見心地で過ごせるでしょう。それに対してお返しのもてなしをすることも楽しめます。いつ来客があってもよいように、部屋を片づけておきましょう。特に悩みがないので、比例して体調もよく過ごせるでしょう。

魚座の12月

さまざまな人生の制限が解放され、本来持つ自由度以上に自由に過ごせるでしょう。仕事も手を抜いてもそれなりの評価が得られるので、代わりに実験的にこれまでセーブしてきたことをやってみるとよいかもしれません。人間関係では、年下の人からの支えに助けられる場面が多くありそうです。おごらず、感謝とねぎらいを忘れずに。

第14章

12星座別「今月の運勢」の書き方

1　12星座別の「今月の運勢」とは？

星座によって受け取り方が変わる

「今月のあなたの運勢は最高潮！」や「今月は恋愛運が下降気味」など、雑誌やネットで見かける「今月の運勢」に一喜一憂したことがある人は多いでしょう。

いったい、何を根拠に運勢を判断しているのでしょうか？

ここでは、その法則をお話ししていこうと思います。

占いは「よいことしか信じない」とか「悪いことが書いてあると憂鬱」など、受け取り方はその人次第。そして、まったく同じことが書いてあっても、星座別に受け取り方が違ってくるのも面白いところです。

私のように占いを提供する側は、実はその星座の人の受け取り方の傾向を踏まえた上で、表現を変えていたりもします。

たとえば、1月の恋愛運が最高潮の場合は、星座によってこう表現が変わります。

【例1　獅子座の場合】

今年一番のモテ期がやって来ます！　いつも以上にお誘いの数が増え、スケジュール調整が大変でしょう。断るほど追いかけられてしまう、うれしい苦労もありそうです。同時進行もアリの時期ですが、本命がいるなら慎重に。

【例2　山羊座の場合】

気になる人と、ついに一歩進展のチャンスがやって来るでしょう。ほんの少し積極的になることがポイントです。パートナーがいる人にも、他の異性からのお誘いの可能性が。食事くらいは浮気にはならないのでは？

この違い、何となくつかんでいただけましたか？

それぞれ解説していきましょう。

例1【獅子座の場合】を解説

まず前提として「獅子座はモテたい願望が強い」と「何でも一番でいたい」という特徴を尊重します。

そこで、「今年一番の」というワードと、「モテ期」というワードを冒頭に盛り込みます。獅子座の方、この冒頭文だけでテンション上がりましたか？

そして、「プラスのことしか受け入れない」性格傾向を加味しながら、マイナスなことも素直に受け入れてもらえるように、さりげなく注意事項とアドバイスを盛り込みます。たとえるなら、ニンジンやピーマンが嫌いな子供に、気づかないうちに食べさせてしまうため、細かく切ったりすり潰したりするような感じです。

「いつも以上にお誘いの数が増え」で自尊心をくすぐり持ち上げて、「スケジュール調整が大変でしょう」とやや皮肉（失礼）交じりに、暗に「ダブルブッキングでのトラブルに注意」という意味を込めます。

さらに遠まわしな表現だったので一回では意識してもらえないだろうと仮定し、さらにもう一回遠まわしですが注意を喚起します。

それが「断るほど追いかけられてしまう、うれしい苦労もありそうです」という表現です。

おそらく獅子座は気がない相手でも、バッサリ断ることはできないでしょう。誘いのメールに返事をしないことが、獅子座にとっての断りなのですが、相手の異性はそうは思いません。ハッキリ「NO」というまで何度も連絡してきてくれる人もいるでしょう。

相手のその行動を「ウザい」と感じても、ハッキリ断ることこそ獅子座が恋愛運を上げる開運行動になることを、暗に示しているのですが、これは占い師が強制すべきことではないでしょう。「うれしい苦労」という、ポジティブにもネガティブにも取れる表現を使う工夫で、最後は自分でどうするか考えてもらえるようにしています。

例2【山羊座の場合】を解説

続いて、【例2　山羊座の場合】は、獅子座と違って「自分のことをモテると思っていない」と「一番になって目立ちたいという願望はあまりない」という性格傾向を前提として考えます。

そして、恋愛はスピーディーな展開より、一歩ずつ着実に進めていくタイプであろうということを意識します。

これらを加味すると冒頭は「気になる人と、ついに一歩進展のチャンスがやって来るでしょう」という表現になってきます。

まず、「気になる人」という表現ですが、「好き」な異性であっても、友達に相談するときなど「好きな人」ではなく、「気になる人」という表現を使うであろうという推測から選びました。

「一歩進展のチャンス」は、山羊座の慎重さを尊重しています。他の星座のなかには二歩でも百歩でもチャンスが来たら一気に進めたい人もいるでしょう。ですが山羊座は違います。特大のチャンスが来ても、一歩だけ進めることこそ理想の恋愛展開なのです。

さらに、誰かに背中を押されないと、せっかくのチャンスもつかみにいかない傾向が強い山羊座へ「ほんの少し積極的になることがポイントです」とのアドバイスをします。

最初の「ほんの少し」と、最後の「ポイントです」という表現を使って、「強制されることは、実は嫌い」という山羊座の気持ちを汲んで、「絶対とはいわないけれど、少しの労力でいつもより得ができる」という合理的な開運行動を提示させていただきました。

そして最後の「パートナーがいる人にも、他の異性からのお誘いの可能性が。食事くらいは浮気にはならないのでは？」と、せっかくモテるのだから、節度を持った他の異性との交流も人生を豊かにする経験ではないかと、老婆心ながらのアドバイスを入れさせていただき、山羊座と世の中の「浮気の基準」の違いを一般論として提示しました。

この「一般論」というのも山羊座の性格傾向を加味した表現です。山羊座は多数決に弱いところがあります。頑固ではありますが、自分のなかでまだ明確になっていないことは、世の中の多数意見に同調する傾向があるのです。

これが獅子座の人へのアドバイスの場合には、「食事くらい浮気ではないだろう、と相手も考えているとは限りません」となったりします。

このように占い手は、12星座ごとの生まれ持った性格傾向を踏まえて、一番的確に運気の状況が伝わり、何をすることで（または、何をしないことで）開運できたり、不安定な運気を安定させたりできるのかを考えて、「今月の運勢」を皆さんにお伝えしているのです。

※ただし、占い手の星座によって表現や解釈が違ったり、占いを書く上でのポリシーが違ったりすることは当然あるでしょう。参考までに私は乙女座です。「分析」して「結果」を出し、「結果」に基づき「対策」を練るのが好きです。

2　「今月の運勢」の書き方
「星占い」と「西洋占星術」の違い

さて、ここからはいよいよ、12星座別の「今月の運勢」をどのように割り出しているのか、論理的な法則をお話ししていきます。

まず、「星占い（12星座占い）」は、西洋占星術の手法の一つだと考えてください。西洋占星術とは、簡単に説明すると「10個の惑星が、どの星座に位置しているかによって、運勢を判断する占い」です。

10個の惑星とは、太陽・月・水星・金星・火星・木星・土星・天王星・海王星・冥王星で、それぞれに対応する意味が与えられています。

たとえば、太陽は「自分自身」「生命の源」「社会的な顔」など、月は「感情」「母性」「女性との縁」など、という具合です。

これら10個の惑星にそれぞれ生まれたタイミングによって「12星座」のどれか一つが割り当てられ、その惑星が意味する分野での「生き方の雰囲気」が決まります。

そして、これら10個の惑星を、天空に割り当てた図を「ホロスコープ（チャート）」と呼びます。占星術家は、このホロスコープを解析して、運命や運勢を判断していきますが、自由に解析できるようになるまでには、それなりの勉強が必要でしょう。

ですが、「12星座占い」は、10個のうち、たった1個の惑星だけを切り取って運勢を判断しています。この、たった1個の惑星とは、「太陽」です。

この太陽という星は、ちょうど1年間かけて、12星座を1周します。これはつまり、毎年同じ時期に、天空の同じ星座の位置に輝いていることになりますから、計算が最も簡単です。

他の九つの惑星は、それぞれ計算しづらい周期で12星座の位置を移動していくため、毎年同じ星座の位置に輝くとは限りません。その点、太陽は毎年（ほぼ）同じ周期で移動するため、生まれた年が違っても、同じ月日に生まれた人たちは同じ星座で呼ぶことができるのです。

要するに、誰でも……とまではいえませんが、本格的な占星術よりも、何百倍も簡単に運勢を判断できるため、これだけ世間に普及しているのです。

ソーラーハウスシステムの活用

そして、ここからが本題です。

まず、占星術には「ハウス」という概念があるということを、サラっと頭の片隅に入れていただきたいです。このハウスというのは12個に区分されており、それぞれの部屋（ハウス）には意味が割り当てられており、そこに惑星が位置すると「どんな事象が起こるか」がわかります。

たとえば、第1ハウスは「生き方の基礎」「人からみた自分」などで、第5ハウスは「恋愛」「楽しみ」などという具合です。

ハウスを割り出す手法は複数あり、難しい計算が必要になる場合が多いです。ですので、ここでもまた一番簡単な方法を使います。それは「ソーラーハウス法（ソーラーハウスシステム）」というものです。

これは、自分が生まれたときに太陽が位置していた星座を、1番目のハウス（第1ハウス）として定義する方法です。牡羊座なら、牡羊座を第1ハウスと定義、牡牛座なら、牡牛座を第2ハウスと定義します。

牡羊座にとって第2ハウスは牡牛座の位置ですが、牡牛座にとっての第2ハウスは12星座順で次に当たる双子座となります。

このようにして、12星座ごとに、各ハウスに割り当てられる星座が変わるわけです。

そして、今の時期、自分の星座から数えて、何番目のハウスに太陽が位置しているかによって、「今月の運勢」が決まります。

さらに、高度に占うなら、太陽以外の九つの惑星が、その人の何番目のハウスに位置しているかすべてを加味して、運勢をさらに詳細に読み解いていきます。

厳密には、星座の境目はぴったり毎月のカレンダー通りではありません。

ですから、その月ごとに一番長く位置している星座を「●月の星座」として割り当ててしまうやり方をする場合が多いです。

たとえば、私の場合「12月22日～1月19日生まれ」の人を山羊座としています（厳密には生まれた年によって、多少の誤差があるのですが、これも計算を簡易化して定義しています）。

1月は1日～19日までの19日間が山羊座の期間です。31日間あるうちの過半数が山羊座の期間ですから、「1月は山羊座の月」と定義します。

そうすると、山羊座の人にとって1月は、太陽が「自分の第1ハウス」に位置していることになります。第1ハウスは「人から見た自分」を意味し、太陽の意味は「自分自身」ですから、「人から見た自分」と「自分らしさ」が一致するタイミングと解釈できます。つまり、山羊座にとって1月は、とても生きやすい月となるのです。

毎年まったく同じ運勢となってしまわないために

基本的な「今月の運勢」の仕組みはこの通りなのですが、ここである疑問が湧いてきます。

私が占星術の講座を開くときに、生徒さんからもよく聞かれることですが、「これでは、毎年まったく同じ運勢ということになってしまうのでは？」という疑問です。

そうなんです。ここまでの手順だけで「今月の運勢」を占うと、このような問題に陥ってしまいます。

ですが、100文字など限られた文字数のなかで、その月に起こり得ることすべてを予測したり、運勢の雰囲気をすべて書き連ねたりすることは不可能に近いので、毎年一部分を切り取って分けて書いていけば、文章としてはまったく異なるものに仕上げることができます。どの部分を切り取っても「当たっている」ことに変わりはありません。

「今月の運勢」を書いてみたいという方で、まだ占星術の知識が少ない場合は、このやり方も十分「アリ」です。

占星術の知識がたくさんある方は、太陽以外の九つすべての惑星が入るハウスの位置を加味するやり方を使うこともできるでしょう。

ただ、九つすべての惑星運勢が細かすぎるため、明確な相談ごとに対する答えを出す場合には向きますが、汎用的に読まれる占いとしては不向きです。

そのため、最大の吉星といわれる「木星」と、一般的に凶星といわれる「土星」がどのハウスにいるかのみを使用して「今月の運勢」を割り出す場合が多いです。

このさじ加減は、原稿に起こす場合なら指定ページ数や文字数によって変動します。占い手の好みによっても大きく変わるでしょう。

この差によって、同じ月の占いでも媒体によって違うことが書かれているという現象が起こることがあります。

ですが、どれも「当たっている」ことに相違はないと思います。

まとめ

このように、占星術の深い知識を凝縮し、なるべく多くの人に「当たる」ことを計算して「今月の運勢」は導き出されています。

あとは、二つの起こり得る事柄を媒体の文字数以内に収めるため、一つしか掲載できない場合などは、直感で取捨選択することが、私の場合は多いです。

ただし、自分の「今月の運勢」的に、直感より現実性重視のほうが向いている場合は、読者層に合わせたり、編集者さんの好みに合わせたりして選ぶ場合もあります。

とはいえいつでも、あなたが読んだ「今月の運勢」を書いた人は、細部にわたり「占って決めている」のです。

ですから、当たっていても、当たっていなくても、読んだ人すべてに意義を残せる結果が書かれているのではないかと思います。

見つけるとつい夢中で読んでしまう12星座別の運勢ですが、実は限られた文字数のなかでいかに的確に占いを伝えるかを考えている著者・監修者がいることをたまに想像していただけるとうれしいです。

とはいえ、そんな裏事情ばかりを考えていただいてはせっかくの星占いのロマンティックさが半減してしまいますよね。これからも星占いを自由に皆様のスタイルで楽しんでいただくことが、日本のメディアに末長く12星座占いコーナーが存続していく糧になると思いますのでよろしくお願いします。

それから、この章を読んで「自分にも12星座占いが書けそうな気がしてきた」という方は、ぜひ今すぐあなただけの星占いを書いてみてくださいね。メディアであなたの星占いが読めることを楽しみにしています。

第15章

月星キレイ×芳垣宗久

ぼくの、わたしの、12星座占い

12星座占いとの出会い

―本書は月星キレイ先生と芳垣宗久先生のお二人にそれぞれの視点で「12星座占い」についてご説明をいただきました。ところで、お二人はいつ12星座占いと出会われたのでしょうか？　その経緯をお聞かせください。

月星キレイ（以下、月星）　私が最初に12星座占いを記憶したのは、幼稚園のときです。母親が「あなたは乙女座なのよ」と教えてくれたのを覚えています。それから、幼稚園で友達同士で自分が何座なのかということも話していたような気がします。

―月星先生のお母様は自分の星座をいつ知ったのでしょうか？

月星　はい、そのことも母に聞いてみました。母はいま60代後半なのですが、とうぜん、子供のときには12星座占いは知らなかったようです。結婚して、私が生まれたぐらいに初めて知ったといっていました。

芳垣宗久（以下、芳垣）　ぼくも月星先生と同じで、母に星座を教えてもらいました。小学校に上がる直前だったと思いますが、母と二人で入った喫茶店に卓上占い機（※１）が置いてあって、１回１００円と高かったのですが、「これやりたい！」とねだったのです。そしたら母が、「あなたは私と同じ蟹座だから（二人分を合わせて）１回やってみようか」と言って、おみくじを買ってくれました。何が書かれていたのかは覚えてないですが。

実はあの機械、コインの投入口が12星座別に分かれてますが、出てくるおみくじの内容は星座とは全然関係ないんですよね（笑）　ただぼくが感心したのは、この機械が出回り始めた１９６０年代は、まだほとんどの日本人が自分の星座を知らなかったはずなんです。第１次占いブームが起こって、門馬寛明先生の『西洋占星術』がベストセラーになったりしましたが、12星座はまだまだマイナーな、ちょっと物珍らしい占いだった。干支と

卓上占い機
写真提供：有限会社北多摩製作所

か九星ではなくて、卓上占い機に12星座を採用した人は、本当に先見の明があったと思います。

ーあのルーレットには側面に12星座の名前とイラスト、いつからいつまでがその星座なのかが書いてあり、そこで覚える人も多かったのでしょうね。

芳垣　12星座占いの認知に一役買った隠れた功労者だと思いますよ（笑）　出会ったばかりでお互いに緊張している恋人同士って喫茶店で間が持たないから、あのおみくじはよい話のネタになったんじゃないでしょうか。

ちなみに、ぼくの母が12星座を初めて知ったのは『an・an（アンアン）』とか『non-no（ノンノ）』の星占いコーナーだったみたいです。いわゆる「アンノン族（※3）」でしたから。『an・an』の執筆担当がエル・アストラダムス先生で、日本で最初の占星術ライターですね。対抗して創刊された『non-no』誌はルネ・ヴァンダール・ワタナベ先生。

『an・an』と『non-no』の企画が大ヒットしたおかげで、その後は日本の雑誌でも占星術コラムが必須のコンテンツになったんですね。急に流行りだしたので、出版社はライターを確保するのが大変だったようですよ。

戦後日本で草分けだった潮島先生とか門馬先生のお弟子さんたちが次々とデビューして、人気コラムニストになっていった。ルル・ラブア先生とかフェニックス・ノア先生。銭天牛先生や紅亜里先生も大活躍されました。ちなみに今でもよく見られる「12分冊もの」の星占い本を日本で最初に出したのは、エル・アストラダムス先生と銭天牛先生ですね。

月星　こんなに歴史があるのだと知ると、ちゃらちゃらとは書けないですね（笑）

12星座占いの魅力

ー今ではいろいろな場で目にする12星座占いですが、歴史的には割合、新しいものなのですね。それでは、なぜ、ここまで12星座占いが日本で広まったのでしょうか？　その魅力についてはどうお考えですか?

芳垣　雑誌の企画としては、すでに大正時代の女性誌にも占いの記事がたくさん見られます。九星気学や手相、人相などが人気で、人生相談コーナーの回答者としても占い師が登場しています。今では子供の名づけに普通に使われている姓名判断も、『主婦之友』（※4）が付録としてつけた小冊子が大ヒットしてからなんですよね。『an·an』の星占い企画の成功もそうですが、大衆の占い文化の流行は、常に女性誌がリードしてきたことは間違いありません。

そのことを踏まえまして「12星座占いはなぜ日本で流行ったか?」という問いに対して、二つの点を挙げたいと思います。一つは、それがヨーロッパから入ってきたものだから。70年代はファッションだけでなくて、ライフスタイルも欧米化が加速した時代で、占いもその例外ではなかったわけです。

もう一つは、占星術が「科学っぽい」からという理由を挙げたいと思います。これはどういうことかというと、東洋では実際には「存在しない」架空の星を使う占いがほとんどなのですが、西洋の占星術は基本的に実在する天体を使っているんです。太陽とか月とか水星に火星、木星。星占いで使われる12星座は夜空に観察できる星座とは別物なんですが、それらもやはり実在感がある。惑星とか星座とか、いかにも影響がありそうで、そこが科学っぽく感じられる。神秘的なムードと科学っぽさが絶妙なバランスで交じり合ったからこそ、人気が出て広まったのだとぼくは考えています。

全然、科学的ではないんですが（笑）

月星　私も芳垣先生と同意見です。やはり、オシャレさやファッション性が受けたのだと思います。生まれたときからある星は身近な存在ですから、より自分だけのものというイメージを持てますし、そこからストーリー性などが生まれて女性からの人気を得たのではないでしょうか。

比較をするわけではないのですが、血液型が4パターンだとすると、それではちょっと大枠すぎる。12パターンだと覚えやすいというのも特徴だと思います。

占いとしての12星座占い

―多くの人に知られて親しまれる一方で、「12星座占いって『西洋占星術』と何が違うの？」という声もよく聞きますが。

芳垣　はい、これは今でもよくありますね（笑）ぼくが西洋占星術を学び始めて少し経ったころの話ですが、行きつけのバーで「（これまでタロット占いをやっていたけれど）今は占星術をやっているんです」と言ったら、バーテンさんに「ずいぶんレベル落ちちゃいましたね！」と驚かれたことがあります。バーテンさんとしては、占星術といえば雑誌に載っている12星座占いであって、12個の星座を使う占いよりも、78枚のタロットカードのほうがハイレベルに思えたみたいです（笑）

日本だと、いわゆるホロスコープを作って人生相談に乗っている占星術師がライターも兼業でやっていて、雑誌で12星座占いのコラムを書いてたりしますから、本式の西洋占星術と12星座占いって、外側（一般消費者）はそんなにはっきり区別してないですね。欧米では真面目《シリアス》な占星術師と12星座コラムニストって、もっと乖離《かいり》してるんですが。

内側というか、占星術師のなかにも12星座占いを誤解している人がたくさんいます。誕生時の太陽の星座しか使わないとか。実際はトランジットですべての惑星を使っているし、アスペクトとかハウスの法則も使っている。

星座の解釈だってとてもディープです。それなりのロジックとかノウハウがあって、とても奥が深いんですよ、12星座占いって。イメージとして適切かどうかわかりませんが、伝統的な西洋占星術がオーケストラなら、12星座占いは軽音楽のバンドみたいなものでしょうか。

―つまり、ポップな12星座占いでクラシックな西洋占星術だと？

芳垣　はい、そう思います。実際音楽と同じで、ポップのほうが人気あったりしますからね（笑）月星先生は二つをはっきり区別しているんですか？

月星　正直、違いはないですね……この業界で食べていくために（12星座占いも西洋占星術もあえて分け隔てな

く）書いていたという側面は否定できないですね（笑）

ただ、12星座のほうが占いを学ぶ上でも入りやすいということもありますね。ホロスコープの作り方は難しいですから。あそこでやめる人が多いんですよね。

芳垣　東洋と西洋の比較という点では、（西洋の占いである）西洋占星術はギリシア神話とのつながりもありますから、ロマンチックなイメージがあって馴染みやすいかも。

中国系の占いは、『易経』なんかがその典型ですが、儒教みたいな保守的な思想が背景にあるんで、若い人たちからするとちょっとお説教臭くて馴染みにくいかもしれない（笑）

月星　東洋系の占いが女の子に少し避けられている理由がわかる気がします。あとは、これは私の見方なのですが、好きな人ができたときに使うのが12星座占いかな、と（笑）

芳垣　なるほど。

実際、12星座占いはポエムに近いところがありますからね。恋愛中に読みたくなるのはわかります（笑）　断定的な書き方しないし、読者側にもある程度、解釈を委ねている。コラムは同じ星座に生まれた大勢の読者に向けて書かれているわけですが、読者の一人ひとりがその内容を自分個人へのメッセージとして受け止めますから。そこで初めて「12星座占い」が成立する。

月星　共同作業のようなものかもしれませんね。そのかわり、前提としては「信じてもらう」ことが大事ですが。

――ところで占い現場ではどのように12星座占いは使われているのですか？　お客様でいきなり「私は〜〜座です！」という人がいたりしますか？

月星　はい、それはもちろん！　鑑定現場で「私は何々座だからこうなんですよね？」と言われると、ちょっとげんなりしますけどね（笑）

芳垣　はい、多いですね（笑）
伝統的な占星術では、太陽星座ではなくてアセンダントの星座のほうが重視されていましたね。人間の性格とか運命を左右するのも、星座というより惑星の影響だと思われていた。太陽星座が重視されるようになったのは19世紀以降ですね。
太陽星座は生まれつきの性格を示しているのかどうかは専門家の間でも議論があったのですが、現在では後天的に獲得していくアイデンティティーを示すという解釈が主流になっていますね。
ぼくもその意見には賛成で、人生の方向性に迷っている人にはその人の太陽星座を意識したアドバイスをするようにしています。本式の占星術を勉強する前に、12星座占いから入るのも決して悪くないと思います。星座に対する洞察力がすごく磨かれますから。

月星　そうですね、12星座をみっちりと覚えることで、月のサインに移行できますし、挫折感がないです（笑）簡単なことから始めてもらわないと続かないです。私がそうでしたから。

芳垣　私の占星術の師匠はアメリカ人で、かなり伝統的なスタイルの占星術を研究している人なんですが、私が「太陽星座《サン・サイン》占いのコラムを書いている」と話すと、「あれはどうやって書いているんだ?」と驚かれました。太陽の星座だけで、よくもあんなに大量のメッセージが書けるものだと。ナンセンスだけど、ある意味神秘的らしいです（笑）しかし、そんなシリアスな占星術師である師匠でも、「12星座のキャラクターを最も深く洞察しているテキストはリンダ・グッドマンの『Sun Sign』だ」と言っています。

―アメリカでは12星座占いはどのように評価されているのですか?

芳垣　西洋占星術と12星座占いの世界は乖離していますね。AFA（米国占星学者連盟）なんかは12星座占いの流行を危惧して設立されたくらいですから。

しかし実際の歴史を見ると、12星座占いが西洋占星術の普及に貢献したことは間違いないですし、その両方を生業としている占星術師も少なくないんです。

最近ではもうちょっと仲良くしましょうというか、12星座占いも占星術の一つの分野《ブランチ》として再評価する動きもあるようです。

12星座占いとカルチャー

――12星座占いはいろいろなところで影響を与えていますよね？ たとえば、美川憲一さんの「さそり座の女」（※6）とか。

芳垣　「さそり座の女」、有名ですよね……ぼくはなぜか蠍座に嫌われるんですよね（笑）　あとは乙女座とも相性が悪い。なんでかなー、と。

月星　「12星座あるある」ですね（笑）

芳垣　まあ、それはさておきまして、「さそり座の女」のヒットは1971年です。これはさきほどお話しした『an・an』と『non-no』に始まる12星座占いブームの反映なんですね。

「いいえ私は　さそり座の女」という冒頭の歌詞は唐突な感じがしますが、そのころの日本で「あなたは何座？」で始まる会話が日常的に交わされるようになったことをよく表しています。

せっかくなので歌詞を全部紹介してみますね。

◇◇◇

「さそり座の女」　作詞 斉藤律子
いいえ私は　さそり座の女
お気のすむまで　笑うがいいわ
あなたはあそびの　つもりでも
地獄のはてまで　ついて行く
思いこんだら　いのち　いのち
いのちがけよ
そうよ私は　さそり座の女

さそりの星は　一途な星よ
いいえ私は　さそり座の女
お気の毒さま　笑うがいいわ
女のこころを　知らないで
だまして汚して傷つけた
ばかな男は　あなた　あなた
あなたなのよ
そうよ私は　さそり座の女
さそりの毒は　あとで効くのよ
紅茶がさめるわ　さあどうぞ
それには毒など　入れないわ
つよがり言っても　おんな　おんな
おんななのよ
そうよ私は　さそり座の女
さそりの星は　一途な星よ

◊◊◊

芳垣　すごい歌詞ですよね。ちなみに後半の「紅茶がさめるわ　さあどうぞ」のフレーズは「高価なワインをさあどうぞ」だったようです。ワインというキーワードも蠍座のイメージとマッチしますよね。

月星　ただそれだと次に続くフレーズが「それには毒など　入れないわ」ですからね。あまりにもハマりすぎてしまう（笑）　蠍座の悪いイメージがてんこ盛りですね。

芳垣　そうですね（笑）　ただ当初は蠍座だけではなく、「12星座シリーズ」として、他のすべての星座の歌も出す予定だったらしいですが。
　歌謡曲で星座が歌われたものとしては他にも山口百恵さんの「乙女座《おとめざ》宮《きゅう》」（※7）があります。こちらは歌詞の一部を紹介したいと思います。

◊◊◊

「乙女座　宮」　作詞　阿木燿子
〈中略〉
星座の地図を頼りに二人で

幸福を探しにゆくの
さあ　流星に乗って　銀河大陸横断鉄道
そう　夜空にきらめく星の星の世界ね
ペガサス経由で牡牛座廻り
蟹座と戯れ
今は獅子座のあなたと一緒

〈中略〉

さあ　流星に乗って　銀河大陸横断鉄道
そう　この世に散らばる星の中から
山羊座に恋してさそり座ふって
魚座に初恋
今は獅子座のあなたに夢中よ

さあ　流星に乗って　銀河大陸横断鉄道
そう　夜ごとに輝く星は生きてる
恋する命のときめきだけが乙女座の祈り
若い獅子座のあなたに夢中よ　夢中よ

◊◊◊

月星　ここでも蠍座はフラれている。かわいそう（笑）

―「乙女」とか「獅子」という言葉をその性格や表すこと云々ではなく、あくまでも印象的に使っている、ということですよね？

芳垣　そうですね。実際の12星座というよりも、言葉のイメージが先行している点は否めないと思います。

そこで最後にご紹介したいのは、NHKの「みんなのうた」です。タイトルはずばり「ホロスコープ～あなたの星座～」（※8）です！　榊原郁恵さんが歌っているのですが、この歌では気になる男の子の性格を、星座別で見事に表しています。歌詞全文を見てみましょう。

◊◊◊

「ホロスコープ～あなたの星座～」　作詞 吉岡 治
あらっぽいきっとあいつは　牡羊座

すねっぽい甘ったれやは　牡牛座タイプ
あきっぽいシティーボーイは　双子座で
泡っぽい蟹座生まれは　しつこいかもね
ダイナミックな　獅子座
内気《シャイ》な恋なら　乙女座
ホロスコープ　ホロスコープ
狙いさだめて迷う迷う
アアアア　ゆらゆら
アアアア　ゆらゆら
苦っぽいさめたあなたは　天秤座
毒っぽいそこが魅力のサソリが　誘う
マシガチックな　射手座
まじめ専科は　山羊座
ホロスコープ　ホロスコープ
ねらいさだめて負ける負ける
アアアア　ふらふら
アアアア　ふらふら
水っぽい彼はたんぱく　水瓶座
夢っぽい魚座あたりが　ぴったしですか

◇◇◇

月星　どれもこれも「なるほど！」と思う表現ですね。

ー歌にまで浸透するとは他の占術ではあまり見られないことですよね。そういえば、12星座や天体の世界観を使ったものの定番としては、「聖闘士星矢」（※9）や「美少女戦士セーラームーン」（※10）などもありますね。

芳垣　西洋占星術を物語の世界観の設定やキャラクター作りの参考にした例は、日本では伝奇作家の柴田錬三郎が先駆けではないかと思います。『真田幸村』に出てくる真田十勇士は太陽系の10個の惑星のイメージをかぶらせたといっていますから。

『眠狂四郎』の最終巻にも宝瓶宮黒人《アクエリアス・クロヒト》という占星術師が登場しますから、シバレンはだいぶ占星術に傾倒していたと思います。

12星座占いの原稿を書くきっかけ

芳垣　本書のゲラを読ませていただいたのですが、月星さん、12星座占いの書き方を誰かに習われましたか？

月星　いいえ、特に習っていないですね。独学の自己流です。

芳垣　よかった（笑）ぼくもそうです。

月星　運勢などを書くときにソーラーハウスを用いたら書きやすいんだろうな、というのは何となく作業するなかで自分で編み出しましたね。それから、鏡リュウジさんや石井ゆかりさんの文章を見て納得しました。

芳垣　最初はどこで書いたんですか？

月星　1本目はとにかくまわりに知ってもらうことが大切なのでネットで無料公開をしていました。それから、雑誌などがぽつぽつ入るようになって。それでもわりあい普通に書けたような気がします。

芳垣　ぼくも同じです。依頼が来て、何となく書けたというのが正直なところです。

月星　私自身がシンガーソングライターとしての経験もあるので、芳垣先生が仰るように、「12星座占いは詩だ」ということだからこそ、あまり苦がなかったのかもしれません。

芳垣　リンダ・グッドマンもＤＪで作詞家でした。ぼくは１９９６年のときに最初の原稿を書きました。当時、オーストラリアにワーキングホリデーに行ったのですが、「これだ！」と。日本人マーケットに「占いをします」ってブースを出したら口コミで人気が出てきまして、それで、地元で日本人向けの情報誌に12星座別運勢を書いてほしいという依頼で「ミスタームーンの南半球占い」ってタイ

トルだったと思います（笑）

　この原稿も「当たる!」と喜んでいただけたようで、それじゃあ次は12星座をオーストラリアの動物にたとえてやってみようと思ったんです。ただ、それはすでに別の方がやっていましたが（笑）

月星　芳垣先生は12星座の原稿を書かれるときには、何かイメージすることとかありますか？

芳垣　ぼくの場合は各星座に代表者というか、自分の周囲の友人や知人を当てはめて、彼らにアドバイスするつもりでメッセージを書いています。

　これは他の占いライターもよくやっていると思いますよ。蟹座の運勢を書くときは私をイメージして書いている友人もいます（笑）　有名人や漫画のキャラクターでもいいと思いますが、自分に身近な人のほうがイメージしやすいので、おすすめです。

　ぼくが月星先生にお聞きしたいのは、（12星座占いの原稿書きを）教えることの難しさです。向き不向きのようなものはありますか？

月星　自分の意思表示が苦手な人はその原稿もよくわからないですね。12星座を理解して、それを文章化するスキルがあったとしても、それだけではダメなのだと思います。抽象的な言い方になりますが、その人が書いた文章が伝わりわかってもらうためには、その人なりの色や温度が必要で、それはその人が世間に心を開かなければいけないのだと考えています。

芳垣　スキルだけではダメだってのはよくわかりますね。そのへん、ライターに個性があってもいいけど、バランス感覚といいますか、あんまりフワーっとした書き方でもダメだし、意思表示が強すぎて説教臭くなってもいけないし。

「12星座占いとは〜〜である」

—それでは最後に、お二人に「12星座占いとは〜〜である」というフレーズでまとめていただきたいと思います。

芳垣　12星座占いとは、「古くて新しい人間観」、あるいは「宇宙観」だと思っています。

ホロスコープ占星術に比べると単純すぎるように思われるかもしれませんが、人間の意識を12のパターンに振り分けて洞察するというのは、それだけで大変な高度なシステムであって、簡略版の俗流占星術という評価は必ずしも適切ではないと思います。

歴史的にも、現在の占星術のスタイルが整いはじめたヘレニズムの時代には、すでにゾディオロジアのような12星座の原型も生まれていたわけで、両者はルーツを同じくする兄弟といってもさしつかえない。

天文学者のマイク・ブラウン博士（※11）は占星術の大ファンで、天文学と占星術は兄弟とまでいっていますが、12星座も合わせると三兄弟ですね。一つの同じ空を観察しながら、それぞれの仕事をしている。

最近行われたAA（英国占星術協会）の会合では、初めて太陽星座占いの書き手がゲストスピーカーとして呼ばれたりしていますが、みんなもうちょっと仲良くしてもいいかなと思います。

月星　一言でいうと、「12星座占いとは、人生のカウンセラー」です。いなくても何とかなるのかもしれないけれど、いれば指針が得られる。ただ、上から目線で常に隣にいる先生ではなく、カウンセラー。必要なときに的確なアドバイスをくれるわけです。

……あ、でもそうなると私たちがいらないことに、なりますかね……。

芳垣・月星　（笑）

—（笑）いえいえ、カウンセラーであってもそれをよりわかりやすく伝える「人」は必要不可欠です。お二人には対談をお願いし、いろいろと12星座を多角的にとらえることができたと思います。どうもありがとうございました。

（2015年12月対談）

脚注

※1）商品名は「ルーレット式おみくじ器」で、正式名称は「卓上小型自動販売機」。喫茶店のテーブルなどに置かれ、100円玉を投入してレバーを引く星座別の運勢（おみくじ）が書かれた紙が出てくる。現在では岩手県の金属加工会社、北多摩製作所が唯一の製造・販売元となっている。

※2）潮島郁幸《しおじまゆうこう》。1903年生。日本の占星術家。日本占星学研究所を設立し、門下生としてルル・ラブアなどを輩出。著書に『最新占星学』（全4巻、明玄書房）がある。

※3）1970年代中期から1980年代にかけて流行した現象を表す語。ファッション雑誌やガイドブックを片手に一人旅や少人数で旅行する若い女性を指した。

※4）1917年創刊の女性向け月刊誌。発行元は主婦の友社。読者ターゲットである主婦に向けた教養や生活のアドバイスをわかりやすく取り上げた。また、婦人誌の付録として初めて家計簿をつけたことでも有名。2008年休刊。

※5）アメリカ・ウェストヴァージニア州パーカースバーグ出身。処女作『Sun Signs』で占星術会のディーバとしての地位を確立する。『Love Signs』が2作目。1996年に死去。『Relationship Signs』が遺作。

※6）1972年にリリースされた美川憲一の25作目のシングル。斉藤律子作詞、中川博之作曲。美川の代表曲の一つであり、コロッケをはじめとする美川のものまねをする芸人にはよく選ばれている。

※7）1978年にリリースされた山口百恵21作目のシングル。阿木燿子作詞、宇崎竜童作曲。

※8）1978年12月〜1979年1月にNHK「みんなのうた」で放送。吉岡治作詞、岸本健介作曲。

※9）車田正美によるマンガ。1985年より「少年ジャンプ」（集英社）で連載開始。アニメ化や映画、ゲーム、舞台、グッズなど幅広く作品展開をされ、男女を問わず絶大な支持を得た。

※10）武内直子によるマンガ。1992年より「なかよし」（講談社）で連載開始。連載と同時にアニメ化もされ、その後、テレビドラマやミュージカルなどメディアミックスとして人気を博した。

※11）マイケル・ブラウン（Michael E. Brown, 1965年〜）：アメリカ合衆国の天文学者。2003年に世界で初めて冥王星よりも大きな海王星以遠天体「エリス」を発見したことで知られる。

巻末資料

12 星座歴史年表
12 星座キーワード一覧表
参考文献一覧

前18世紀	古バビロニア王国の創生神話『エヌマ・エリシュ』に「神が12星座を創造」の記述。（前14世紀～前12世紀に成立との説もある。）
前16世紀	天文現象を地上で起こる出来事の前兆としてとらえる原始的な占星術が行われるようになる。
前11世紀	古バビロニアの王ネブカドネザルの境界石に射手座、蠍座、うみへび座等の星座名が記される。
前10世紀	最古の占星術のテキスト『エヌマ・アヌ・エンリル』で7000件以上の天文前兆現象がまとめられる。
前8世紀	天文現象から未来予測が行われるようになり、王宮に仕える占星術師が登場。惑星の位置を示すために特徴的な星座や恒星が用いられるようになる。
前5世紀	新バビロニア王国で天文学が精密となり、天体の位置を示す座標としての12サインが発祥。 ペルシア戦争（前499年～前449年）以降にメソポタミアの占星術がギリシアへ流入し始める。
前4世紀	アレクサンダー大王の東征（前338年～前323年）によってヘレニズム時代が始まり、メソポタミア占星術のギリシアへの流入が本格化し始める。 ギリシアの天文学者エウドクソスが『パイノメナ』で12星座について記述。 プラントやアリストテレスらのギリシアの哲学者が後の占星術の基礎となる宇宙論を展開。
前3世紀	アレキサンドリアで占星術の研究が盛んとなる。 アラトスが星座の形や出没、星座の神話を巡る長編の詩を発表し、12星座を含む45個の星座を体系化。 このころまでに誕生時の太陽の星座を元に占うゾディオロジアが登場し、ヘレニズム世界で普及。12星座のキャラクターも描写されるようになる。
前2世紀	ヒッパルコスが歳差運動を発見。天文学上の星座（コンステレーション）と占星術の星座（サイン）が区別されるようになる。
1世紀	マニリウスが『アストロノミカ』で12星座の性質について解説。
2世紀	プトレマイオスが『テトラビブロス』を著し、アリストテレスの宇宙論を取り入れて占星術の理論的な支柱とする。 インドでギリシアの占星術書がサンスクリット語に翻訳され、12星座を使用した占星術が行われるようになる。
4世紀	キリスト教の神学者アウグスティヌスが占星術批判を展開。
5世紀	西ローマ帝国の滅亡とともに占星術を始めとしたギリシアの学問がヨーロッパで衰退。 インドで最初期の占星術書『アールヤバティーヤ』成立。 中国の仏典『大集経』に12星座の名称がサンスクリット語からの音訳で記述される。
7世紀	ギリシアの哲学や自然科学がイスラム文化圏に取り込まれる。
8世紀	イスラム諸国で占星術の研究が盛んとなる。 中国で不空が『宿曜経』を著す。

9世紀	空海ら日本の僧侶が中国から宿曜占星術のテキストを持ち帰り、インド占星術の28宿とともにメソポタミア起源の12星座が日本に流入。
11世紀	ペルシアの自然科学者、アル・ビールーニが『占星術教程の書』で12星座の性質について詳述。
12世紀	アラビア科学の文献がラテン語に翻訳され始め、ヨーロッパで再び占星術が学ばれるようになる。
14世紀	ヨーロッパでルネサンス運動が起こり、魔術や占星術の研究と実践が盛んとなる。 詩人ダンテが『神曲』で自身の詩才が「双子座から与えられた」と記述。
15世紀	民衆向け占い暦 『The Shepherds Calendar』 に12星座占いが掲載され、以後ヨーロッパ全土で流行する。
16世紀	ドイツの司祭インダジン、魔術師アグリッパ、イタリアのジャンクティヌスらが太陽のみで運命を占う12星座占いを展開。 フランスの占い暦『アルカンダムの書』にも12星座占いが掲載される。
17世紀	英国のウイリアム・リリーが新聞で占星術のコラムを執筆し、マスメディア占い師のさきがけとなる。 民間では占い暦が大量に流通する一方、科学革命の進行により占星術が再び衰退し始める。
18世紀	アカデミズムの世界から占星術が放逐される。
1880年代	ヨーロッパで12星座占いをベースとした誕生月占いの本が大量に出回る。
1887年	神智学者バトラーが誕生時の太陽星座によって人間の性格を分析する『ソーラー・バイオロジー』を出版。太陽が星座を移動する平均的な日付も掲載される。
1889年	英国のアラン・レオが『アストロロジャーズ・マガジン』(後に『モダン・アストロロジー』に改題)を創刊。読者のホロスコープを作成するサービスを開始。
1899年	アラン・レオが『Astrology For All』を出版。12星座の心理的な特徴を解説。
1911年	米国の女性誌『Lady's Home Journal Magazine』に星占いの記事が掲載される。
1913年	隈本有尚が日本で最初の西洋占星術のテキスト『欧式淘宮術独判断《おうしきとうきゅうじゅつひとりさばき》』を出版。
1930年	英国の日曜新聞『Sunday Express』がR・H・ネイラーによるマーガレット王女の占星術的な分析を掲載して好評を得る。
1932年	米国の雑誌『アメリカン・マガジン』でウイリアム・フランクによる12星座占いのコラム「あなたの運命(Your Destiny)」の連載がスタート。現代のマスコミに見られる形の12星座占いの元祖。
1936年	ネイラーが 『プレディクティブ・マガジン』で12星座占いのコラムを執筆し始める。
1938年	12星座占いの流行を危惧して占星術の専門的な研究者がAFA(米国占星学者連盟)を発足させる。

1957年	アーマット・S・アリ、潮島郁幸が『誕生日の神秘』(明玄書房)を出版。戦後日本で最初の占星術のテキスト。
1960年	米アトラス社が12星座の星座ごとの分冊『Your day-by-day horoscope and character analysis』を出版。
1964年	黄小娥の『易入門』、浅野八郎の『手相術』(いずれも光文社・カッパブックス)がベストセラーとなり戦後日本の第1次占いブームが興る。
1966年	貴布根康吉『欧米占星術独学書』を自費出版。 門馬寛明が『西洋占星術』(光文社・カッパブックス)を出版しミリオンセラーとなる。
1968年	リンダ・グッドマンの『太陽のサイン』がベストセラーとなり、米国を中心に12星座占いブームが興る。
1969年	『平凡パンチ女性版』(マガジンハウス)が日本で最初の12星座占いのコラムを掲載。
1970年	『an・an』創刊。日本で最初の12星座占いの連載が始まる。コラム執筆者はエル・アストラダムス。
1971年	『non-no』創刊。ルネ・ヴァンダール・ワタナベの12星座占いコラムの連載がスタート。
1975年	米国の『ヒューマニスト』誌が科学者186人の署名を集めて占星術糾弾の記事を掲載。
1978年	新宿で「星占いの館・シグマ」がオープン。コンピューターによる占星術サービスを提供。
1979年	ティーンエイジャー向けの占いとおまじないの雑誌『MyBirthday』(実業之日本社)が創刊。
1995年	英国の天文学者ジャクリーン・ミットンが「星占いの星座は13個であるべき」と主張して物議を醸す。

12星座キーワード一覧表　芳垣宗久

ジェンダー	モード	エレメント	支配惑星（モダン）	支配惑星（古典）	記号の由来	記号	星座名
男性	基軸（活動）	火	火星	火星	羊の頭	♈	牡羊座
女性	不動（固定）	土	金星	金星	牛の頭	♉	牡牛座
男性	変動（柔軟）	空気	水星	水星	腕と足を絡ませた二人の人間	♊	双子座
女性	基軸（活動）	水	月	月	蟹のはさみ	♋	蟹座
男性	不動（固定）	火	太陽	太陽	ライオンの尾	♌	獅子座
女性	変動（柔軟）	土	水星	水星	乙女の羽	♍	乙女座
男性	基軸（活動）	空気	金星	金星	秤の二つの棹	♎	天秤座
女性	不動（固定）	水	冥王星	火星	尾を立てた蠍	♏	蠍座
男性	変動（柔軟）	火	木星	木星	弓の弦につがえた矢	♐	射手座
女性	基軸（活動）	土	土星	土星	山羊魚のねじれた尾	♑	山羊座
男性	不動（固定）	空気	天王星	土星	水瓶から流れる水	♒	水瓶座
女性	変動（柔軟）	水	海王星	木星	背中を向け合い、一本の帯で尾を結ばれた二匹の魚	♓	魚座

性格（＋）	数字	色彩	石	金属	星座名
勇敢、チャレンジ精神がある、リーダーシップがある、自己主張が強い、スピーディー	9	赤、ピンク	ブラッドストーン	鉄	牡羊座
現実的、粘り強い、穏やか、五感が優れた、快適さを好む	6	白、ベージュ、グリーン	エメラルド	銅	牡牛座
頭の回転が速い、多芸多才、好奇心旺盛、軽快、話し上手	5	黄色、黄緑色、ミックス・カラー	メノウ	水銀	双子座
感受性が強い、想像力が豊か、共感的、面倒見がよい、家族を大切にする	2	ペールカラー、グレー、シルバー	ムーンストーン	銀	蟹座
寛大、情熱的、個性的、ドラマチック、自信に満ちている	1	赤、オレンジ、黄色、ゴールド	ルビー	金	獅子座
仕事熱心、気が利く、忠実、分析力がある、几帳面	5	ネイビー・ブルー、インディゴ、はっきりしない色	アマゾナイト	水銀	乙女座
人当たりがよい、社交的、平和を愛する、洗練されたセンス、公平	6	クリムゾン・レッド	ピンクトルマリン	銅	天秤座
意思が強い、集中力がある、情が深い、誠実、洞察力がある	9、0	ダーク・レッド、ブラウン、焦茶色、	ターコイズ	鉄 プルトニウム	蠍座
楽観的、オープン、自由、向上心がある、視野が広い	3	パープル、ロイヤルブルー、ターコイズ	ペリドット	錫	射手座
努力家、真面目、慎重、責任感がある、ルールを守る	8	黒、暗褐色、あずき色	アメジスト	鉛	山羊座
仲間を大切にする、平等、合理的、アイデアが豊富、考え方が明確	4、8	スカイ・ブルー、エレクトリック・ブルー	アクアマリン	鉛 ウラニウム	水瓶座
繊細、愛情深い、包容力がある、芸術的、スピリチュアル	3、7	白、キラキラした色、シーグリーン	水晶	錫 ネプツニウム	魚座

国	土地	性格（ー）
イギリス、ドイツ、フランス、スデンマーク、ポーランド、パレスチナ	人が少ない、人通りが少ない場所、開発が始まったばかりのや建設現場	自己中心的、無計画、衝動的、せっかち、怒りっぽい
アイルランド、スイス、エーゲ海の島々、ロシア、イラン、トルコ	住宅地から離れた農地や牧草地、平屋や低層の住宅が多い、低い場所	頑固、型にはまりやすい、物欲が強い、動きが鈍い、快楽に溺れやすい
北東アフリカ、エジプト南部、ウェールズ、アメリカ合衆国、ベルギー	多くの人々が交流や通信・商取引等を行う場所、人が行きかう道路や鉄道	落ち着きがない、ずるがしこい、中途半端、軽薄、口が軽い
アフリカの北部と西部、スコットランド、オランダ、アルジェリア、パラグアイ	池やプール等の水の近く、地下街や地下室、ホテルやカフェ等の人が休む場所	神経過敏、移り気、心配性、非現実的、差別意識が強い
イタリア、アルプス山脈、ルーマニア北部、チェコ、フランス、レバノン	外観や内装が豪華な建物、劇場や庭園、大型の照明やイルミネーションの近く	目立ちたがり屋、横柄、恩着せがましい、自惚れが強い、大げさ
クレタ島（ギリシア）、トルコ、イラク、インド西部、ブラジル	知的作業をする場所、モノを整理・保管する場所、医療に関係する場所	細かすぎる、潔癖、神経質、口が悪い、ワーカホリック
日本、中国、チベット、インドシ半島、アルゼンチン、オーストリア、カナダ	遠方を見渡せる高い場所、清潔で風景の美しい場所、社交が行われる場所	優柔不断、流されやすい、日和見主義、依存的、人目を気にしすぎる
モロッコ、ノルウェー、シリア、韓国、ウルグアイ、イスラエル	人目につかない場所、治安が悪い場所、下水やゴミ置き場等の不浄な場所	頑固、嫉妬深い、疑い深い、思い込みが激しい、秘密主義
スペイン、オーストラリア、ハンガリー、ユーゴスラビア、南アフリカ	明るく開けた場所、スポーツ競技に関連した場所、宗教的施設、大学や専門学校	気まぐれ、アバウト、無責任、見通しが甘い、何事も過剰
インド全域、メキシコ、ブルガリア、アルバニア、ボスニア、アフガニスタン	仕切りや境界線の近く、重労働の現場、暗い場所、墓地、廃墟	保守的、厳格すぎる、苦労性、マイナス思考、打算的
リトアニア、スウェーデン、アラビア、エチオピア	会堂や会議室、多様な階層や人種が共存する場所、最先端の科学技術に関係した場所	理屈っぽい、融通が利かない、他者の感情に鈍感、皮肉屋、孤立傾向
ポルトガル、地中海の島々、ヌビア、サハラ砂漠一帯	海・河川等の大き水の近く、心と体を癒す場所、避難所、人里離れた土地	曖昧、不注意、混乱しやすい、意志が弱い、現実逃避的

身体	植物	動物	方位	時期	星座名
頭部、脳、顔面、目、鼻、口	ダリア、コショウ、アロエ	ヒツジ、オオカミ、イヌ	東	3月21日～4月19日	牡羊座
下顎、耳、首、咽喉、声帯、甲状腺	オリーブ、ナツメヤシ、スズラン	ウシ、ハト、キジ	東北東	4月20日～5月20日	牡牛座
肺、肩、腕、掌、指	メリッサ、ハッカ、アサガオ	サル、オウム、キツネ	北北東	5月21日～6月21日	双子座
胃、乳房、胸、子宮、膵臓	クローバー、カボチャ、ヒナゲシ	ネコ、甲殻類、両生類	北	6月22日～7月22日	蟹座
心臓、脊柱、背中の上部、動脈	ヤシ、オレンジ、コメ	ライオン、タカ、オンドリ	北北西	7月23日～8月22日	獅子座
十二指腸、小腸、大腸、脾臓	ムギ、チコリ、ヘーゼルナッツ	家禽類、ハチ、アリ	西北西	8月23日～9月22日	乙女座
腎臓、腰（背中の下部）、皮膚	ブドウ、クレソン、バラ	美しい鳥、観賞用のペット	西	9月23日～10月23日	天秤座
生殖器、泌尿器、直腸、肛門	アイビー、マッシュルーム、ニンニク	サソリ、ヘビ、昆虫	西南西	10月24日～11月22日	蠍座
臀部、大腿部、肝臓	ゲッケイジュ、洋ナシ、シラカバ	ウマ、ゾウ、オットセイ	南南西	11月23日～12月21日	射手座
膝、全身の骨格、関節	ケシ、ビワ、ポプラ	ヤギ、カメ、クジャク	南	12月22日～1月20日	山羊座
ふくらはぎ、足首、くるぶし、静脈	ミモザ、タイム、ローズマリー	渡り鳥、サーカスの動物	南南東	1月21日～2月18日	水瓶座
足（くるぶしよりも下の部位）、つま先、リンパ系	シダ、ゼラニウム、スイレン	魚、その他の海洋生物	東南東	2月19日～3月20日	魚座

参考文献一覧

【月星キレイ】

ニール・F・マイケルセン／青木良仁（解説）『21世紀　日本占星天文暦　2001〜2050』（魔女の家BOOKS、1992年）
石川源晃『実習・占星学入門　ホロスコープの作り方と読み方』（平河出版社、1988年）
石川源晃『演習占星学入門　ホロスコープの考察と演習』（平河出版社、1992年）
鏡リュウジ『星のワークブック　ホロスコープが自分で読める』（講談社、2006年）
鏡リュウジ『はじめての占星術』（ホーム社、2007年）
リズ・ブルボー／鏡リュウジ／浅岡夢二（訳）『自分を愛して！　病気と不調があなたに伝える〈からだ〉からのメッセージ』（ハート出版、2007年）
石井ゆかり／鏡リュウジ『星占いのしくみ　運勢の「いい」「悪い」はどうやって決まるのか？』（平凡社、2009年）
いけだ笑み『基本の「き」目からウロコの西洋占星術入門』（説話社、2009年）
いけだ笑み『続　基本の「き」目からウロコの西洋占星術入門』（説話社、2009年）
月星キレイ『ハッピースイーツ占い』（アメーバブックス新社、2010年）
心屋仁之助『がんばっても報われない本当の理由』（PHP研究所、2014年）
片野貴夫『ぜんぶ人体で確かめた―神代文字―言霊治癒のしくみ』（ヒカルランド、2014年）
佳川奈美『LOVE RULES　恋愛に関する真実の答え』（ベストセラーズ）
よしもとばなな『Q健康って？』（幻冬舎、2013年）

【芳垣宗久】

S・J・テスター／山本啓二（訳）『西洋占星術の歴史』（恒星社厚生閣、1997年）
中山茂『占星術―その科学史上の位置』（紀伊國屋書店、1964年）
ニコラス・キャンピオン／鏡リュウジ（訳）『世界史と西洋占星術』（柏書房、2012年）
マルクス・マニリウス／有田忠郎（訳）『占星術または天の聖なる学』（白水社、1993年）
タムシン・バートン／豊田彰（訳）『古代占星術―その歴史と社会的機能』（法政大学出版局、2004年）
ジェームズ・R・ルイス／鏡リュウジ（訳）『占星術百科』（原書房、2000年）
河西善治『「坊っちゃん」とシュタイナー―隈本有尚とその時代』（ぱる出版、2000年）
H・P・ブラヴァツキー／田中恵美子、ジェフ・クラーク（訳）『シークレット・ドクトリン　宇宙発生論《上》』（2013年）

隈本有尚『天文ニ依ル運勢予想術』（東海堂、1914年）
山田耕筰／鏡リュウジ（編）『生れ月の神秘』（実業之日本社、2005年）
五味亨『古代オリエント集』（筑摩書房、1978年）
矢野道雄『星占いの文化交流史』（勁草書房、2004年）
矢野道雄『密教占星術―宿曜道とインド占星術』（東洋書院、2013年）
矢野道雄『占星術師たちのインド―暦と占いの文化』（中央公論社、1992年）
ワンダ・セラー／安珠（訳）『メディカルアストロロジー入門―身体と心の健康を占星術で読み解く』（フレグランスジャーナル社、2010年）
リズ・グリーン／岡本翔子、鏡リュウジ（訳）『占星学』（青土社、2013年）
ウィリアム・リリー／田中要一郎（監修）『クリスチャン・アストロロジー第3書』（太玄社、2015年）
ケヴィン・バーク／伊泉龍一（訳）『占星術完全ガイド―古典的技法から現代的解釈まで』（フォーテュナ、2015年）
丹羽智保（CHAZZ）／武井利恭（ガネーシャ・ギリ）『インド占星術と運命改善法』（東洋書院、2014年）
松村潔『完全マスター西洋占星術』（説話社、2004年）
門馬寛明『西洋占星術―あなたを支配する宇宙の神秘』（光文社、1966年）
貴船康吉『欧米占星術参個月卒業書―初歩より奥義までの独習書―』（文天庵、1966年）
糸川英夫『糸川英夫の細密占星術―"一億人分の一億"の運命算出法』（主婦と生活社、1979年）
石川源晃『実習・占星学入門―ホロスコープの作り方と読み方』平河出版社、1988年
石川源晃『辞典・占星学入門―新しい占星学の時代での用語解説』（平河出版社、1996年）
バーグ文子『アロマティック・アルケミー Aromatic Alchemy―エッセンシャルオイルのブレンド教本』（フレグランスジャーナル社、2013年）
伊泉龍一／ジューン澁澤『西洋手相術の世界―『手』に宿された星々の言葉』（駒草出版、2007年）
柴田錬三郎『円月説法―柴錬のダンディズム指南』（集英社、1978年）
アリストテレス／泉治典、村治能就（訳）『気象論：宇宙論』（岩波書店、1969年）
近藤二郎『わかってきた星座神話の起源―古代メソポタミアの星座』（誠文堂新光社、2010年）
近藤二郎『わかってきた星座神話の起源―エジプト・ナイルの星座』（誠文堂新光社、2010年）
V・ヘルダー／池田信雄（訳）『図説 占星術事典』（同学社、1986年）
キム・ファーネル／鏡リュウジ（訳）『図説 星の象徴事典』（東洋書林、2008年）
マギー・ハイド『ユングと占星術 新装版』（青土社、2013年）
P・D・ウォーカー／田口清一（訳）『ルネサンスの魔術思想』（筑摩書房、2012年）

ダンテ・アリギエリ／平川祐弘（訳）『神曲 天国篇』（河出文庫、２００９年）
H・J・アイゼンク、D・K・B・ナイアス／岩脇三良（訳）『占星術―科学か迷信か』（誠信書房、１９８６年）
島田荘司『占星術殺人事件 改訂完全版』（講談社文庫、２０１３年）
橋本敬造『中国占星術の世界』（東方書店、１９９３年）
伊藤照夫（訳）『ギリシア教訓叙事詩集―アラトス／ニカンドロス／オッピアノス』（京都大学学術出版会、２００７年）
鏡リュウジ『占星綺想』青土社、２００７年
荒川紘『東と西の宇宙観 西洋篇』（紀伊國屋書店、２００５年）
荒川紘『東と西の宇宙観 東洋篇』（紀伊國屋書店、２００５年）
露木まさひろ『占い師！―ココロの時代の光と影』（社会思想社、１９９３年）
トービス星図『星占い入門』（隆文館、１９６２年）
ゲザ・ヴェルメシ／守屋彰夫（訳）『解き明かされた死海文書』（青土社、２０１１年）
『神秘学の本―西欧の闇に息づく隠された知の全系譜』（学研、１９９６年）
平田寛『魔法―その歴史と正体』（人文書院、１９９１年）
レイモン・カザル／木島俊介（訳）『ベリー侯の豪華時祷書』（中央公論社、１９８９年）
赤木洋一『平凡パンチ１９６４』（平凡社、２００４年）
『an・an 創刊号』（平凡出版社：現マガジンハウス、１９７０年）
『non-no 創刊号』（集英社、１９７１年）

Ptolemy “Tetrabiblos” Perfect Library 2015
John Michael Greer, Christopher Warnock “The Picatrix Liber Atratus Edition” lulu.com 2011
Cornelius Agrippa, Eric Purdue, Christopher Warnock “Three Books of Occult Philosophy Book One: A Modern Translation” lulu.com 2012
Al-Biruni “Book of Instructions in the Elements of the Art of Astrology” Astrology Classics 2006
Dorian Gieseler Greenbaum “Temperament - Astrology's Forgotten Key” Wessex Astrologer 2005
Hiram Erastus Butler “Solar Biology” Rarebooksclub.com 2012
J. Lee Lehman “Classical Astrology for Modern Living: From Ptolemy to Psychology and Back Again” Whitford Press.U.S.Traditional
J. Lee Lehman “Medical Astrology: Medical Astrology from Celestial Omens to 1930 Ce” Schiffer Publishing 2012
Oscar Hofman “Classical Medical Astrology: Healing With the Elements” Wessex Astrologer Ltd 2009

Kim Farnell "Illustrated A-Z of Understanding Star Signs" Flame Tree Publishing 2003
Benson Bobrick "The Fated Sky: Astrology in History" Simon & Schuster
Kim Farnell "Flirting With the Zodiac: A True History of Sun Sign Astrology" Wessex Astrologer Ltd 2007
Linda Goodman "Linda Goodman's Sun Signs" Taplinger Publishing Company 1968
Robert Powell "History of the Zodiac" Sophia Academic Press 2006
J. Crane "Astrological Roots: The Hellenistic Legacy" Wessex Astrologer 2007
Vivian Erwood Robson "A Student's Text-Book of Astrology Vivian Robson Memorial Edition" Astrology Classics 2010
William Lilly "Christian Astrology, Books 1 & 2" Astrology Classics 2000
Alan Leo "The Key to Your Own Nativity" Inner Traditions International 1978
Neil Spencer "True As the Stars Above" Orion 2002
James H. Holden "A History of Horoscopic Astrology" American Federation of Astrologers Inc 1996
Michael Baigent "Astrology in Ancient Mesopotamia: The Science of Omens and the Knowledge of the Heavens" Bear & Company 2015
Gavin White "Babylonian Star-Lore. an Illustrated Guide to the Star-Lore and Constellations of Ancient Babylonia" Solaria Publications 2014
Rex E. Bills "The Rulership Book: A Directory of Astrological Correspondences" American Federation of Astrologers Inc 1974
J. Lee Lehman "The Book of Rulerships: Keywords from Classical Astrology" Whitford Press,U.S. 2000
Manly P. Hall "Astrological Keywords" Rowman & Littlefield Pub Inc 1990
Barbara Dunn "Horary Astrology Re-examined: The Possibility or the Impossibility of the Matter Propounded" Wessex Astrologer 2009
Nicholas Campion "Book Of World Horoscopes" Wessex Astrologer Ltd 2004
Martin Davis "Astrolocality Astrology: A Guide to What it is and How to Use it" Wessex Astrologer Ltd 1999
Robert Irwin, Malcolm C. Lyons "The Arabian Nights:Tales of 1,001 Nights: Volume 2" Penguin Classics 2010
George C Noonan "Classical Scientific Astrology" American Federation of Astrologers 2005
Nicholas De Vore "Encyclopedia of astrology" Philosophical Library 1947
The Mountain Astrologer Issue 137 "Rock around the Universe by Wanda Sellar" The Mountain Astrologer 2008
『図解星学大成・第二部 命局分析』万民英／許顧平（編）華齢出版社、２００９年

おわりに

だいたいの方が、自分の星座のことしか興味がないと思います。それは私も同じです。

本書を書き進めるなかで、「あれ？　もしかして、12星座分こんなにたくさん書いたけれど、読者の方は自分の星座の部分しか読んでくれないのかな？」と、ちょっと後ろ向きなことを考えてしまいました。ちょうど執筆がクライマックスを迎えるころ、人間関係での悩みが多数発生しだしたのです。そんなときどうするか？　まずは、相手の星座から好みや弱点を探し出す作戦に、私は出ました。まあ、占星術の専門家なので当たり前といえば当たり前ですが、クライアントを鑑定するときとは違い、強い私欲が入っていますから、読者の皆さんと同じようにまずは雑誌やWEBの星占いで、自分の星座の次に相手の星座の部分をじっくり読み込むわけです。そして、相手の運気が今、よくないということを確認して、ちょっと優越感に浸る（笑）と、何とも腹黒い使い方をしたりしていました。

そこで、ふと安心しました。「あ、自分の星座以外にも、読者の方もきっと興味を持ってくれるだろうな」と気づいたからです。

もちろん、「好きな人やパートナーの運勢が知りたい」というハッピーな理由で、自分以外の星座のページも読んでいただくことがほとんどだと思います。自分を知って、相手を知る。そして、お互いの違いを認めあうことで、より心が通じ合う。そんなすてきな人間関係が、本書を通じて全国でたくさん築き上がってくれたらとてもうれしいです。

お手にとっていただきありがとうございました。

月星キレイ

おわりに

本書の執筆に当たっては、ニコラス・キャンピオン氏やキム・ファーネル氏、近藤二先生をはじめとする、優れた研究者のご著書を大いに参考にさせていただきました。私が独自に発見したこと、考えたことなどは全然ありません。

大石眞行先生と青木良仁先生からは、貴重な参考資料を拝借させていただいた上、たくさんのご助言もいただきました。この場をお借りして深く御礼を申し上げます。

また、私の遅い仕事に忍耐強くおつき合いいただいた編集者の高木利幸さん、共著をご快諾いただいた月星キレイ先生にも、感謝の気持ちでいっぱいでございます。

他にもお名前を書ききれないほど多くの方にご協力をいただきましたが、ろくなお返しもできずに心苦しく思っております。しかし、これからもおつき合いくださいますようお願い申し上げます。

最後に、この本を読んでいただいた読者の皆様、本当にありがとうございました。皆様のようなファンが存在する限り、12星座占いは永久に不滅です。

芳垣宗久

月星キレイ
（つきほし・きれい）

占術家／心理カウンセラー。子供のころからの趣味「恋愛相談にのること」を強みに、「聞き上手すぎる占い師」としてデビュー。西洋占星術、タロットリーディングを専門に、約5万人を占う。実践から研究に主軸を移行した現在は、執筆の他、東京・渋谷「アルカノン・セミナーズ」を中心として講義・講演も行っている。一方で2008年占いサロン「キレイの部屋」を運営したのち、現在は「株式会社ありがとう」代表取締役として、占い・心理関連事業を行っている。主な著書に『ハッピースイーツ占い』（アメーバブックス新社）がある。一番熱心な趣味は、漫才鑑賞。その他、毎月旅行、ゆるく気功。

「『心と私』～月星キレイのセルフカウンセリング日記～」
http://ameblo.jp/happysweets-kirei/

芳垣宗久
(よしがき・むねひさ)

1971年東京生まれ。占星術研究家。鍼灸治療家。ホロスコープを人間の創造力を引き出す思考ツールとしてとらえ、伝統にもジャンルにもこだわらない自由な研究を展開。特に小惑星占星術やアストロ・ローカリティー（地理占星術）といった近代的なテクニックに詳しく、近年ではルネサンス時代の魔術的占星術の世界にも参入。個人相談や原稿執筆の他、セミナー・講演等も積極的に行っている。占星術スクール「ヘルメス学園」主催。主な著書：『愛の小惑星占星術』（説話社）、『超開運 ダウジングでどんどん幸せになる本！』（芸文社）

「YOKOHAMA BAYSIDE ASTROLOGER」
http://www.i-m.co/Mune/yokohamabaysideastrologer/
「YOKOHAMA BAYSIDE ASTROLOGER ～ Blog Version ～」
http://astro-z.blogspot.jp/

説話社占い選書シリーズ創刊の辞

説話社は創業以来、占いや運命学を通じて
「安心できる情報」や「感動が得られる情報」
そして「元気になれる情報」をみなさまに提供し続けてきました。
「説話社占い選書シリーズ」は、占いの専門出版社の説話社が
「21世紀に残したい占い」をテーマに創刊いたしました。
運命学の知恵の源である占いを、現代の生活や考え方に沿うよう、
よりわかりやすく、そしてコンパクトな形で編集してあります。

みなさまのお役に立てることを願っております。

2014年　説話社

説話社占い選書6
もっと深《ふか》く知《し》りたい！ 12星座《せいざ》占《うらな》い

発行日　2016年5月24日　初版発行
共　著　月星キレイ・芳垣宗久
発行者　酒井文人
発行所　株式会社説話社
〒169－8077　東京都新宿区西早稲田1−1−6
電話／03-3204-8288（販売）03-3204-5185（編集）
振替口座／00160-8-69378
URL http://www.setsuwasha.com/

デザイン・イラスト　市川さとみ
編集担当　高木利幸
印刷・製本　株式会社平河工業社

ISBN 978-4-906828-23-4　C 2011